213781

Le Siècle.

ALPHONSE KARR.

GENEVIÈVE

PARIS
BUREAUX DU SIÈCLE
RUE DU CROISSANT, 16.

A. VIALON. DEL.   J. GUILLAUME SC.

Y²

3056

Alphonse Karr.

✳

GENEVIÈVE.

Première partie.

I.

Vers la fin du mois d'octobre, à minuit, il pleuvait de la neige fondue ; le ciel était gris et d'une seule pièce comme une triste et froide coupole de plomb. C'était une de ces pluies calmes, continues, égales, sans violence ni précipitation, qui font croire facilement qu'il pleuvra toujours ainsi jusqu'à la fin des siècles. A une maison près de la porte des Mariniers, à Châlons-sur-Marne, une fenêtre s'ouvrit, et quelque chose fut poussé sur le balcon ; après quoi on referma la fenêtre. Ce quelque chose, à le regarder de plus près, était un jeune homme à moitié vêtu. Il avait la tête nue, et les pieds dans des pantoufles de maroquin vert. Arrivé sur la terrasse, son premier soin fut de boutonner son habit, pour résister de son mieux au froid et à la pluie ; ensuite il chercha par quel moyen il pourrait descendre du balcon en bas. Il faut croire qu'il n'en trouva aucun, car à six heures du matin il était encore blotti dans un coin, immobile, retenant son haleine, autant par la crainte de faire du bruit, que par celle de renouveler la sensation du froid, en causant le moindre dérangement à ses vêtemens collés sur son corps par la pluie glacée qui n'avait pas cessé de tomber.

II.

Il est bon de dire comment ce jeune homme était arrivé sur le balcon.

Madame Lauter qui, avant son mariage, s'appelait mademoiselle Rosalie Chaumier, demeurait chez une tante. C'est là que monsieur Lauter la rencontra, et qu'il fut obligé de faire une variante au mot de César, et de dire : Je suis venu, j'ai vu, *j'ai étévaincu*. Monsieur Lauter avait trente-cinq ans, mademoiselle Rosalie Chaumier, dix-huit ; en attendant qu'elle prît du goût pour son mari, elle avait, comme toutes les filles, un goût prononcé pour le mariage ; en peu de temps elle devint madame Lauter, et vint habiter à Châlons la maison de son mari.

Le faible de monsieur Lauter était une grande prétention à la force et au stoïcisme. Cette prétention n'était nullement justifiée, et n'avait pour prétexte que l'admiration qu'inspirent naturellement les qualités que l'on n'a pas, et, entre les qualités que l'on a pas, celles dont est le plus éloigné. De cette admiration on passe graduellement — au regret de ne les avoir pas, — au désir de les acquérir, — à la conviction de les posséder, — à la vanité de s'en parer.

Monsieur Lauter était bon, sensible, généreux, — c'était assez de chances pour souffrir dans la vie, — mais son prétendu stoïcisme les augmentait singulièrement ; il lui fallait, en effet, souffrir en dedans sans avouer ses souffrances, sans les faire évaporer en plaintes, en récits, en gémissemens, en imprécations, qui ont le double avantage de diminuer les chagrins, et de s'en faire plaindre davantage.

Madame Lauter était, comme sont toutes les femmes (excepté vous, madame, qui lisez ce livre), comme sont toutes les femmes, même les plus sages.

Elle était coquette ; elle voulait qu'on la trouvât belle, et elle l'était en effet ; elle voulait qu'on fût amoureux d'elle. — Elle n'eût trouvé que juste et raisonnable que tous les cœurs de l'univers fussent tournés vers elle, et si quelqu'un paraissait se diriger d'un autre côté, quelque méprisable qu'il fût ou qu'il lui parût, quelque peu d'attention qu'elle eût donné à sa soumission, s'il se fût soumis, elle ne laissait pas d'en ressentir un peu de mauvaise humeur et de colère.

Il n'est pas de femme, — toujours excepté vous, madame, — qui ne se croie des droits inattaquables à tout ce qu'il y a d'amour dans tous les cœurs qui sont au monde.

De même qu'un parfum précieux répand les mêmes émanations conservé dans un flacon d'or ciselé, ou dans une cruche de grès, l'amour est toujours l'amour ; et il contient tant d'admiration qu'on peut l'inspirer sans honte au plus obscur des hommes : tout ce qu'on se doit est de ne pas l'éprouver soi-même. Chaque femme se croit volée de tout l'amour qu'on a pour une autre. — C'est ce qui explique le soin que semblent prendre tant de dames de la chasteté de leur femme de chambre, et la brusquerie qu'elles ne peuvent s'empêcher de lui témoigner si elles ont quelques raisons de lui croire un amant ; car, si elles ne l'honorent pas du titre de rivale, elles peuvent, sans déroger, l'appeler voleuse ; et la traiter comme si en leur absence elle s'était permis de mettre des fleurs dans ses cheveux ou sur ses épaules un mantelet garni de dentelles, ou tout autre ornement réservé à sa maîtresse.

C'est ce sentiment qui avait attiré l'attention de madame Lauter sur un jeune homme assez insignifiant qui vint un jour s'établir dans la ville ; madame Lauter, quoique jeune encore, avait cependant deux enfans que l'on élevait à la maison. — La médisance l'avait toujours respectée. Sa coquetterie avait trouvé si peu de résistance jusque-là, qu'elle était restée parfaitement innocente ; les cœurs s'étaient toujours rendus sans coup férir. Tout combat coûte des pertes, même au vainqueur, mais on n'avait pas combattu ; tout le monde s'était rendu de si bonne grâce que madame Lauter n'avait pas attaché plus de prix aux gens qu'ils n'en semblaient mettre à eux-mêmes.

Monsieur Stoltz était un jeune homme dont la profession était d'attendre avec quelque fortune que la mort d'un vieux parent lui en apportât une plus considérable. La première fois qu'il se manifesta à Châlons, ce fut à une assemblée où se trouvait également madame Lauter. Monsieur Stoltz, timide et embarrassé, choisit, pour s'occuper d'elle, la femme autour de laquelle il vit le moins de monde, celle qui, par son peu de beauté, lui parut condamnée à la plus grande indulgence. Cette modestie, que tout le monde prit pour un libre choix, parut au moins une bizarrerie, et il est à gager que madame Lauter ne fut pas la seule qui dit le soir à son mari en rentrant au domicile conjugal : On nous a présenté ce soir un jeune homme bien nul. — Il s'est rendu justice en prenant madame Reiss pour but de ses gauches attentions. — N'avez-vous pas remarqué avec quelle maladresse il a salué en entrant ?

À quoi monsieur Lauter ne répondit rien, parce que monsieur Stoltz lui était parfaitement indifférent et qu'il ne l'avait peut-être pas vu.

Le lendemain au déjeuner, madame Lauter dit à son mari : Connaissez-vous rien de plus ridicule que madame Reiss ? — Elle était décolletée hier comme s'il se fût agi d'un bal à la préfecture, — sans compter une douzaine de gros vilains diamans qu'elle mettrait, je crois, pour aller manger de la crème à la campagne, et avec lesquels elle ne peut manquer de couper.

À quoi monsieur Lauter ne répondit rien.

— C'est chez nous dans trois jours qu'a lieu l'assemblée, — ajouta madame Lauter. — Pensez-vous qu'il faille inviter ce Koltz ou Stoltz ?

— Vous ferez à ce sujet absolument tout ce que vous voudrez, — répondit monsieur Lauter.

— Je l'engagerai, parce que sa présence m'exemptera de l'obligation de prescrire aux hommes qui viennent chez moi la corvée de faire valser madame Reiss à tour de rôle.

III.

Monsieur Stoltz était chasseur. — On commençait à chasser aux cailles vertes dans les blés avec des chiens d'arrêt. Il rencontra un jour monsieur Lauter et ils chassèrent de compagnie. Depuis ce jour, monsieur Stoltz vint habituellement à la maison.

IV.

UNE FEMME FIDÈLE.

Madame Lauter, encore sur ce point, était comme toutes les femmes, — excepté vous, madame ; — elle ne plaçait l'infidélité que dans la dernière faveur. Tout ce qui précède n'était coupable à ses yeux que parce que cela d'ordinaire conduit par degrés à l'infidélité ; mais pour la femme qui pouvait avec certitude se promettre de ne pas se laisser entraîner jusque-là, le reste n'avait pas la plus petite importance.

C'est pourquoi au bout de quelque temps ses yeux rencontrèrent ceux de monsieur Stoltz. — Il y a un moment où deux regards qui se rencontrent, se touchent par un certain point qui produit une commotion dans la poitrine. Ils ne peuvent plus alors se détacher l'un de l'autre ; il s'établit entre eux une sorte de conducteur électrique invisible qui transmet par un échange doux et poignant l'âme et la vie. C'est en vain que l'une des deux personnes entre lesquelles s'est établie cette communication voudrait baisser ou détourner les yeux ; elle est sous l'influence d'un magnétisme puissant, impérieux, invincible. — Il se donne alors par les yeux un long baiser d'âme, dans lequel se mêlent et se confondent deux existences ; — à ce moment, chacun sent la vie l'abandonner et sa poitrine manquer de souffle, jusqu'à ce que la vie et le souffle de l'autre viennent voluptueusement remplacer la vie et le souffle qu'on lui a donnés.

Ce n'est rien que cela, et madame Lauter se disait : Je suis coquette, mais rien au monde ne me ferait manquer à mes devoirs.

Il vint un moment où lorsque, par hasard, monsieur Stoltz et madame Lauter se trouvaient seuls ensemble, tous deux rougissaient, n'osaient lever les yeux l'un sur l'autre, et n'eussent pas prononcé une syllabe, quand on les eût laissés ensemble pendant huit ans.

Madame Lauter devint inquiète, impatiente. — Quand monsieur Stoltz n'était pas là, elle ne pouvait rester en place ; — elle se mettait au clavecin, commençait n'importe quel air, et le finissait invariablement par la valse qu'elle avait pour la première fois dansée avec monsieur Stoltz.

Elle ne s'occupa plus de ses enfans, repoussa leurs caresses avec brusquerie, fut avec eux violente, injuste, exigeante.

Elle négligea sa maison, le dîner fut servi à des heures irrégulières. — Monsieur Lauter demanda pendant un mois un gigot à l'ail, sans pouvoir l'obtenir ; — les chemises dudit monsieur Lauter furent mal plissées.

Monsieur Lauter peignait un peu ; — on découvrit que son chevalet encombrait la maison.

Madame Lauter prit l'habitude de garder ses papillotes toute la journée pour être mieux frisée à l'heure où arrivait monsieur Stoltz. C'était pour ce moment seulement qu'elle se parait et se faisait belle.

Un jour, monsieur Stoltz et elle restèrent seuls un quart d'heure, sans parler. — Au bout de ce quart d'heure, tous deux comprirent la difficulté de la situation, — et monsieur Stoltz dit, comme s'il eût mis un quart d'heure à méditer cette pensée hardie : « Il fait bien mauvais temps aujourd'hui. » — Il y a une certaine manière de dire : « Il fait bien mauvais temps aujourd'hui, » qui signifie tout simplement : « Je vous aime, je vous désire, je vous adore. » On ne se dit : « Je vous aime » en propres termes, que quand on a épuisé toutes les autres manières de le dire ; — et il y en a tant, que l'on n'arrive quelquefois à dire le mot que lorsqu'on ne sent plus la chose et que le mot est devenu un mensonge.

Monsieur Lauter rentra alors. Pour madame Lauter elle fut distraite et préoccupée pendant deux jours, la voix de Stoltz lui bourdonnait sans cesse aux oreilles.

— Mon Dieu ! qu'avez-vous donc, dit monsieur Lauter, le troisième jour, que vous ne répondez à rien de ce que je vous demande ? Vous paraissez triste et ennuyée : vous vous promenez seule dans le jardin ; quand j'arrive pour vous rejoindre, causer avec vous de ces fleurs, de ces arbres que nous aimions ensemble, vous me fuyez ; je suis horriblement seul ; il me semble ici qu'il y a quelqu'un de mort, et ce quelqu'un est la douce confiance qui a tant d'années embelli notre vie. — Vous n'êtes plus ni affable ni prévenante pour personne ; il me semble que vos enfans et moi nous vous soyons devenus odieux. — Vous étiez la joie et la paix de la maison : vous en faites aujourd'hui une maison de tristesse et de discorde.

Madame Lauter fut intérieurement très irritée de ces représentations de son mari ; elle pensait que toute la terre lui devait savoir gré des limites qu'elle avait imposées à son sentiment pour Stoltz ; son mari surtout, pour lequel elle se conservait au prix de tant de combats, eût dû se montrer plein de gratitude et de vénération. — Elle ne songeait pas assez que ces combats et cette victoire étaient ignorés, et que, s'ils eussent été connus, monsieur Lauter eût bien pu s'en affliger et s'en offenser presque autant que d'une défaite. — Elle répondit avec aigreur qu'il était bien malheureux pour une femme de ne pouvoir être appréciée par son mari ; que néanmoins, malgré ses injustices et son humeur insupportable, elle n'oublierait jamais ce qu'elle se devait à elle-même et qu'elle resterait toujours *fidèle à ses devoirs*, — comme elle l'avait toujours été.

Monsieur Lauter lui répondit qu'il rendait justice à ses mœurs et à sa sagesse, mais que *les devoirs d'une femme* consistent dans bien d'autres choses que la fidélité à son mari ; qu'elle doit être la providence, la consolation, l'attrait et le charme de la maison ; qu'une femme n'a pas rempli exactement ses devoirs si, tout en restant fidèle à son mari, elle le fait mourir à force de petits chagrins et de mesquines tracasseries.

Et il aurait pu ajouter que la fidélité dont madame Rosalie Lauter se targuait, pour être sur les autres points si parfaitement insupportable, n'était nullement complète par le peu qu'elle réservait à son mari.

Il arriva vers ce temps que monsieur Lauter fit un voyage de deux mois. Monsieur Stoltz vint, comme de coutume, tous les jours à la maison. Il n'y avait pas bien loin de cinq mois que Stoltz et Rosalie se disaient chaque jour qu'ils s'aimaient par les indices les plus clairs, par les preuves les plus convaincantes, lorsque Stoltz sentit le besoin de ne pas cacher plus longtemps son amour à madame Lauter, et lui tint à peu près ce langage :

— Il est un *secret* qui m'oppresse, un secret qui me remplit le cœur, qui est à chaque instant sur mes lèvres, et que j'ai eu jusqu'ici le courage et la force de vous *dérober* ; — et, en ce moment, où il faut que je parle, où je suis décidé à vous ouvrir enfin mon cœur, j'hésite, tant je redoute votre *étonnement* et votre *indignation*. — *Je vous aime.*

— Hélas ! dit madame Lauter, je ne serai avec vous ni prude ni *dissimulée*. Il est un secret inconnu au monde entier et que je voudrais me cacher à moi-même : je vous aime aussi, vous seul occupez mon âme et ma pensée ; je ne vis que pour vous ; votre image est présente pour moi et le jour et la nuit ; — mais n'espérez pas que jamais *j'oublie mes devoirs* un seul instant.

Stoltz pria, pleura, gémit ; — madame Lauter fut inflexible. Elle lui permit bien, il est vrai, et par degrés, de baiser sa main, et ses cheveux, et son front ; elle lui donna, il faut le dire, un bracelet de ces mêmes cheveux ; elle reçut ses lettres et elle lui répondit ; ces lettres, qu'il n'essaierai pas de cacher, étaient remplies de l'expression de la passion la plus ardente ; on arriva à s'y tutoyer et à s'appeler « cher ange ; » — on passa les soirées entières à plonger les regards dans les regards, à se serrer les mains de telle façon, que, par les paumes qui se touchent, il semble que les veines s'ouvrent et s'unissent, et que le sang se mêle.

Un soir même, leurs yeux attirèrent leurs lèvres ; un long baiser les laissa tous deux étourdis, anéantis ; mais néanmoins madame Lauter n'oublia pas *ses devoirs* et *se conserva à son mari*.

Cependant, grâce aux imprudences que commettent sans cesse les gens vertueux, quand ils rêvent le crime sans en être encore arrivés à la prudence de la complicité et des précautions prises de concert, madame Lauter était bien plus compromise aux yeux du monde que ne l'eût été une femme qui eût pris franchement un amant. La justice du monde, comme la justice des lois, découvre presque jamais les crimes que lorsqu'ils n'existent pas encore, ou lorsqu'ils n'existent plus. Personne ne doutait que Stoltz fût l'amant de madame Lauter : on plaignait le mari et on se moquait de lui. — Et quand, pour des affaires survenues depuis son départ, Rosalie écrivit plusieurs lettres à son mari pour hâter son retour, lorsqu'elle laissa voir la vive impatience que lui causaient de nouveaux retards à l'arrivée de monsieur Lauter, lorsque surtout, pour échapper à Stoltz et à elle-même, feignant de croire Lauter malade, elle se détermina à l'aller rejoindre, ses amis et ses amies se livrèrent aux conjectures les plus hasardeuses et

les plus fausses ; et lorsqu'un habitué des assemblées dit assez grossièrement : — Ah ça ! quelle diable d'envie a donc madame Lauter de coucher avec son mari ?

Madame Reiss répliqua charitablement : — Oh ! mon Dieu ! c'est une envie de femme grosse.

V.

Madame Reiss calomniait madame Lauter. — Mais madame Lauter trouvait madame Reiss si laide qu'elle était bien vengée à l'avance. — Néanmoins, madame Lauter était toujours fidèle à son mari ; elle passait quelquefois de longues heures avec Stoltz, à divulguer tous les petits défauts et tous les petits ridicules de monsieur Lauter, à le présenter comme un homme incapable de comprendre et d'apprécier une femme comme elle ; — comme un homme d'un esprit vulgaire, d'un tact grossier, d'un cœur sans délicatesse ; — à se dire la plus malheureuse des femmes ; — à appeler Stoltz son ami, à appuyer sa tête sur son sein ; — mais quelques efforts que pût faire le jeune homme, c'était, — avec les légères faveurs que nous avons mentionnées plus haut, — tout ce qu'il pouvait obtenir de madame Rosalie Lauter, femme fidèle, attachée invinciblement à ses devoirs, disant à chaque instant : — Je suis bien heureuse de n'avoir rien à me reprocher ; — et trouvant fort ridicule et on ne peut plus odieux que monsieur Lauter laissât percer quelquefois comme un mouvement de jalousie et de mauvaise humeur.

Je me suis figuré bien souvent que les femmes ne comprennent rien à la poésie de l'amour, — et qu'il n'en est pas une peut-être qui sache bien ce que c'est que la pureté. — Certe, au bal, et dans ces cohues...

Messieurs les imprimeurs, s'il vous semble voir ici des vers, imprimez-les en ligne de prose. — Laissez-moi un peu faire comme ces enfans des contes arabes qui jouaient au bouchon avec des palets de rubis et de topazes.

VI.

A C*** S***.

Certe, au bal, et dans ces cohues, où l'on vient pour se coudoyer ; où les femmes se mettent nues, sous prétexte de *s'habiller* ; — où des maris crétins exhibent les épaules de leurs femmes, ainsi que leurs seins et leurs bras (et puis ce que je ne dis pas, car toute la pudeur n'est que dans les paroles) ; — au milieu d'un essaim frisé de jeunes drôles qui n'ont pas même soin de leur dire tout bas qu'ils voudraient bien coucher avec elles, — beaux rôles pour messieurs les époux ! — Ils ne savent donc pas que la femme d'un autre a bien assez d'appas, et que par cela seul elle est assez jolie, sans qu'il leur faille encore aller la couronner de perles et d'immodestie, — bouchon de paille, emblème, hélas ! d'ignominie ! qui dit qu'elle est à vendre ou du moins à donner.

Certe, au théâtre, — et sous un soleil d'huile, à l'ombre d'arbres de carton, lorsque les histrions roucoulent à la file une monotone chanson ; au théâtre, où la reine des coulisses, et la plus cher payée au milieu des actrices, celle que l'on dit : *grande*, — est toujours la catin qui sait un nouvel art, de nouveaux artifices pour montrer aux quinquets, le soir, de maigres cuisses que personne autre part ne voudrait voir pour rien.

Au théâtre, au salon, il suffit d'être belle, — d'avoir sur un front pur d'épais cheveux lissés, sous des sourcils arqués une noire prunelle, et d'humides regards sous des cils abaissés ; un pied étroit et des mains blanches, un corsage bien fin avec de fortes hanches.

Mais j'étais seul, un de ces derniers soirs, seul sur le gazon vert d'un tranquille rivage ; les étoiles du ciel, dans les peupliers noirs, semblaient des fruits de feu semés dans le feuillage. Le soleil au couchant ne laissait qu'un reflet toujours s'assombrissant du pourpre au violet. — La lune se levait rouge et grande, derrière l'église au toit aigu que couronne un vieux lierre, on n'entendait plus rien que l'onde qui coulait, et, contre ma chaloupe, en grondant, se brisait, — l'haleine de mon chien étendu sur la terre, et sous les jaunes fleurs des larges nénuphars, des grenouilles en chœur les longs concerts criards.

Et j'étais tout en proie à ces mornes extases que l'on doit renoncer à peindre par des phrases. Mon âme s'éveillait au milieu des odeurs dont les fleurs, à la nuit, remplacent leurs couleurs. Mes rêves d'autrefois, — chers morts! — riantes ombres! — revenaient voltiger parmi les herbes sombres, comme, pendant le jour, et sous les chauds rayons, mêlant aux fleurs des prés leurs crépitantes ailes, voltigeaient au soleil les vertes *demoiselles*, insectes nés des eaux, nautiques escadrons; sur les roses sainfoins, sur les jaunâtres gaudes, fleurs sans tige, ou plutôt vivantes émeraudes.

Et je vis dans ce rêve étrange et sans sommeil, les fantômes de mes journées, les unes de fleurs couronnées, avec un sourire vermeil, — les autres traînant en si ence, d'un pas morne et majestueux, de longs habits de deuil, avec de grands yeux creux sans regards et sans espérance.

Mais ce qui, ce soir-là, frappa surtout mes yeux, — ce fut votre figure, ô C*** S***! — non telle que vous fit un parjure odieux, mais telle qu'autrefois je vous vis, — jeune fille avec vos cheveux bruns en bandeau sur le front, — ce sourire d'archange et ce regard profond.

Et je pensais, à l'heure où l'on sonne à l'église la dernière prière, — au loin silencieux du sol on voit monter comme une vapeur grise sortant de l'herbe et s'élevant aux cieux, — c'est l'encens qu'exhale la terre, c'est la solennelle prière de la création entière au créateur : — chaque fleur, chaque plante y mêle son odeur, — la campanule bleue en fleur dans nos prairies, l'alpen-rose, le pied dans la neige des monts, et le grand cactus rouge, hôte des Arabies, et les algues des mers dans les gouffres sans fonds, — l'oiseau son dernier chant qui pleure, et l'homme — des pensers qu'il ne sait qu'à cette heure.

Ce nuage, divin, formé de tant d'amours, monte au trône de Dieu, — dîme reconnaissante de ce que doit la terre à sa bonté puissante, — s'étend, — et c'est ainsi que finissent les jours.

Ah! qu'il est beau l'amour, — tel qu'on le sent dans l'âme, — sous les saules, le soir, — l'amour mystérieux qui s'échappe du cœur et s'en retourne aux cieux! — Qu'il est beau, noble et pur!... Mais, hélas! quelle femme mérite ce trésor, cette divine flamme?...

Au théâtre, au salon, il suffit d'être belle, — d'avoir sur un front pur d'épais cheveux lissés, sous des sourcils arqués une noire prunelle, et d'humides regards sous des cils abaissés; un pied étroit et des mains blanches, une fine ceinture avec de larges hanches.

Mais ce que l'on désire à l'instant solennel dont je parle, et ce dont l'indulgente nature a mis dans notre sein un portrait immortel, — c'est une vierge sainte et pure! — Cherchez-la dans notre Babel!

Vierge d'âme et de corps, — ignorante, ignorée, — vierge de ses propres désirs, vierge qui n'aucun n'a vue et désirée, vierge qui n'a jamais été même effleurée par de lointains soupirs!

Vierge qui m'attendrait — en elle recueillie, qui garderait pour moi chaque sensation, — vierge, dont l'âme encore incomplète, engourdie, tranquille, m'attendrait comme un soleil fécond doit l'éveiller à la vie!

Car médiocrement, pour moi, je me soucie de ces tristes virginités, invalides soldats dont les corps dévastés, sans jambes et sans bras, n'ont gardé que la vie.

Virginité, grand Dieu! — rose dont chaque feuille tombe à son tour sur le gazon, et qui ne laisse, à celui qui la cueille, qu'une fleur de convention! Virginité, collier de perles rares, de belles perles d'Orient! — qui s'effile en tombant, et dont les mains avares se partagent les grains sur la terre en riant! — Car je n'appelle pas vierge une jeune fille qui donne des cheveux à son petit cousin, ou qui chaque matin se rencontre et babille avec un écolier dans le fond du jardin; — je n'appelle

pas vierge une fille qui donne un coup d'œil au miroir sitôt que quelqu'un sonne.

Pour celui-ci, — d'abord, pour la première fois, elle voulut être belle et parée; — par cet autre sa main, en dansant fut serrée; — celui-ci vit sa jambe, un certain jour qu'au bois on montait à cheval; — un autre eut un sourire; — un autre s'empara, tout en feignant de rire, d'une fleur morte sur son sein; — un autre osa baiser sa main — dans ces *jeux innocens*, source de tant de fièvres qui troublent les jeunes sens; un monsieur a baisé, devant les grands parens, tout en baisant la joue, un peu le coin des lèvres; — on a rougi vingt fois d'un mot ou d'un regard; on a reçu des vers et rendu de la prose; — Et cœtera... Mais il est une chose, une seule il est vrai, peut-être par hasard, que l'on a su garder, — soit par la maladresse ou l'ignorance du cousin, ou la clairvoyante sagesse d'une mère au coup d'œil certain. — C'est encore une chose rare et difficile, — et c'est ce qu'on appelle une vierge! On l'habille tout de blanc, — et l'époux se rengorge au matin... — Ce n'était pas ainsi que je t'aimais C***, et que j'aurais voulu te presser sur mon sein.

J'aurais été jaloux, dans mes sombres délires, de la fleur que tu sens, de l'air que tu respires, qui s'embaume dans tes cheveux, du bel azur du ciel que contemple tes yeux; — j'aurais été jaloux de l'aube matinale, du son premier rayon venant teindre d'opale tes rideaux transparens; — j'aurais été jaloux de cet oiseau qui chante, que ton œil cherche en vain tout blotti sous sa tente d'épine sur ses rameaux blancs; — j'aurais été jaloux de cette mousse verte, dans un coin reculé de la forêt déserte, gardant sur son velours l'empreinte de tes pieds; — j'aurais été jaloux du fruit que mord ta bouche; — j'aurais été jaloux du tissu qui te touche, qui te touche et te cache! — O trésors enviés! — J'aurais été jaloux du baiser que ton père, sur ton front, eût osé poser, et de l'eau de ton bain t'embrassant tout entière, tout entière d'un seul baiser.

VII.

Il vint un jour cependant où Stoltz se présenta avec un gilet si bien fait, et d'une nuance si nouvelle, que les torts que pouvait avoir monsieur Lauter, à l'égard de sa femme, se trouvèrent considérablement accrus. Madame Lauter alors décida que son mari n'appréciait pas la persévérance avec laquelle elle restait fidèle à ses devoirs : qu'c'était trop longtemps jeter des perles devant un pareil époux; et qu'il serait injuste et barbare de laisser périr Stoltz d'une douleur qui, disait le même Stoltz, ne pouvait tarder beaucoup à le mettre au tombeau. Un matin donc, monsieur Lauter se réveilla à l'état d'époux trahi et malheureux.

VIII.

UN ÉPOUX MALHEUREUX.

Ce jour-là, madame Lauter s'enquit dès le matin s'il ne lui manquait rien; elle lui conseilla de se bien couvrir et de mettre des bas de laine, parce qu'il avait fait la veille un orage dont l'air était refroidi; — le déjeuner fut servi de bonne heure; — les pommes de terre furent cuites à point et parfaitement farineuses; — ce ne fut, pendant tout le repas, qu'attentions charmantes de la part de madame Lauter : elle épiait dans les yeux de son mari la pensée la plus fugitive, avec une tendresse inquiète; elle ne lui laissait pas le temps de désirer la moindre chose, elle avait deviné et prévenu son désir — après le déjeuner, elle se mit au clavecin, et joua, à monsieur Lauter, de vieux airs qu'il aimait.

De ce jour-là, tout fut changé dans la maison. — On admira les peintures de monsieur Lauter. Stoltz accepta avec reconnaissance deux grandes toiles de sept pieds sur quatre, dont les cadres lui coûtèrent cinq cents francs. — Il était trop heureux quand monsieur Lauter voulait bien se servir de son cheval pour ses affaires et pour la promenade; — il le suivait à la chasse avec plus de zèle et d'abnégation que le braque le mieux dressé; et, au retour, il se confondait en récits de la miraculeuse adresse de monsieur Lauter. — Si monsieur Lauter avait besoin de quelque chose à la ville voisine, Stoltz n'était-il pas là pour aller faire la commission? — Monsieur Lauter pouvait raconter dix fois la même histoire, sans qu'il se trouvât personne pour l'en faire apercevoir, ou même pour lui laisser soupçonner par une attention moins soutenue. Stoltz faisait autant de parties d'échecs ou de trictrac qu'il plaisait au malheureux époux de Rosalie.

La maison était devenue l'asile de la plus douce paix; — toutes les voix y étaient calmes et bienveillantes. Quand, autrefois, monsieur Lauter avait à faire quelque petit voyage, c'était un affreux désordre; on se plaignait amèrement du soin de faire sa malle, et du léger bouleversement dont un départ sert toujours de prétexte aux domestiques; on lui soutenait que ses prétendues affaires n'existaient pas, que son voyage n'était qu'un caprice, ou quelque plaisir qu'il avait sans doute de bonnes raisons pour ne pas avouer. Maintenant tout est changé; on fait les préparatifs avec une sollicitude minutieuse; Stoltz prête son cuir à rasoir qu'il a fait venir d'Angleterre; Rosalie fait les plus tendres recommandations de ne pas être trop longtemps, de ne pas se risquer la nuit sur les chemins, de ne pas se mettre en route le matin sans avoir pris quelque chose de chaud, etc., etc.

Enfin, monsieur Lauter est parti; madame Lauter l'a accompagné jusqu'à la porte de la rue; et, à l'angle du chemin, à l'endroit le plus éloigné d'où il soit possible de voir la maison, monsieur Lauter ayant arrêté son cheval et s'étant retourné, il a vu sa femme lui faire, avec un mouchoir blanc, un signe d'adieu et d'affection.

La nuit vint, et tout le monde dormait du plus profond sommeil, lorsqu'on entendit frapper plusieurs coups à la porte; — en effet, l'horrible temps qu'il faisait au dehors justifiait l'empressement de la personne qui demandait à entrer. — On demanda du dedans: — Qui est là? — Eh! parbleu, répondit-on du dehors, c'est moi, — c'est monsieur Lauter, qui suis mouillé jusqu'à os. — Sur cette réponse, au lieu d'ouvrir à son maître, la servante alla frapper à la chambre de Rosalie. — Ce ne fut qu'après quelques minutes que monsieur Lauter put entrer chez lui. — Vite, Rosalie, un grand feu; un noyé ne doit pas être aussi mouillé que moi. — Lauter se déshabilla, se chauffa, et, quand il fut un peu remis: — Mon Dieu, Rosalie, comme tu es pâle! dit-il. — C'est, reprit madame Lauter, que vous m'avez réveillée brusquement, et que votre aspect n'avait rien de bien égayant.

— Où diable sont donc mes pantoufles, Henriette?
— Quelles pantoufles? demanda la servante.
— Eh parbleu! mes pantoufles; mes pantoufles vertes, celles qui ont de hauts quartiers.
— Je ne sais pas.

Rosalie tremblait de tous ses membres. — J'espère, dit-elle, qu'il ne vous est arrivé aucun accident qui ait causé votre retour aussi inattendu?

— Nullement, reprit Lauter. — Mais je voudrais bien avoir mes pantoufles. — J'ai rencontré à quelques lieues d'ici un messager qui m'apportait les renseignemens que j'allais demander; — je me suis figuré que j'arriverais avant la pluie, et j'ai préféré passer la nuit auprès de ma jolie Rosalie au séjour dans une auberge. — Mais où peuvent être mes pantoufles?

— Mon ami, dit Rosalie, vous n'avez pas besoin de pantoufles pour dormir; et c'est ce qu'il y a de plus opportun en ce moment; vous suis séché, le lit achèvera de vous réchauffer. — Lauter se coucha, non sans jeter encore autour de la chambre un coup d'œil destiné à la recherche de ses pantoufles, mais, une fois au lit, il ne put s'endormir. Il était revenu à cheval tellement vite, que son sang en mouvement chassait invinciblement le moindre sommeil; il se retourna cent fois dans le lit, cherchant en vain une position plus favorable; — puis il se détermina à dire à demi-voix: Rosalie, dors-tu? — Rosalie dormait moins que lui encore, mais elle ne répondit pas. — Elle attendait impatiemment que Lauter succombât à un de ces sommeils profonds qui succèdent à la fatigue; — mais quand elle entendit sonner cinq heures et qu'elle vit que

le jour ne tarderait pas à paraître, — elle se leva précipitamment.

— Où vas-tu? demanda monsieur Lauter.
— Je descends.
— Pourquoi? Il ne fait pas encore jour.
— Je n'ai plus de sommeil.
— Ni moi, quoique je n'aie pas fermé l'œil de la nuit; reste auprès de moi, nous causerons.
— Non, j'ai donné des ordres hier aux domestiques, et il faut que je veille à leur exécution.
— Je t'en prie.
— C'est impossible.

Quand elle fut partie, Lauter alluma une bougie et essaya de lire un livre qui se trouvait par hasard sur le somno; — ce livre l'ennuya sans l'endormir; il se leva pour en prendre un autre, et un mouvement naturel lui fit encore chercher ses pantoufles et dire: — Ah ça! mais où sont mes pantoufles? — Il prit la bougie et chercha autour de la chambre. — Tout-à-coup, il s'arrêta stupéfait, en voyant le quartier d'une de ses pantoufles qui passait sous la porte-fenêtre qui s'ouvrait sur le balcon; — il alla replacer la bougie sur le somno, en grommelant: — Eh! bien, elles vont être jolies! Cette folle d'Henriette qui les laisse sur le balcon par un temps comme celui-là. — Il ouvrit alors la fenêtre et se baissa pour saisir ses pantoufles en tâtonnant; il ne tarda pas à mettre la main sur une, mais il y avait quelque chose dedans; ce quelque chose était un pied, — au bout de ce pied, il trouva une jambe, — au bout de cette jambe, un monsieur. — Il saisit le monsieur au collet, l'entraîna dans la chambre, — et s'écria: — Ah! vol.... Mais tout-à-coup il s'arrêta en reconnaissant monsieur Stoltz, et lui dit d'une voix terrible: — Monsieur Stoltz, comment se fait-il que vous soyez dans mes pantoufles?

IX.

Il y eut un long silence. — Stoltz cherchait dans sa tête quelle fable il pourrait imaginer pour sauver au moins Rosalie. Lauter cherchait à deviner et ne devinait que trop les détails et les causes de ce qui se passait. Stoltz était dans un état déplorable; l'eau glacée qui était tombée sur lui pendant six heures, coulait de tout son corps, ses cheveux pendaient appesantis, — son visage était pâle et bleuâtre de froid, — ses mains étaient violettes et engourdies, — ses yeux étaient rouges dans un cercle noirâtre, — ses dents claquaient, ses genoux tremblaient sous lui; tout le monde n'eût vu en lui qu'un objet de pitié; mais Lauter, aveuglé par la colère et la passion, lui dit: — Monsieur Stoltz, vous me volez *tout mon bonheur!*

Il y eut encore un long silence; puis Lauter se leva, — ouvrit une armoire, en tira une boîte qu'à sa forme on pouvait supposer renfermer des pistolets. — Il chercha la chaussure de Stoltz, d'un geste impérieux lui ordonna de la mettre, puis lui dit: — Suivez-moi sans faire le moindre bruit. — Tous deux sortirent en effet par derrière la maison.

Depuis ce jour, on ne les revit jamais ni l'un ni l'autre.

X.

PARLONS UN PEU DE M. CHAUMIER, BOURGEOIS DE LA PETITE VILLE DE FONTAINEBLEAU.

Voici comment était distribuée la maison de monsieur Chaumier.

On y arrivait par une allée d'acacias sombres et touffus, au bout de laquelle était une petite porte d'un vert sombre; — à côté de la porte était une sonnette à pied de biche. — Quand la porte était ouverte, on était dans une cour dont chaque pavé était entouré d'un cadre d'herbe; — dans une encoignure était un puits si vieux que la margelle en était usée, et qu'il était tout couvert d'une mousse verte et rougeâtre. — Au fond de la cour s'élevait une maison de deux étages, à laquelle on arrivait par un petit perron garni d'une grille de fer à demi rouillée ; — au bas de la maison étaient la salle à manger, — le cabinet et la chambre de monsieur Chaumier, et la cuisine. Au premier, l'appartement de la petite Rose Chaumier, celui de son frère Albert, et surtout celui de dame Modeste Rolland, domestique et femme de confiance de monsieur Chaumier. L'étage du haut servait de grenier, de fruitier ; — on y étendait le linge, et quelquefois, *Honoré Rolland*, époux de Modeste, militaire de son état, y venait passer les rares congés pendant lesquels l'État pouvait se passer de son appui.— Derrière la maison était un grand jardin, d'un aspect sauvage et inculte. Avant que monsieur Chaumier achetât cette maison, le jardin avait été parfaitement cultivé ; depuis, grâce à l'abandon où on l'avait laissé, les chardons, les orties, les pariétaires avaient étouffé les plantes faibles et délicates ; les arbres seuls et quelques plantes vigoureuses avaient résisté, et avaient acquis un singulier développement. — Deux gros pommiers, — un sorbier, dans lequel montait une clématite, — des lilas, — quelques rosiers énormes et couverts de mousses, formaient la plus grande richesse du jardin ; — quelques pavots se resemaient d'eux-mêmes tous les ans, — et, à l'angle du chaperon de la muraille, fleurissait, au printemps, une touffe de giroflées jaunes.

On entrait au jardin par le cabinet de monsieur Chaumier et par la salle à manger ; la cuisine ne jouissait que d'une fenêtre fermée par des barreaux de bois, peints en couleur de fer.

C'était une des maisons les plus silencieuses que l'on pût trouver. — Monsieur Chaumier, dont la fortune était médiocre, était membre de plusieurs sociétés philanthropiques qui prenaient tout son temps et à peu près toute sa sensibilité. Modeste était maîtresse absolue dans la maison ; elle était chargée de tous les soins, de toutes les dépenses, et même de l'éducation de la petite Rose, éducation qui, jusque-là, et grâce à l'âge peu avancé de l'enfant, ne consistait que dans une instruction extrêmement élémentaire :

L'empêcher de toucher aux couteaux ; — lui apprendre à répondre aux questions : *oui, madame*, ou *oui, monsieur*, — et non pas un *oui* tout sec, comme font les enfans mal élevés ; — à ne pas mettre de confitures sur ses vêtemens ; — à renouer les cordons de ses souliers quand ils se détachaient, — et à dire *merci* quand on lui donnait quelque chose.

Le garçon était confié aux soins d'un monsieur Semler, qui avait chez lui une douzaine de garçons des meilleures familles de Fontainebleau. — Albert ne venait à la maison que le dimanche. Du reste, Modeste était bonne femme de ménage,— assez douce même, quand ses volontés ne rencontraient pas d'obstacles, et connue dans toute la ville par sa supériorité dans l'art de préparer la sauër-craût, et de lui donner une certaine saveur excitante dont elle se réservait le secret.—Au dehors, quand elle parlait de la maison, elle disait : — Je veux, je ne veux pas. A certaines époques importantes, quand on faisait la sauër-craût, ou quand on coulait la lessive, elle prenait pour l'aider et travailler sous ses ordres quelques filles de journée qu'elle tutoyait et qui l'appelaient *madame Rolland*. Mais, en dedans, elle était humble et soumise vis-à-vis de monsieur Chaumier, et si le plus souvent elle lui faisait faire à peu près sa volonté, ce n'était que par de longs détours, et elle ne gouvernait réellement qu'à force de soumission et d'obéissance.

Un matin, pendant le déjeuner, on apporta une lettre que monsieur Chaumier lut en laissant percer quelques marques d'étonnement et même d'émotion. — Il se leva, passa dans son cabinet et y resta plus d'un quart-d'heure.

En vain Modeste, pendant que son maître lisait, avait trois ou quatre fois passé derrière lui et jeté les yeux sur la lettre qu'il tenait ; l'écriture lui était inconnue, et d'ailleurs, si fine et si serrée qu'elle n'en eût lire un mot. — Le temps que monsieur Chaumier passa dans son cabinet lui parut un siècle. — Deux fois elle frappa et entr'ouvrit la porte pour lui dire que le déjeuner refroidissait ; elle n'obtint pas même une réponse, et n'eut de ressource que de faire tomber sa mauvaise humeur sur la petite Rose, — qui mettait les coudes sur la table, quand Modeste lui avait dit tant de fois de ne pas se tenir ainsi. — C'était décidément une enfant incorrigible, et

qui ferait le malheur de sa famille et de ceux qui voulaient bien se charger de son éducation.

Enfin, monsieur Chaumier sortit de son cabinet, ordonna de faire entrer le porteur de la lettre, et lui en remit une autre toute cachetée, — en lui recommandant de la mettre dans sa poche et de se hâter de la porter à la ville voisine, d'où on la devait faire parvenir à sa destination. Quand le messager sortit, Modeste se mit en devoir de le suivre ; mais, soit par hasard, soit qu'il devinât son intention, monsieur Chaumier lui demanda sa tabatière qu'il avait laissée dans son cabinet. Quand Modeste se fut acquittée de cette commission, elle se hâta de sortir ; mais, dès le premier pas, elle entendit se refermer la porte extérieure : le messager était parti. Tout le reste du jour, monsieur Chaumier fut préoccupé ; et contre son ordinaire, il garda la lettre qu'il avait reçue dans la poche de son habit, au lieu de la laisser sur son bureau, où Modeste comptait bien en prendre connaissance à dîner ; elle tenta un autre moyen. En servant, elle manifesta quelques craintes sur la santé de monsieur ; depuis le moment où, le matin, il avait reçu une lettre, il était changé et paraissait souffrant. — Il avait laissé enlever, sans y avoir touché, des œufs à la neige, les meilleurs peut-être qu'elle eût jamais faits. Monsieur Chaumier répondit que Modeste se trompait, et qu'il ne s'était jamais mieux porté. — Elle fit une grimace de dépit en voyant qu'elle n'en pourrait tirer aucune confidence, mais elle ne se découragea pas ; — elle songea alors que, pourvu que monsieur sortît, il ne pourrait manquer de changer d'habit, et que, selon toutes les apparences, il oublierait la fameuse lettre dans la poche de celui qu'il quitterait. — Monsieur sortira-t-il après dîner, demanda-t-elle ?

— Je ne crois pas, Modeste.

— Monsieur a tort, le temps est superbe, et voilà deux jours que monsieur n'a mis le pied hors de la maison.

— Que veux-tu, Modeste? — j'ai beaucoup à travailler. J'ai reçu des nouvelles de la Martinique ; on me cite de nouveaux exemples du malheureux sort des nègres, — et je sens que c'est le moment de terminer mon grand ouvrage sur l'abolition de l'esclavage.

A ce moment, un homme, qui avait trouvé la porte de la rue ouverte, entra, et vint se poster devant la porte de la salle à manger, où il fit entendre une sorte de mélopée plaintive et traînante dans laquelle on ne distinguait que quelques mots ; mais ses vêtemens en lambeaux, sa figure hâve et décharnée, n'expliquaient que trop clairement que c'était un mendiant qui implorait des secours.

— Mais, répliqua Modeste, si monsieur se rend malade à se renfermer ainsi, il sera peut-être obligé d'interrompre tout-à-fait son travail.

— Un morceau de pain, s'il vous plaît, dit le mendiant.

— Ce serait un grand malheur, ma pauvre Modeste, car j'ai rassemblé des argumens qui ne peuvent manquer de convaincre les lecteurs et de faire un grand bien à la cause des nègres.

— Je n'ai ni maison ni vêtemens, dit le pauvre homme.

— Est-il rien en effet, dit monsieur Chaumier, de plus cruellement ridicule que cet esclavage auquel on a condamné toute une race d'hommes? Le sang qui coule dans les veines des noirs n'est-il pas le même que celui qui gonfle les nôtres?*

— Au nom de notre Seigneur Jésus-Christ! ayez pitié de moi, dit le mendiant.

— Et, continua monsieur Chaumier, sans l'écouter ou sans l'entendre, ne sont-ils pas aussi nos frères?*

— Au nom de la vierge Marie! — mon bon monsieur, secourez-moi.

— La nature repousse, dit monsieur Chaumier, ces cruelles et arbitraires distinctions de race et de couleur. Le soleil éclaire tous les hommes, et la Providence leur distribue également ses bienfaits ; les riches et les puissans seuls ont plus d'obligations que les autres et plus de devoirs ; ils ne doivent

---

* Nous ne prenons pas la responsabilité de ces phrases que nous avons lues dans des livres sur ce sujet, et que nous avons entendues dans des assemblées nombreuses et brillantes, et aussi dans quelques mélodrames.

pas oublier que la fortune n'est, entre leurs mains, qu'un dé-
pôt dont il leur sera, un jour, demandé un compte sévère, et
qu'ils doivent réparer par une plus juste répartition les erreurs
et les injustices du sort.

— Il y a deux jours que je n'ai mangé, — dit le pauvre
homme en joignant les mains.

— Aussi, dit monsieur Chaumier, mon cœur saigne en songeant à ces malheureux noirs.

— Ne me donnerez-vous donc rien? dit le pauvre.

— Comment cet homme est-il entré ici, Modeste? demanda
monsieur Chaumier.

Modeste ne répondit pas à monsieur Chaumier, mais elle
s'avança sur le mendiant d'un air irrité, et lui dit :

— Allez-vous-en, et tâchez que je ne vous voie pas une autre
fois vous introduire ainsi dans les maisons.

— Ma bonne dame, dit le pauvre, la porte de la rue était
ouverte.

— Eh bien! dit Modeste, ne peut-on laisser un moment une
porte ouverte sans être en proie aux importunités des men-
dians et des vagabonds?

— Mais... dit le mendiant.

— Mais, répliqua Modeste, je vous dis de vous en aller, ou
je porterai plainte contre vous.

Le mendiant s'en alla sans rien répondre.

Monsieur Chaumier grommela quelques instans sur l'audace
de ces gens-là; en effet, il est bien fâcheux de ne pouvoir tran-
quillement se livrer chez soi à des théories philanthropiques
sur des malheurs lointains, sans qu'on soit dérangé par l'aspect importun d'une misère sur laquelle il n'y a pas de discours à faire ni de théories à développer, tant elle est voisine
et facile à soulager.

Modeste n'oublia pas qu'il lui fallait décider son maître à
sortir; sa première tentative avait honteusement échoué; le
beau temps et le soin de sa santé l'avaient trouvé inébran-
lable; — mais Modeste avait décidé qu'il sortirait et il devait
sortir. — On ne tarda pas à entendre un grand fracas dans
la cuisine, c'était le café qui était renversé, — il n'y en avait
pas une graine dans la maison, par la négligence du four-
nisseur ordinaire.

Monsieur Chaumier, cependant, ne pouvait se passer de café, l'habitude lui en avait fait un besoin impérieux; il fut alors
décidé qu'il sortirait pour en prendre dans un établissement
où on le faisait passable, sans que cependant il pût entrer en
comparaison avec celui de Modeste. — Eh bien! alors, dit
monsieur Chaumier, donne-moi ma canne et mon chapeau.

— Comment, monsieur, dit Modeste; songez-vous à sortir
ainsi vêtu?

— Et qu'a donc mon costume de si singulier? demanda
monsieur Chaumier.

— Il a, reprit Modeste, que l'habit de monsieur est usé et
râpé, et qu'il y manque un bouton.

— Oh! mon Dieu, Modeste, je ne vais pas bien loin et personne ne fera attention à moi.

— Mais, dit Modeste, quelle opinion auront de moi les amis
de monsieur qui le rencontreront, s'ils pensent que je le laisse
mon maître de la sorte!

Et sans attendre de réponse elle apporta un autre habit, retira elle-même à monsieur Chaumier celui dont il était couvert, et l'emporta triomphante.

Tacitum portentant gaudia pectus.

A peine monsieur Chaumier fut-il sorti, que Modeste envoya Rose *s'amuser* dans le jardin.

— Mais, ma bonne, dit Rose, il fait nuit et j'ai peur.

— Faites ce qu'on vous dit, mademoiselle, reprit la bonne,
et allez vous *amuser*; si vous pleurez, vous aurez affaire à
moi.

La pauvre Rose obéit, emportant sur son joli visage une petite moue toute sérieuse. — Modeste Rolland fouilla alors
dans la poche de son maître et y trouva une lettre, dont voici
le contenu :

XI.

Mon cher frère,

Ce mariage auquel tu n'as pas pu assister — et qui t'avait
brouillé avec moi, n'a pas été béni du ciel. — Il y a trois ans,
mon mari a disparu sans que rien ait pu servir de raison ni
de prétexte à cette étrange aventure. — Depuis trois ans,
toutes les recherches ont été inutiles ; tout donne à penser
qu'un crime ou un accident a mis fin aux jours de monsieur
Lauter.

Dans ce malheur, que j'ai supporté si longtemps sans me
plaindre, tu es mon seul appui et ma seule consolation. —
J'ai deux petits enfans ; je t'ai écrit dans le temps pour te
faire part de leur naissance, quoique tu ne m'aies jamais répondu. En vendant tout ce qui me reste, je réunirai une somme de 50,000 francs, qui forment toute ma fortune et celle de
mes enfans. Veux-tu que j'aille demeurer près de toi? Tu me
guideras dans l'emploi de ma petite fortune et dans l'éducation de mes enfans; je remplacerai, pour tes tiens, la mère
qu'ils ont perdue, — et au milieu d'eux nous vieillirons dans
la paix et les douces affections. Ta réponse, mon bon frère,
me rendra le bonheur ou me jettera dans le plus affreux découragement. — Léon et Geneviève te présentent leurs res-
pects, et moi je t'embrasse bien tendrement ainsi que mon
petit neveu et ma petite nièce, Albert et Rose.

ROSALIE LAUTER.

XII.

A cette lecture, madame Modeste Rolland tomba assise sur
un fauteuil. — Elle vit d'un seul coup son empire détruit, son
bonheur renversé; — elle se sentit *domestique*; — mais
bientôt il lui parut tellement impossible que ce qui était si
bien et depuis si longtemps établi pût changer ainsi tout-à-
coup, qu'elle se demanda quelle avait été la réponse de son
maître. La rapidité avec laquelle cette réponse avait été faite
lui semblait d'un bon augure ; un refus seul pouvait admettre
aussi peu de réflexion et d'examen. Avant de consentir à l'arrivée de madame Lauter, monsieur Chaumier n'aurait pas
manqué de la consulter, d'examiner les difficultés de l'établissement, et les moyens d'y obvier. — D'ailleurs, elle connaissait l'histoire du mariage de madame Lauter; monsieur Chaumier n'avait jamais vu son beau-frère, et ils n'avaient en
ensemble d'autres rapports qu'une correspondance relative à des
affaires, qui s'était terminée par de l'aigreur, et la cessation
de toutes relations. — Monsieur Chaumier avait alors juré
solennellement qu'il ne verrait jamais son beau-frère, et qu'il
ne reverrait pas sa sœur. — Le résultat des réflexions de Modeste fut que monsieur Chaumier avait nécessairement répondu par un refus formel ; elle remit la lettre dans la poche de
l'habit, et appela la petite Rose qui pleurait de peur dans le
jardin ; — après quoi, elle la déshabilla et la coucha.

Le lendemain, cependant, elle se réveilla moins rassurée
que la veille sur les probabilités du refus de son maître de la
proposition de sa sœur ; et, pendant le déjeuner, elle fit de
nouveaux efforts pour le faire parler. Enfin, à propos d'une
histoire en l'air, elle lui dit : — Croyez-vous, monsieur, qu'un
honnête homme puisse violer un serment *quel qu'il soit?* —
Je ne crois pas, Modeste, répondit monsieur Chaumier ; cependant, ajouta-t-il, après un instant de réflexion, il est des
sermens que l'on peut, que l'on doit même oublier ; je parle
des sermens impies qui échappent dans un moment de colère,
d'emportement, et, dans ce cas, je crois que la faute n'est pas
de violer le serment, mais de l'avoir fait.

— Mais, dit Modeste, si la colère qui a fait faire le serment
n'était pas un mouvement aveugle, mais au contraire un légi-
time ressentiment?

— Quel que soit le motif de la colère, elle est toujours aveugle, Modeste. — Je me rappelle qu'il y a deux ans, ayant à
me plaindre de plusieurs de mes collègues, à la Société pour
l'abolition de l'esclavage, et voyant que mes travaux n'étaient
pas appréciés à leur valeur, je jurai de ne plus me mêler à ce
qu'ils faisaient. Eh bien! Modeste, c'est là un serment que je

ne devais pas tenir et que je n'ai pas tenu, — parce que je ne pouvais, sous un prétexte de fidélité à un serment, abandonner la cause des malheureux noirs.

— Mais, monsieur, dit Modeste, si votre abandon n'avait été préjudiciable qu'aux gens dont vous aviez à vous plaindre?

— Et encore, Modeste, je ne sais ce que j'aurais fait; il faut bien avoir un peu d'indulgence les uns pour les autres; — et, au résumé, je crois que si on doit tenir, à quelque prix que ce soit, un serment dont les résultats sont favorables à celui qu'il concerne, on ne trouvera qu'indulgence de la part de Dieu, si on ne donne pas suite à un serment de haine et de méchanceté.

Modeste rentra dans sa cuisine et se dit : — Je suis perdue! — De ce jour, elle fit son devoir avec une exactitude scrupuleuse, mais affectée et chagrine, et ses réponses, courtes et sèches, témoignèrent d'un mécontentement dont je ne puis assurer que monsieur Chaumier s'aperçut.

Une semaine après, monsieur Chaumier, ayant reçu une nouvelle lettre, avertit Modeste que sa sœur allait venir demeurer près de lui avec ses enfans, et que cela nécessitait un peu de dérangement dans la maison. Ainsi, Modeste devait quitter le premier étage, qui appartiendrait à madame Lauter et aux deux petites filles, et monter à l'étage au-dessus, qu'elle partagerait avec les deux garçons. Modeste obéit sans faire une observation, mais d'un visage froid et impassible; elle enfouit dans son cœur le regret de la belle chambre parquetée, ornée d'une grande glace et de rideaux jaunes, — et elle attendit madame Lauter avec des sentimens de la haine la plus profonde.

Les enfans eurent bientôt fait connaissance et furent enchantés de trouver des cousins et des compagnons de jeux. — Léon et Geneviève, les enfans de madame Lauter, étaient plus âgés que Rose et Albert, les premiers avaient une douzaine d'années, tandis qu'Albert n'avait que dix ans et Rose six. Léon fut installé avec Albert, chez monsieur Semler. Madame Lauter, qui était, depuis la disparition de son mari, restée grave et triste, s'occupa sans relâche des soins du ménage et de l'éducation de ses deux filles : — c'est ainsi qu'elle appelait également Rose et Geneviève. — Quand elle avait annoncé à son frère qu'elle retirerait 50,000 francs de la vente de ce qui lui restait, elle s'était, à elle-même, exagéré la valeur des objets, et cette vente n'alla pas tout-à-fait à 20,900 francs. — Elle fut un moment écrasée de ce désappointement; elle ne voulait ni n'osait être à charge à son frère, et celui-ci avait accepté les propositions de sa sœur, dans l'hypothèse qu'elle apporterait un revenu de 4,500 francs; ce revenu, diminué presque de la moitié, la mettait dans un grand embarras; elle prit le parti de placer son argent en rente viagère; par ce moyen, il ne resterait rien à ses enfans; mais, au moins, elle leur assurerait une bonne éducation : — comme on dit dans les universités, *cela mène à tout*, — et elle contribuerait à la dépense de la maison, ainsi qu'elle l'avait annoncé; — elle dit simplement à son frère qu'elle avait placé son argent, sans lui dire les conditions.

Elle avait parfaitement compris, dès le premier jour de son arrivée, à quel point sa présence était désagréable à Modeste, et elle était bien décidée à ne rien négliger pour vaincre cette antipathie que lui laissait voir madame Rolland. Elle lui fit quelques petits cadeaux d'objets de toilette, mais madame Rolland affecta de n'en faire aucun usage; — elle essaya d'être polie et affectueuse, mais le premier jour qu'elle appela *Modeste*, celle-ci lui répondit que monsieur l'appelait ainsi, mais que *toutes* les autres personnes l'appelaient madame Rolland. — Ce à quoi madame Lauter s'empressa de se soumettre. Mais quelque fût sa résolution, il y avait des usurpations qu'elle était obligée de faire; — ainsi, d'accord avec son frère, elle se chargea de la dépense qui, jusque-là, avait été faite sans contrôle par Modeste; elle fit rentrer Modeste à l'état de domestique vis-à-vis de Rose, qui n'aurait pu que perdre aux caprices, aux façons vulgaires et à la mauvaise humeur de *maman Modeste*, comme elle l'avait appelée jusque-là. — Ce ne fut plus à elle que s'adressa Albert pour les objets dont il avait besoin, ou pour quitter, le lundi, la maison paternelle une heure plus

tard. Il lui fut impossible de décider, comme de coutume, avec les fournisseurs, sans en référer préalablement à madame Lauter, — de quoi elle se vengeait en parlant d'elle avec le plus grand mépris, et en la peignant comme une femme qui, après avoir poussé son mari au suicide par sa conduite dépravée, venait aujourd'hui, avec ses deux enfans affamés, gruger ce bon monsieur Chaumier, et faire dans la maison *un embarras* qui ne lui convenait pas. — Elle ne manquait jamais une occasion d'être désagréable à madame Lauter; s'il y avait quelque chose de cassé ou de gâté, c'était toujours par Léon ou par Geneviève; — quoique les quatre enfans fussent traités sur le pied de la plus parfaite égalité, qu'ils fussent habillés de même, comme s'ils eussent été tous quatre frères et sœurs, la seule Modeste n'admettait pas cette égalité; elle servait toujours à table les petits Chaumier avant les petits Lauter; elle trouvait toujours moyen de laisser prendre à ceux-ci une foule de petits soins dont elle se chargeait volontiers pour les autres; — elle nettoyait la chambre de madame Lauter avec une négligence si affectée, que celle-ci feignit que cela la gênait pour sa chambre, et prit le parti de la balayer elle-même. — Quand elle revenait de la provision, elle rapportait à Rose des fruits et des friandises, sans en donner à Geneviève; mais la petite Rose venait d'elle-même partager avec sa cousine; — alors, Modeste se plaignait que Geneviève eût jeté par terre des noyaux de cerise. Pendant un an, elle s'obstina à servir, à table, monsieur Chaumier avant sa sœur, quoique, pendant un an, monsieur Chaumier ne se laissât pas servir une seule fois le premier. Madame Lauter faisait semblant de ne pas s'apercevoir de ses impertinences et ne s'appliquait qu'à lui ôter l'occasion de les renouveler. — Mais les domestiques, — comme les chiens, — ne reconnaissent qu'un maître dans une maison, et les devoirs de la domesticité paraissent toujours moins durs à remplir à l'égard d'une personne d'un autre sexe.

D'ailleurs, l'inégalité entre les femmes ne se manifeste pas d'une manière aussi évidente qu'entre les hommes. — L'esprit, les talens, une certaine autorité, séparent suffisamment les hommes; mais les femmes, il ne peut y avoir d'inégalité réelle que celle de la beauté. — Les servantes, comme les mal tressées, le savent bien, et il n'est pas une femme qui ne se défie d'avoir auprès d'elle une trop jolie servante.

Un artiste, un homme politique, un homme d'esprit ne sont certainement pas de la même race qu'un domestique; — mais on peut (les exemples ne manquent pas), quand on veut, faire d'une jolie chambrière une duchesse à peu près présentable.

Madame Lauter, toute jolie femme qu'elle était encore, ne jouissait même pas du bénéfice de cet avantage qu'elle possédait sur Modeste, laquelle n'était plus jeune, et n'avait jamais été belle; — car les femmes ne peuvent apprécier leur beauté que par les hommages qu'elle leur attire; et, dans cette maison si fermée, la beauté, qui n'avait personne pour l'admirer, cessait d'être un avantage et même d'être quelque chose.

C'était pour les enfans une grande fête que le dimanche. Albert et Léon arrivaient de bonne heure; et cependant déjà depuis longtemps Rose et Geneviève les attendaient. — Plus de dix fois elles avaient ouvert la porte du jardin, croyant les entendre venir. Ce jour-là on avait fait cuire une galette, et toute la maison était sens dessus dessous. Les garçons arrivaient toujours avec quelque nouveau jeu, croyant bruyant qu'il ne convenait à des filles. — Léon avait sous sa protection spéciale Rose, qui était si petite, que, lorsqu'elle se mêlait aux promenades, il fallait que Léon la rapportât sur ses bras. — Pour Albert, il était loin d'être aussi complaisant pour Geneviève, qui, d'ailleurs était du même âge que lui; — il vint d'ailleurs bientôt un moment où Geneviève, qui avait treize ans, commença à ne plus se mêler aux jeux de son frère et de son cousin, et à prendre une attitude calme et décente. — Il leur vint alors l'idée, suggérée par madame Lauter, de cultiver le jardin; profita de la présence d'Honoré Rolland, qui avait un congé, pour le faire bêcher; — après quoi, ils se chargèrent du reste.

Il y eut de grandes discussions pour la distribution du jardin ; mais, quand on finit par tomber d'accord, ce fut aux dépens de Modeste.

Modeste avait eu de tout temps, sous la fenêtre de sa cuisine, et sur tout le devant de la maison, un potager composé de cerfeuil et de persil. — Il fut décidé par les enfans que le potager serait supprimé, comme usurpant la place la plus favorable pour faire grimper des volubilis que madame Lauter aimait beaucoup. Modeste jeta les hauts cris, quand elle s'aperçut de la destruction de son jardin ; elle en accusa Léon et Geneviève, comme de coutume. En vain, madame Lauter lui fit présent d'un très beau bonnet ; elle n'en jura pas moins la destruction des volubilis, et l'on a pu voir dans une discussion qu'elle a eue *sur le serment, — de jurejurando,* avec son maître, — la triste fidélité qu'elle y apportait.

Les choses allèrent ainsi jusqu'au moment où les deux garçons partirent pour terminer leurs études à Paris. — Geneviève avait alors seize ans et Rose quatorze. Elles s'occupèrent pendant quinze jours des préparatifs du départ. — Pour les deux jeunes gens, ils étaient tout enivrés de l'orgueil inquiet du premier voyage. — Au jour de la séparation, on s'embrassa ; on se promit de s'écrire. — La voiture partit, les deux filles se prirent à pleurer, madame Lauter se sentit le cœur gros ; Modeste dit : Pourvu qu'il n'arrive rien à Albert ! Pour monsieur Chaumier, qui parlait ce jour-là à l'assemblée négrophile, et il disait : « O cruauté inouïe ! On sépare les pères de leurs enfans ! et ne frémissez-vous pas, messieurs, en vous mettant pour un moment à la place des malheureux esclaves ? — Qui de vous pourrait supporter une semblable séparation ? »

Là maison fut triste pendant plusieurs mois, Geneviève et Rose, le dimanche, si quelqu'un frappait à la porte, se levaient par un mouvement involontaire, puis se rasseyaient en se regardant. Elles ne savaient que les jeux qui se jouent à quatre ; à toute distraction qui leur venait à l'esprit, il fallait renoncer parce qu'on n'était que deux. — Si elles avaient envie de quelques fleurs, de quelques fruits rares, elles disaient : — Ah ! si Léon était ici ! — Si Albert n'était pas à Paris ! En ce cas-là, on parlait moins souvent d'Albert que de Léon, parce qu'il n'était pas accoutumé à se reposer et à s'appuyer sur lui. Léon était l'aîné, et d'ailleurs c'était une de ces natures généreuses qui sentent le besoin de protéger et de soutenir. — Geneviève avait un peu du caractère de son frère, et c'est ce qui leur inspirait, à tous deux, un tendre attachement pour leurs cousins. — Albert et Rose, au contraire, avaient moins besoin d'aimer que d'être aimés : mais ils se laissaient faire avec tant de grâce et de charme, qu'on n'osait désirer de leur part une affection moins passive.

Je n'aime pas beaucoup les portraits. — Je sais cependant pourquoi je ferai ici celui de Léon, — c'est que ce n'est pas une simple fantaisie : c'est que j'ai connu les héros de mes romans, c'est que mes histoires sont plus vraies que celles d'aucun historien, c'est que je puis dire, comme Énée :

  Quæque ipse... vidi
  Et quorum pars magna fui.

Léon est grand ; il paraît grêle, il l'est en effet, mais c'est à la manière des chevaux arabes, si forts et si nerveux. — Les traits de son visage sont fins et délicats comme ceux d'une fille ; il porte de grands cheveux noirs bouclés, il a les yeux bleus ; avec tout cela, il est loin d'avoir l'air efféminé ; son regard est souvent sévère, son teint est brun et hâlé, le duvet de ses joues et de son menton qui commence à brunir annonce qu'il aura une barbe large et épaisse. Il est adroit à tous les exercices du corps, il monte à cheval, il nage, il tire des armes avec une rare perfection. Le seul défaut de son caractère est un manque de volonté et d'individualité ; — rarement il ose être lui-même et c'est ce qu'il pourrait être de mieux ; il est doux et compatissant ; mettez-le avec des marins, il boira du genièvre, il jurera, et se frottera de goudron ; avec des hussards, il sera querelleur, bruyant, indiscret ; avec des enfans, il est de première force à la toupie et de seconde aux barres.

Mais ces rôles, qu'il joue à son insu, le fatiguent et l'ennuient ; — il n'y a que Rose et sa sœur avec lesquelles il soit lui-même ; — aussi elles lui manquent douloureusement pendant son séjour à Paris et il leur écrit bien plus souvent que ne le fait Albert.

Albert est d'une taille moyenne, ses cheveux sont d'un brun châtain, — ses yeux, de la même couleur, sont fins, moqueurs et expressifs. — Il a le cœur paresseux et difficile à émouvoir, mais son imagination est inconstante et vagabonde ; il s'éprend des objets et des gens avec une ardeur et une spontanéité qui ne peuvent se comparer qu'à celles avec lesquelles il les quitte. Il est cependant capable de persévérance pour ce qu'il ne peut atteindre, mais seulement jusqu'à ce qu'il l'ait atteint.

Geneviève a les yeux bleus et les cheveux noirs, comme son frère. Geneviève a sur le visage une douce et intéressante mélancolie ; sa taille est nonchalante, — ses mouvemens et sa démarche ont comme une lenteur silencieuse ; — elle a la voix vibrante et douce. Cette mélancolie peinte sur son visage, on la trouve aussi dans son cœur ; — mais ce n'est pas de la tristesse ; au contraire, elle aime le plaisir, et il n'y a rien de si facile à Rose que de la rendre aussi gaie qu'elle-même.

Rose est petite et vive ; ses cheveux d'un brun foncé tombent en grosses boucles sur les deux côtés de sa figure ; — ses yeux noirs sont si mobiles qu'on ne peut les rencontrer, et si éclatans qu'on n'en pourrait soutenir le feu, si on les rencontrait. Tout lui plaît, tout l'amuse ; — elle aime le bruit et l'éclat.

Toutes deux sont coquettes, c'est-à-dire, qu'elles sont heureuses d'être belles et qu'elles veulent qu'on s'en aperçoive. Mais la coquetterie de Rose a cela de particulier qu'elle est aussi fière de la beauté de sa robe que de sa propre beauté. — Tout ce qu'elle trouve joli, — bijoux, — pierreries, — gazes, — rubans, — elle aime le voir attaché à elle ; — aujourd'hui elle aime le blanc, — demain elle aimera le bleu, — hier elle aimait le lilas. — Elle aime ses dentelles avec égoïsme. — Sa parure fait partie d'elle ; — elle voudrait pouvoir se changer comme sa parure, — mettre à volonté des yeux bleus et des cheveux blonds.

Geneviève a trouvé que le blanc lui allait bien, — et elle est toujours habillée de blanc, — du moins aux heures où elle sort ou auxquelles il peut venir quelqu'un à la maison. Les gens qui la connaissent ne l'ont jamais vue autrement. Elle attache à cette uniformité de costume une instinctive idée de pudeur, qui soutient sa volonté contre les séductions des couleurs plus fraîches et les plus à la mode.

En effet, quand on voit pour la première fois une de ces belles jeunes filles au visage calme et modeste, aux cheveux lissés sur le front, aux yeux doux et incertains, l'imagination ne la sépare guère de son vêtement ; — il semble qu'elle ait des pieds de satin blanc, et que ce nuage blanc que forment les plis de gaze qui descendent jusqu'à terre, soit son corps. Mais, si vous la voyez ensuite avec un vêtement d'une autre forme et d'une autre couleur, — en pensant qu'elle a *changé de vêtement,* vous vous représenterez involontairement le moment où elle avait quitté le premier et n'avait pas encore mis le second ; — vous pensez qu'elle peut être sans vêtemens, et votre œil interroge malgré vous les plis de l'étoffe et ses ondulations.

Il est une sorte d'amour qu'inspirent les jeunes filles, qu'elles seules peuvent inspirer, et qu'elles comprennent si peu, que je n'en ai jamais rencontré qu'une qui s'efforçât pas de le détruire.

Je veux parler d'une sorte d'amour pur, religieux, poétique, dans lequel les sens n'entrent que si clandestinement qu'on pourrait presque nier leur présence. Quelquefois, en effet, on songe à baiser leurs cheveux, mais jamais leurs lèvres rosés, ni leurs dents blanches ; — la main cherchera leur main, mais ne se posera jamais sur leur genou ; non pas seulement par respect, mais la pensée n'en viendra pas à l'esprit. — L'imagination, près d'elles, n'inspire pas de désir plus vif que celui d'être touché en passant d'un pli de leur robe ; — ou si, par hasard, en lisant le même livre, mes cheveux touchaient ses cheveux, — un doux frémissement arrêtait le sang dans mes veines, — et je comprenais que ce que j'aurais osé de plus aurait été bien moins. — Jamais, depuis, aucune femme tout entière abandonnée, aucune femme, même la plus belle bacchante, même la fille la plus curieuse et la plus docile, ne m'a rien donné qui ne me laissât regretter amèrement l'émotion de ce contact de nos cheveux.

Mais, de toutes les jeunes filles que j'ai rencontrées depuis, — toutes, avant le second jour, avaient détruit ces enivrantes impressions, pour les remplacer par des idées de désirs vulgaires que toutes les femmes peuvent satisfaire mieux qu'elles, — car à peine les jeunes filles vous font-elles songer qu'elles ont un corps, que vous songez en même temps qu'elles n'ont ni formes ni sens.

Et il ne faut qu'un mot, qu'un geste, qu'une attitude — pour éteindre, comme d'un souffle, cette céleste auréole qui entoure le front virginal de la jeune fille.

La véritable pudeur doit se cacher elle-même avec autant de soin que le reste; la main qui ramène un pli de la robe, fait plus rêver à ce qu'elle veut cacher qu'à la honte vertueuse qui le lui fait cacher.

Il suffit qu'à la campagne, le vent attaque traîtreusement une jupe, et oblige celle qui la porte à une défense sérieuse, quelque succès qu'ait la défense; —

Il suffit qu'une mère dise devant moi: — Ma fille est un peu malade, elle a monté à cheval, elle a les *cuisses* rompues; — et combien de mères savent se priver de semblables mentions!

Il suffit qu'une fille dise: — Je ne veux pas courir, on verrait mes *jambes;*

Ou: — Ma mère m'a fait présent de *chemises* de batiste;

Ou: — Je me suis donné un coup *au genou* et j'ai le *genou* tout bleu;

Ou: — J'ai acheté des *jarretières;*

Ou: — J'ai pris *un bain* ce matin;

Pour qu'à l'instant même elle perde tout le charme qu'elle avait pour moi, — sauf à prendre plus tard un autre attrait d'un genre tout différent.

XIII.

LÉON A ROSE ET A GENEVIÈVE.

Mes chères sœurs, c'est un séjour fort triste que celui de la ville où nous sommes, et je ne saurais vous dire combien tout ce que j'ai laissé auprès de vous me paraît aujourd'hui ravissant et regrettable. Les années que nous avons passées ensemble vous rendent si nécessaires à moi que je ne puis rien séparer de votre souvenir. — Hier, nous sommes allés à la campagne, avec Albert, et une famille pour laquelle mon oncle nous a donné une lettre. — Ce sont de bonnes gens, qui nous reçoivent très bien, et nous invitent à tout ce qu'ils croient nous pouvoir être agréable. A l'entrée d'un petit bois, j'ai aperçu un sorbier tout chargé d'ombelles de baies, déjà d'une belle couleur orangée; — et j'ai pensé au sorbier du jardin de la maison où vous êtes. Il y a un an, c'était aussi dans les premiers jours du mois d'août, et les fruits du sorbier étaient de cette même couleur orange; — nous étions tous réunis, le soir, sous son feuillage; — je jouais du violon et Rose chantait. Et l'hiver dernier, quand l'arbre dépouillé de feuilles n'avait plus que ses fruits, devenus alors du plus vif écarlate, vous rappelez-vous les merles qui venaient, de leur bec jaune, picoter les grains de corail du sorbier? Rose voulut que je lui en prisse un. — Je passai huit jours à faire un trébuchet; puis, quand l'oiseau fut captif, il avait l'air triste et souffrant, il ne voulait pas manger. A dîner, nous parlâmes à mon oncle de notre capture, il nous dit qu'il fallait le garder en cage, et qu'au printemps il ferait entendre des chants ravissants. — Un peu après, mon oncle vint à parler de son sujet favori, des nègres et de l'esclavage. — Rose sortit et revint toute joyeuse.

Elle me prit par la main, me fit lever de table, et me dit de regarder par la fenêtre. — Il y avait sur la muraille un merle qui battait des ailes, et secouait son plumage. — Veux-tu donc encore celui-là? lui dis-je. — Non pas, reprit-elle; c'est le mien auquel je viens de donner la liberté. — Je l'embras-

sai. — Mon oncle la gronda un peu, en lui disant qu'elle ne savait pas ce qu'elle voulait. — Papa, dit Rose, il est tout noir comme les nègres que tu dis si malheureux; il m'a semblé que c'était un petit nègre, et j'ai ouvert sa cage.

Mon oncle fut un peu embarrassé de ce que cette petite fille lui montrait qu'il n'était pas conséquent.

Je vous écris, — et je n'ai rien à vous dire, ni à vous raconter. — Je vous écris pour vous écrire, pour me rapprocher de vous. Je vois d'ici vos deux jolies têtes l'une contre l'autre pour lire ensemble ma lettre, — et cette image va égayer ma journée. — Je voulais offrir à Albert ce qui reste de papier blanc dans ma lettre, mais il est sorti ce matin, et je ne sais pas où il est. — Adieu, mes bonnes petites sœurs. — Écrivez-moi souvent.

LÉON.

XIV.

C'était le moment où les volubilis du jardin de Fontainebleau auraient dû commencer à fleurir, et à ouvrir, la nuit, leurs fleurs bleues, roses ou blanches, qui se ferment et tombent, dès que le soleil les a touchées. Madame Lauter les vit au contraire se dessécher et jaunir; en vain elle leur prodigua les soins les plus minutieux. Ils durent céder au soin que prenait Modeste, chaque matin, de verser sur eux de l'eau bouillante. Madame Lauter ne s'en plaignit pas, et feignit d'attribuer aux chats un ravage que Modeste rejetait sur eux. Madame Lauter ne voulait pas être, dans la maison de son frère, une cause ni un prétexte de trouble et de mésintelligence. Monsieur Chaumier, d'ailleurs, était tellement accoutumé à Modeste, que, s'il lui eût fallu opter entre elle et sa sœur, tout ce que nous pouvons dire de plus avantageux pour son amour fraternel, c'est qu'il aurait été fort embarrassé. — Madame Lauter se trouvait fort heureuse, quand toute la mauvaise humeur de la servante retombait sur elle seule, et épargnait Geneviève, qui peut-être n'aurait pas été patiente, — parce qu'elle ignorait les causes de la résignation de sa mère, — et, en tout cas, en eût été profondément blessée. — Il fallait ménager à ses enfans l'amitié et la protection de monsieur Chaumier. Aussi, ne négligeait-elle rien pour se mettre bien dans l'esprit de Modeste. Elle ne perdait pas une occasion de rendre hommage à ses connaissances en cuisine. — Il ne se passait pas un dîner sans que quelque plat valût un mot d'éloge; le rôti était cuit si bien à point! — il y avait dans la crème un parfum inusité que Modeste seule savait lui donner, et dont on lui demanderait le secret, etc., etc. — Modeste recevait ces éloges avec plaisir, mais sans reconnaissance, comme un chat reçoit les caresses de son maître; — elle croyait que ces louanges étaient arrachées à madame Lauter malgré elle, qu'elle ne les lui accordait que parce qu'il était impossible de les lui refuser, et ces procédés, loin de la toucher, ne faisaient qu'accroître son excellente opinion d'elle-même, et conséquemment son indignation, de voir la place et l'influence qu'avait usurpées madame Lauter dans la maison de monsieur Chaumier.

Monsieur Chaumier avait accordé à son fils une pension suffisante pour tenir un rang honorable à Paris. — Madame Lauter pensa que ne pas donner à Léon une pension égale serait le chagriner, et qui pis est le séparer des plaisirs et des habitudes de son cousin, dont l'affection lui pouvait être plus tard fort utile. — Elle vendit donc quelques bijoux qui lui restaient, pour atteindre ce but, et Léon continua de se trouver avec Albert sur le pied de la plus complète égalité, comme Geneviève avec Rose. — Elle écrivait de temps à autre à Léon, et lui recommandait de *travailler*, avec une insistance qu'elle croyait fort significative, mais que Léon recevait comme un de ces lieux communs qui remplissent les lettres des parens. — Il faisait son droit comme Albert, comme un peu plus de la moitié des étudians; il attendait que le temps consacré à cette étude fût passé, temps après lequel il est réputé docteur. Il ne s'occupait sérieusement que de sa voix qui était fort belle, et de son violon, sur lequel il avait un talent remarquable. — Pour Albert, il était partout à la fois, au théâtre et dans les promenades, et dans tous les endroits où il y avait quelques chances de s'amuser.

XV.

Albert et Léon dînaient le dimanche dans la famille à laquelle monsieur Chaumier les avait recommandés. Albert surtout était fort exact depuis quelque temps, et il ne laissait échapper aucune occasion d'y aller encore dans la semaine. L'objet de son assiduité était une fort belle personne, cousine de monsieur de Redeuil, qui était venue passer quelques mois chez lui, en attendant le retour d'un mari en voyage. Rodolphe de Redeuil, le fils du maître de la maison, n'était pas moins attentif qu'Albert aux charmes de sa belle hôtesse, et il ne négligeait rien pour lui témoigner son admiration. A table, madame Haraldsen était naturellement assise près de monsieur de Redeuil.— Albert, en sa qualité d'étranger, était en face d'elle et à côté de la maîtresse de la maison. Rodolphe était à la droite de sa belle cousine. C'était lui qui lui versait à boire, et causait avec elle ; — mais elle ne pouvait lever les yeux sans rencontrer ceux d'Albert. Un jour, Albert lui pressa un peu la main en dansant ; — elle ne parut pas s'en être aperçue, mais aussitôt, sa conversation avec son danseur devint plus générale et plus insignifiante; elle ne fit plus, quand la *figure* l'exigeait, que poser sa main sur celle du cavalier, d'un air si indifférent, et si près d'être dédaigneux, qu'il n'osa pas recommencer.

Il confiait à Léon ses amours, ses espérances, ses craintes, ses désappointemens, et ses mouvemens de haine pour Rodolphe. Chaque soir, il accompagnait les dames au théâtre, et chaque soir, quelque circonstance plus ou moins insignifiante le faisait revenir ivre de joie, ou furieux et désespéré. Les gants, les voitures, les billets de spectacle absorbaient son revenu et une partie de celui de Léon qu'il lui empruntait.

Un jour, en rentrant, il embrassa Léon, et lui dit : — Oh ! mon ami ! mon cher Léon ! — Te voilà, enfin, je puis te dire mon bonheur ! — Il était temps que je te trouvasse, car il m'étouffe; Octavie m'aime ! — mon bon ami ! — Octavie m'aime !...

— Et qu'est-ce qu'Octavie? demanda Léon.

— Octavie est madame Haraldsen, reprit Albert, et madame Haraldsen est la cousine de monsieur de Redeuil.

J'étais désespéré, continua Albert. — Nous étions revenus du bois dans la calèche de monsieur de Redeuil.—Rodolphe était à cheval : tu sais comme son cheval est ravissant ; Rodolphe avait une aisance que je ne lui ai jamais vue ; — il faisait piaffer son cheval et usait de tout le petit manège nécessaire pour exciter l'attention d'une femme. Le cheval, dressé comme il est, jouait son rôle à ravir, et avait parfaitement l'air de se cabrer sérieusement, quoique Rodolphe et lui fussent bien sûrs qu'il n'en ferait rien. Forcé de jouer un rôle accessoire, je m'enfonçai dans un coin de la calèche, en annonçant que j'avais mal à la tête, et que je souffrais beaucoup. Arrivés à la maison, comme je lui donnais la main pour descendre de la voiture, elle me dit avec tant de douceur : — Comment vous trouvez-vous, monsieur Albert ? — que sa voix me fit frissonner, et que je retrouvai à l'instant toute ma bonne humeur. A table, Rodolphe eut l'obligeance d'être parfaitement ridicule, et parla avec tant d'obstination de son cheval et de son propre talent d'écuyer, qu'il détruisit tout l'effet que l'un et l'autre avaient pu produire. Je suivais avec une délicieuse sollicitude le moindre mouvement d'Octavie. — Mais en vain mes yeux cherchaient à rencontrer les siens. J'avais les jambes étendues sous la table ; un moment, je sentis son petit pied contre le mien ; ma respiration s'arrêta dans ma poitrine. — Un mouvement plus fort que ma volonté me poussait à presser ce pied, et cependant je me retenais de toute mon énergie. — Je me demandais s'il était possible qu'elle ne sentit pas mon pied, comme je sentais le sien ; — et j'interrogeais son visage. Il n'avait rien perdu de son calme et de sa sérénité. — J'osai, alors, presser doucement le pied qui touchait le mien : — elle releva la tête avec

étonnement, et retira brusquement son pied. — J'avais retiré le mien plus vite qu'elle, je me sentais pâle et tremblant. Cependant, je revins bientôt à moi ; j'avais fait un grand pas. Quoique *ma déclaration* eût été mal reçue, elle était faite; — j'étais dans la situation du poltron qui a croisé le fer avec son ennemi. — La présence du danger me donna du cœur, et, partie par résolution, partie pour obéir à une puissance qui me maîtrisait, je laissai mon pied rechercher le sien. Je le retrouvai bientôt ; mais quelle fut ma surprise en sentant qu'il ne se retirait pas ! Cette fois, elle était avertie par mon audace qui m'avait tant effrayé, et elle ne retirait pas son pied ! — J'appuyai, on répondit ; — toute mon âme descendit dans mon pied. — On me fit deux ou trois questions auxquelles je répondis d'une manière grotesque tant j'étais distrait et préoccupé. On se leva de table ; j'étais heureux, je n'en voulais plus à Rodolphe, j'allai même lui parler amicalement, pour expier le mouvement haineux que j'avais senti contre lui, et je me mis à te chercher pour te raconter tout cela.

— C'est singulier, dit Léon, nous ne connaissons guère la vie que par les romans et dans les romans : les femmes suivent, en amour, un autre programme. — Je n'ai pas ouï dire, — toujours dans les romans, qu'aucune héroïne ait jamais admis ce genre de déclaration, et y ait répondu ; mais peut-être les romans nous ont-ils trompés.

Les vacances arrivèrent ; Léon n'eut rien de si pressé que d'aller à Fontainebleau. Pour Albert, il prit un prétexte pour rester quelques jours de plus à Paris.

Il dînait presque tous les jours chez monsieur de Redeuil, et, pendant tout le dîner, il sentait le charmant pied sur le sien. Tout en savourant son bonheur, il ne pouvait se lasser d'admirer la profonde dissimulation de madame Haraldsen, dont le visage ne trahissait aucune émotion, et qui parlait avec le plus grand sang-froid des choses les plus insignifiantes et les plus diverses. — Albert n'osait désirer rien de plus : tout changement dans sa situation l'effrayait. Il comprenait cependant qu'il ne pouvait passer le reste de sa vie à presser le pied de madame Haraldsen, et qu'elle-même devait le trouver très ridicule ; par moment, il prenait une grande résolution, et, après dîner, la suivait dans le salon ; mais madame Haraldsen paraissait mettre un soin extrême à éviter toute conversation particulière avec lui, et Albert était enchanté de n'avoir pas à dépenser tout ce qu'il avait amassé de courage, et de pouvoir, le soir en rentrant, se dire : *Ce n'est pas ma faute.*

Cependant monsieur de Redeuil et sa famille allaient partir pour la campagne, et tout était perdu si Albert n'amenait pas Octavie à faire un pas de plus, à lui écrire ou à permettre que, par un moyen ou un autre, il se rappelât à son souvenir pendant cette séparation qui serait au moins de plusieurs mois, et serait peut-être éternelle si son mari revenait avant la fin de la belle saison. Pendant longtemps, ce départ avait comblé Albert de joie ; il n'y avait aucune raison pour qu'il ne fréquentât pas la maison de monsieur Redeuil à la campagne comme à la ville. Le séjour à la campagne permet plus de familiarité, donne de plus fréquentes occasions de se trouver en tête à tête, et dispose l'âme à toutes les émotions de l'amour. — Pour ce qui est de ce dernier point, Albert n'en savait rien.

Mais que devint-il, quand, à dîner, madame de Redeuil lui dit : Nous partons dans trois jours. Cette année, la campagne ne nous amusera guère ; la maladie du père de monsieur de Redeuil, qui y est retiré, nous empêchera d'y revoir nos amis ; d'ailleurs, c'est un vieillard inquiet et morose, qui ne pourrait s'empêcher de faire mauvais accueil à tout nouveau visage; il a particulièrement horreur des jeunes gens, et surtout des amis de Rodolphe.

Albert se sentit presque défaillir, un nuage épais obscurcit sa vue; tout son édifice de bonheur et de célestes félicités s'écroulait au moment d'en poser le faîte. Quatre mois d'absence ! et d'une absence que Rodolphe saurait mettre à profit ! Il regarda Octavie ; elle parlait sérieusement à son cousin, monsieur de Redeuil, des toilettes qu'elle emporterait; mais la pression de son pied témoigna assez au pauvre Albert qu'elle partageait le chagrin de ce contre-temps. Albert détestait

Rodolphe et lui attribuait tout ce qui lui arrivait de fâcheux ; on a toujours peine à ne pas penser que les gens heureux le sont à nos dépens, et qu'ils ont ajouté à leur part de bonheur notre part qu'ils nous ont dérobée. Aussi, quand, le lendemain, quelques instans avant le dîner, Rodolphe, une lettre à la main, et le visage un peu altéré, vint dans le salon prier Albert de l'accompagner dans une course qu'il avait à faire, celui-ci, cédant au désir de ne pas quitter madame Haraldsen, et à la satisfaction d'être désagréable à Rodolphe, répondit qu'il était fatigué et qu'il ne sortirait pas ce soir-là pour deux cent mille francs. Rodolphe parut stupéfait, et sortit seul ; Albert crut aussi voir quelque signe d'étonnement sur le visage d'Octavie, qui avait entendu leur courte conversation, et, pendant tout le dîner, il chercha en vain son pied sans le pouvoir rencontrer ; il pensa qu'elle était, sinon offensée, du moins alarmée de l'obstination qu'il avait montrée à ne la pas quitter, et qu'elle blâmât ce peu de soin d'écarter tout soupçon qui pourrait la compromettre. — Quand on sortit de table, il lui offrit le bras pour aller au salon, et lui dit en chemin : — Croyez bien que si j'avais cru vous déplaire... Madame Haraldsen le regarda avec une grande surprise ; le reste de la compagnie arriva, et ils se trouvèrent séparés. — Albert, au lieu de faire une nouvelle tentative pour parler à Octavie, crut devoir, à son tour, manifester quelque mécontentement, s'assit dans un coin du salon et ne dit mot de toute la soirée.

Le lendemain était la veille du départ pour la campagne. Rodolphe annonça qu'il ne partirait que quelques jours plus tard, et Albert, qu'il partirait immédiatement pour Fontainebleau. Il retrouva alors le pied d'Octavie, et jamais les deux pieds n'avaient été si tendres et ne s'étaient dit tant de choses. — Néanmoins, il ne put l'aborder le reste du jour ; — la nuit, il ne put dormir et écrivit une quinzaine de lettres, qu'il déchira à mesure ; — la dernière cependant fut conservée. Il se coucha presque au jour, se releva deux heures après, relut sa lettre, la plia et la cacheta. — Mais il n'avait sous la main qu'un cachet représentant la tête de Jules César ; il ne le trouva pas assez significatif ; il se rappela alors qu'il en possédait un—(cachet commun et vulgaire s'il en fut)—sur lequel il y avait : « répondez vite » ; c'était d'ailleurs une recommandation qu'il avait oublié de faire dans la lettre. Mais le maudit cachet ne se trouvait pas ; il passa tant de temps à le chercher, que, quand il l'eut trouvé, l'heure du départ se montra et s'aperçut que l'heure du départ de la famille de Redeuil était passée depuis longtemps ; il n'y avait plus moyen d'envoyer la lettre.

XVI.

Albert se décida à aller à Fontainebleau. Quoique rien ne fût changé en apparence dans la maison de monsieur Chaumier, il s'était fait, depuis le départ des deux jeunes gens, de grandes révolutions dans les cœurs et dans les esprits. Geneviève, un matin, prit par hasard un livre dans la chambre de son frère ; les premières pages l'intéressèrent à tel point qu'elle s'alla cacher sous des arbres pour continuer sa lecture. — Bientôt, elle s'arrêta et ne songea plus à tourner le feuillet ; — elle lisait au dedans d'elle-même un livre inconnu jusqu'alors, et dont un mot de celui qu'elle quittait venait de lui apprendre le langage et de lui donner la clef ; — son œil resté fixe, et tout occupé d'une splendeur intérieure, n'eut plus de regard pour les choses du dehors : elle assistait en elle-même à un grand, à un splendide spectacle, à l'éveil de son cœur.

Pour la première fois, alors, elle comprit la tristesse vague et sans sujet qui parfois s'emparait d'elle ; — l'inquiétude qui la faisait aller sans cesse du jardin à la maison, et de la maison au jardin ; — le charme mélancolique qu'elle trouvait à voir rougir les feuilles de la vigne et jaunir celles des acacias ; — sa facilité à répandre des larmes sous le plus léger prétexte, larmes qu'elle allait cacher dans sa chambre, parce qu'elle sentait, sans le comprendre, que ces larmes venaient d'une partie de son cœur, trop profonde pour qu'elle ait pu être atteinte par ce qui paraissait la faire pleurer.

Elle comprend maintenant pourquoi il y a quelqu'un qu'elle évite pour penser plus librement à lui, parce que, quand il est là, elle n'ose se taire, ni parler ; elle rougit en parlant d'une fleur ou d'un ruban, parce qu'elle croit à chaque instant que sa voix va laisser échapper un secret qui lui est inconnu à elle-même, mais qu'elle sent dans sa poitrine ; elle s'explique cette gaîté affectée dans laquelle elle se réfugie contre les dangers du silence ou d'une douce et entraînante causerie ; elle comprend cette *malveillance* qu'elle sent parfois *lui* témoigner.

Jusqu'ici, son cœur n'a connu que l'existence incomplète et les grossières sensations de la larve et de l'informe chrysalide ; mais voici le papillon qui s'agite dans sa prison de soie, un rayon de soleil, un regard d'amour va lui donner l'essor ; il va secouer ses ailes plissées et humides, s'épanouir comme une fleur, et s'élever au ciel en abandonnant sa misérable dépouille, ses haillons d'hiver ; sur le sol où il ne se posera plus.

Mais lorsqu'on s'éveilla dans la maison, quand Modeste vint au jardin cueillir du mouron pour ses oiseaux, — par un mouvement rapide et irréfléchi, elle cacha le livre sous son tablier. — Ce livre, imprimé depuis cent ans, lui semblait un confident qui pouvait dire à tout le monde ses plus secrètes et ses plus confuses pensées, comme il venait de les lui révéler à elle-même. Elle le laissa chercher à Léon, sans vouloir avouer que c'était elle qui l'avait pris ; elle se proposait de le remettre à sa place, — mais plus tard elle le relut encore et elle n'osa plus ; elle ressentait, en songeant que quelqu'un lirait ce volume après elle, une sensation de pudeur et de honte semblable à celle qu'elle aurait eue à l'idée que quelqu'un la verrait sortir du bain.

Léon trouvait que Rose était trop enfant pour son âge ; il la réprimandait de ses étourderies, et se surprenait de mauvaise humeur tout le jour, de ce que *cette petite fille* n'avait pas été le matin suffisamment sérieuse. Pour elle, elle ne faisait aucun cas de ses réprimandes, et n'y répondait que par quelque éclat de gaîté ; souvent elle lui disait : —Faut-il donc, mon cousin Léon, que je fasse une moue comme celle que tu faisais hier, et qui te marque des plis au coin des yeux ? —Elle jouait avec lui, comme elle jouait avec Geneviève.—Un jour, Léon lui dit : Rose, il ne faut plus nous tutoyer ; il ne faut plus jouer ensemble, avec cette liberté qui était permise quand tu étais un enfant. Le lendemain, Rose lui dit gravement : — Bonjour, monsieur Léon ; comment vous portez-vous ? — Alors Léon l'appela, la mit sur son genou, l'embrassa, et lui dit : —Rose, il me semble que nous sommes fâchés, tutoyons-nous.

Un peu après, il voulut sortir. Rose lui dit que cela ne se pouvait pas, parce qu'elle avait besoin de lui pour une promenade. Léon céda d'abord volontiers ; mais quand il apprit que cette promenade avait pour but d'aller jouer aux quatre coins avec d'autres jeunes filles ; il demanda à Rose si elle serait toujours une enfant, et si elle ne pouvait pas se promener comme une jeune personne de son sexe le devait faire à son âge ; si elle ne trouvait pas assez de plaisir à contempler les belles teintes vertes que forment les arbres ; et le soleil qui scintille à travers le feuillage ; à respirer la fraîcheur et le parfum de l'herbe et des fleurs. Puis il sentit qu'il n'avait pas le sens commun, et il se leva pour sortir. Rose l'arrêta, et lui dit : — Mon petit Léon, ne t'en vas pas, parce qu'on ne nous laisserait pas sortir seules, Geneviève et moi. — Il faut que je sorte, dit Léon. — Eh ! bien, monsieur, vous ne sortirez pas.

Et elle se sauva avec son chapeau qu'elle alla cacher, et qu'elle refusa obstinément de lui rendre. — Léon monta à sa chambre et s'y enferma ; mais il se demanda à lui-même comment les jeux d'une enfant pouvaient ainsi le mettre de mauvaise humeur, et il ne tarda pas à redescendre ; résigné à faire ce qu'elle voudrait, à jouer aux quatre coins lui-même, si elle le lui ordonnait. Léon était à cet âge où l'on n'est pas encore assez sûr de n'être plus un enfant pour oser se permettre de le redevenir quelquefois.

Mais il fit un orage, il plut, et on ne sortit pas.

Pendant le dîner, on plaisanta Albert de sa préoccupation. Léon dit qu'il devrait oublier *les belles dames* de Paris auprès de sa sœur et de sa cousine. Geneviève rougit, et ramassa à terre quelque chose qu'elle n'avait pas laissé tomber. Après le dîner, on fit un peu de musique, Léon était devenu déjà très habile sur son violon, et il en jouait d'une manière si expressive, si saisissante, que Rose elle-même en fut émue. — Les deux jeunes filles, qui prenaient les leçons du même maître, jouèrent à leur tour du piano. Madame Lauter dit alors à Geneviève : Geneviève chante-nous donc cette romance que j'aime, et que tu chantes si bien. Geneviève se rappelait si bien la romance, qu'elle devint rouge comme une cerise, et dit qu'elle ne se la rappelait pas. — Mais, dit madame Lauter, tu la chantais encore ce matin, et depuis un mois tu ne chantes pas autre chose, c'est celle qui commence :

    ... *Bonheur de se revoir.*
On se redit les mots qui charmèrent l'absence,
Sur les mêmes gazons on vient encor s'asseoir.

Geneviève se défendit beaucoup, — dit qu'elle n'était pas en voix, — que le piano n'était pas d'accord; — c'est que, depuis trois jours, Geneviève comprenait cette romance, et que ce qui était, trois jours avant, une romance quelconque, était devenu l'expression des sentiments qu'elle venait de découvrir dans son cœur. — La mère se fâcha un peu, — s'étendit beaucoup sur le défaut insupportable des personnes qui se faisaient prier, ce qui passait à juste titre pour une prétention; elle ajouta que la bonne grâce et la complaisance que l'on mettait à se faire entendre, compensaient le talent que l'on n'avait pas; — que faire trop désirer ou du moins trop attendre quelque chose, lui attribuait une importance qui donnait aux auditeurs le droit de le juger sévèrement. Cette prédication ennuya Albert, qui se leva et sortit. — Geneviève reprit alors de l'assurance et se mit à chanter, en s'accompagnant elle-même; sa voix avait des vibrations inusitées, et, au dernier couplet, elle devint si touchante, — quand elle dit :

    Quels accens ! Quels regards !

que lorsqu'elle fondit tout-à-coup en larmes, en se jetant dans les bras de sa mère, — Léon, Rose et madame Lauter se sentirent aussi pleurer. — Madame Lauter avoua, en embrassant sa fille, qu'elle avait été trop sévère, et lui demanda presque pardon. — Rose, l'œil brillant de larmes, dit en riant : — Pardonne-lui, Geneviève; tu peux être sûre qu'elle recommencera, pour te donner le plaisir d'être plus sévère à ton tour.

Léon était enchanté d'avoir vu Rose pleurer, et laisser voir une sensibilité qu'il craignait tant qu'elle n'eût pas dans le cœur.

XVII.

Pendant ce temps-là, Albert faisait des vers élégiaques que je ne vous conseille pas de lire, ô mes lecteurs ! — Et Modeste faisait sa provision de cornichons, car on était dans le mois de septembre. Pour monsieur Chaumier, il ne voyait rien de ce qui se passait chez lui.

XVIII.

Monsieur Semler, l'instituteur très primaire d'Albert et de Léon, continuait à venir dans la maison, où il donnait encore quelques leçons aux deux jeunes filles; il se *mirait*, comme on dit, dans ses deux anciens élèves, et c'était de la meilleure foi du monde qu'il s'attribuait, sans exception, tout ce que les deux jeunes gens possédaient d'avantages, tout ce qu'ils remportaient de succès. Monsieur Semler n'avait jamais connu une note de musique; néanmoins, quand on applaudissait Léon, dont le talent sur le violon aurait enchanté même un auditoire plus éclairé que celui de Fontainebleau, il ne pouvait s'empêcher de prendre pour lui-même une partie des applaudissemens, il s'inclinait pour remercier, et parfois même rougissait un peu; il en était de même quand on disait que ses anciens élèves se présentaient bien, ou sa-

luaient avec grâce, ou quand on parlait de la coupe élégante de leurs habits.

Il écoutait patiemment monsieur Chaumier, faisait un peu les affaires de madame Lauter, qui, par des raisons que nous avons énoncées, ne les pouvait confier à son frère; il donnait le bras aux jeunes personnes qui, sans lui, n'auraient jamais pu se promener ni dans la campagne ni dans la forêt, et Rose se plaisait à lui faire tenir, sur ses deux bras, les écheveaux de laine qu'elle dévidait; il dînait le plus souvent chez monsieur Chaumier.

Il arriva un jour un peu avant l'heure du dîner, et raconta, entre autres choses, qu'il venait de rencontrer, dans la ville, un beau jeune homme dont le cheval paraissait très fatigué; que ledit jeune homme avait prié, lui, Semler, de lui enseigner une bonne hôtellerie, — ce que lui, Semler, avait fait avec empressement; après quoi le jeune homme lui avait demandé s'il connaissait monsieur Chaumier. Monsieur Semler avait répondu qu'il avait cet honneur, et qu'il allait même dîner chez lui, ainsi que cela lui arrivait quelquefois; l'inconnu avait alors demandé si monsieur Albert était à la maison, puis il avait remercié monsieur Semler fort poliment, et il était entré à l'auberge.

— Et, dit Albert, à quelle auberge l'avez-vous envoyé?
— Je l'ai envoyé, dit monsieur Semler, à une auberge qui est en face du palais. — Pendant un séjour que l'empereur fit à Fontainebleau, le cardinal C*** s'y arrêta, pour lui rendre ses devoirs...
— Et comment est ce jeune homme? dit Albert.
— Fort bien mis et fort bien élevé. — Le cardinal descendit à l'auberge avec toute sa suite, changea d'habits et se rendit au palais...
— Son cheval doit être alezan brûlé?
— Je ne sais ce que c'est qu'un cheval alezan brûlé; il n'est ni blanc ni noir, — c'est comme qui dirait un cheval rouge. — Après son audience, le maréchal du palais...
— Nul doute! s'écria Albert, c'est Rodolphe!...
— Quel est ce Rodolphe? demanda monsieur Chaumier.
— Rodolphe de Redeuil, le fils de tes amis.

A ce moment, Modeste vint dire qu'un domestique de l'hôtel apportait un billet pour monsieur Albert. — Ce billet était en effet de Rodolphe, qui priait Albert de venir dîner avec lui à l'auberge, où il lui expliquerait les causes de son voyage à Fontainebleau. — Albert prit son chapeau, annonça qu'il ne rentrerait pas dîner, et partit. — Rose quitta le salon.

— Le maréchal du palais, continua monsieur Semler, avertit alors le cardinal qu'il lui avait un appartement au palais, pour lui et pour sa suite; alors, S. Em. fit savoir à l'auberge qu'on eût à faire transporter ses bagages; — on revint dire au cardinal qu'il s'était élevé un conflit entre l'aubergiste et le valet de chambre, parce que l'aubergiste demandait 500 fr. pour un bouillon qu'avait pris S. Em. Le maréchal, témoin de la surprise du cardinal, insista beaucoup pour savoir la cause, et alla conter l'anecdote à l'empereur...

A ce moment, on avertit que le dîner était servi, mais Rose n'était pas prête; on l'attendit en faisant un tour de jardin. Léon rentrait, monsieur Semler s'accrocha à lui, et continua l'histoire qu'il avait commencée aux autres.

« — L'empereur fut on ne saurait plus irrité, et ordonna qu'on fermât l'auberge et qu'on abattît la maison; — on eut grand'peine à obtenir la grâce de la maison, mais l'auberge fut fermée et ne fut rouverte que longtemps après. »

— Mais que diable me contez-vous là, monsieur Semler ? dit Léon.

— Je vous conte, dit monsieur Semler, l'histoire de l'auberge où j'ai envoyé ce jeune homme.

— Quel jeune homme?

Rose alors descendit; elle avait changé de robe et s'était recoiffée.

— Mon Dieu! Rose, qu'as-tu donc, dit Léon, que te voilà si belle?

— C'est, reprit monsieur Semler, que nous allons probablement avoir une belle visite ce soir. Un beau jeune homme très riche des amis de monsieur votre oncle, monsieur Rodolphe de Redeuil.

—Ah! dit Léon avec indifférence.

—Je croyais, dit madame Lauter, qu'il était de tes amis.

—Je le connais peu, reprit Léon, mais Albert le voyait beaucoup à Paris.

Et l'on se mit à table, mais sans savoir pourquoi Léon était silencieux et de mauvaise humeur. Cette arrivée d'un Parisien et d'un étranger lui semblait déranger la douce intimité de la famille et de la campagne; la toilette de Rose le contrariait, et quoiqu'à côté d'elle à table, il ne lui adressa pas la parole une seule fois, contre son habitude.

Il se demandait à lui-même ce qu'il y avait de si grave, et quel intérêt il mettait à ce qui se passait, qui pût ainsi tourmenter son esprit et assombrir son imagination. Il se trouvait parfaitement ridicule, et se disait qu'il fallait parler à Rose; mais au moment où il ouvrait la bouche, il s'apercevait qu'il ne trouvait rien à lui dire; il cherchait, et il ne rencontrait que quelque observation désobligeante, — ou bien on entendait quelque bruit au dehors, et Rose tournait les yeux du côté de la porte. Geneviève regardait son frère, et cherchait à deviner la cause de son silence. Le dîner se passa ainsi, et monsieur Chaumier, en attribuant la tristesse à l'absence d'Albert, dit qu'il n'aimait pas du tout que monsieur Albert s'en allât ainsi à l'heure du dîner, et qu'il aurait été bien plus raisonnable d'aller chercher monsieur de Rædeuil et de l'amener dîner à la maison, que d'aller dîner avec lui à l'auberge. Modeste prit la parole et répliqua que rien ne permettait pas d'inviter un monsieur comme monsieur de Redeuil, et qu'il fallait l'avertir quand on avait du monde.

Comme on prenait le café, Albert entra, et présenta Rodolphe à sa famille.—Léon et Rodolphe se saluèrent poliment, et échangèrent quelques paroles. Monsieur Chaumier s'enquit des nouvelles de son ami, — et trouva Rodolphe *grandi*. Modeste servit le café dans une cafetière d'argent qui ne paraissait jamais d'ordinaire, et alluma deux bougies de plus.

Pendant leur dîner, Rodolphe avait expliqué à Albert le but de son voyage à Fontainebleau. Il avait perdu de l'argent au jeu, et, pour obtenir de son père la somme qu'il avait à payer, il avait été forcé de simuler un voyage dans l'intérêt de ses études; il fallait donc qu'il fût quelque temps invisible à Paris, et il n'avait rien trouvé de mieux que de venir passer quelques jours à Fontainebleau.

On faisait de la musique tous les soirs; mais ce soir-là, Léon ne voulut ni prendre son violon ni chanter.—Madame Lauter accompagna tour à tour sa nièce et sa fille; Rodolphe fit de grands complimens, et parla beaucoup de l'Opéra; il fut aimable et gracieux pour tout le monde, et n'oublia pas de remercier monsieur Semler de l'auberge qu'il lui avait indiquée. — Monsieur, répondit monsieur Semler, pendant un séjour que fit l'empereur à Fontainebleau, le cardinal C*** y arriva pour lui rendre ses devoirs...

Et, grâce à la politesse de Rodolphe, monsieur Semler, cette fois, put raconter son anecdote tout entière, et sans interruption.

XIX.

Le lendemain matin, de très bonne heure, Rose et Léon se rencontrèrent au jardin. —Ah! vous voilà, monsieur! dit Rose. Daignerez-vous, aujourd'hui, m'adresser la parole, et me dire, surtout, ce qui vous rendait, hier, si morose et si laid?

—Mais au contraire, Rose, répondit Léon, c'est toi qui semblais toute préoccupée et ne faisais pas plus attention à moi que si nous ne nous fussions jamais vus.

—Je faisais si bien attention à vous, répliqua Rose, que je pourrais vous dire l'une après l'autre toutes les grimaces désagréables dont vous avez embelli la soirée; mais vous aviez quelque chose, et j'exige que vous me fassiez votre confession.—Léon ne répondit pas. — Rose vint l'embrasser et lui dit : — Tiens, je sais bien ce que tu as : tu es mécontent de moi.

—En effet, dit Léon, je voulais te gronder. Pourquoi être ainsi tout émue et tout effarée de l'arrivée d'un étranger? — Pourquoi cette toilette, quand ma mère et ma sœur avaient gardé leur costume ordinaire? — Est-ce donc une grande fête quand il arrive quelqu'un déranger ainsi nos habitudes et nos plaisirs du soir? Hier, quand ton tour est arrivé de chanter, tu as rougi et pâli tour à tour, et ta voix a tremblé. — Il est évident que tu éprouvais de la gêne et de la souffrance, —tandis que lorsque nous faisons de la musique ensemble, tu as la voix pure et assurée, tu n'éprouves que du plaisir; —et vois-tu, ma petite Rose, quoique monsieur de Redeuil t'ait fait de grands compliments, tu es loin d'avoir chanté, hier, aussi bien que de coutume.

—Tu as toujours raison, Léon, répondit Rose; — mais il y a, dans l'esprit des femmes, des choses que vous ne comprenez jamais. C'est pour toi, et pour Geneviève, et pour mon frère, que je voulais que ce monsieur me trouvât belle. — Il y a quelques jours, j'ai entendu des femmes parler de toi avec éloge, et j'en étais enchantée. — D'ailleurs, j'avais une robe que je n'avais encore pu mettre, faute de la moindre occasion. —Ce monsieur était un excellent prétexte, et j'en ai profité. —Sans lui, je l'aurais peut-être mise demain pour recevoir monsieur Semler.

—Pardonne-moi mes reproches, ma petite Rose; mais, vois-tu, c'est que je me trouve si heureux au milieu de vous tous, que je voudrais élever de cent pieds le mur du jardin, pour qu'il ne vînt jamais personne ici. — Je te jure que je n'ai aucune affection hors d'ici; je vous aime tous de toutes les forces de mon âme, et je consentirais bien volontiers à ne jamais voir que vous. — Crois-moi bien, jamais tu ne seras aussi heureuse que tu l'es en ce moment; tout le monde t'aime d'une vive et sincère affection; tu es notre enfant chéri à tous; — tu es à l'abri de tous les chagrins et de toutes les perfidies. — Rose, ne nous quitte pas, et ne laisse pas même ton imagination se transporter dans un autre monde, où tu serais comme le pauvre petit oiseau, sans plumes encore, que l'on aurait jeté hors de son nid.

Rose écoutait Léon, sans le comprendre bien précisément. Aussi, après l'avoir embrassé, elle lui dit : — Monsieur de Redeuil dîne aujourd'hui à la maison, seras-tu bien fâché si je me fais un peu belle?

— Mais, chère enfant, dit Léon, que ne te fais-tu belle tous les jours? — Que ne te fais-tu belle pour nous? Je ne m'aperçois jamais qu'il te manque rien; mais enfin, si c'est pour toi un plaisir, il faut que tu en jouisses bien complètement; jamais tu ne trouveras personne plus disposé à t'admirer que moi, et, si tu le veux, pour que ton admiration plus éclairée devienne plus flatteuse, j'apprendrai à distinguer et à apprécier tout ce qui compose la toilette des femmes; je serai pour toi en peu de temps un juge aussi recommandable qu'important par ses lumières et par sa sévérité.

XX.

Rodolphe ne resta que quelques jours à Fontainebleau, et Léon ne reprit sa gaîté qu'après qu'il fut parti. Le reste des vacances se passa dans le calme ordinaire, — si ce n'est que Rolland vint en congé, et que la maison se trouva trop petite pour le recevoir. — Modeste en ressentit un violent dépit; elle ne paraissait plus, aux yeux de son époux, avec la même auréole de grandeur et de puissance. — Toute sa mauvaise humeur se passa en petites tracasseries quotidiennes contre madame Lauter et ses enfans, mais tracasseries toujours habilement déguisées; car Modeste savait que si monsieur Chaumier était plein d'amour et d'indulgence pour les nègres d'autrui, il était, dans sa propre maison et à l'égard des blancs, un maître sévère et inflexible. Madame Lauter, d'ailleurs, mettait tant de douceur et de résignation dans tout ce qu'elle faisait, qu'il était difficile de lui résister. Depuis le départ de son mari, la pauvre femme était restée en proie à une profonde mélancolie. En un jour, sa coquetterie, son désir de plaire et d'être enviée, avaient disparu comme un songe, et souvent elle se demandait aussi ce qu'était devenu un autre songe plus court, son amour pour Stoltz, — Stoltz si inférieur à son mari sous tous les rapports, Stoltz qui avait fait son malheur, et grâce auquel ses enfans n'avaient pas connu leur père, mort sous les coups de l'amant de leur mère ou dans un exil forcé par le meurtre de cet amant. Quand elle donnait accès à ces souvenirs, elle se sentait déchirée par ses remords, et c'était avec une touchante humilité qu'elle parlait à ses enfans, et qu'elle recevait leurs caresses et les témoignages de leur affection.

Sa vie n'était qu'une longue pénitence qui la brisait. Souvent, quand Modeste n'avait pas pour ses deux enfans les égards qu'elle n'oubliait jamais pour ceux de monsieur Chaumier, — elle se sentait le cœur navré et se disait : Sans moi, sans ma faute, ils seraient dans la maison de leur père, entourés de domestiques auxquels je pourrais commander librement, et auxquels je commanderais d'être, pour eux, dociles et respectueux.

La pauvre Rosalie, du reste, s'exagérait le plus souvent les impertinences de Modeste, qui les entourait de tant de précautions et de prudente timidité, que personne ne les voyait que madame Lauter. — Pour monsieur Chaumier, il ne s'apercevait pas de la tristesse de sa sœur, ni du changement que les jours, semblables à des années, apportaient sur son visage et sur sa santé.

Quand Albert et Léon retournèrent à Paris, à la fin des vacances, elle était malade et affaiblie, et lorsque Léon lui dit adieu, — elle le tint longtemps serré sur sa poitrine, et se mit à pleurer.

XXI.

Monsieur et madame de Redeuil ne tardèrent pas à revenir de la campagne.—Madame Haraldsen était encore avec eux.— Je n'essaierai pas de peindre le ravissement d'Albert, en apprenant leur retour; il lui fut annoncé par Rodolphe. Tous deux allèrent se promener en attendant l'heure d'aller dîner chez le père de Rodolphe. — Les deux jeunes gens s'étaient serré la main avec une expression qui ne pouvait venir de la joie de se revoir, attendu qu'ils ne s'étaient quittés, la veille, qu'assez avant dans la nuit.

— Mon Dieu, disait Rodolphe, comme le Luxembourg est donc beau aujourd'hui !

— Que j'aime ce bruit des dernières feuilles sous les pieds! disait Albert.

— Que les cygnes des bassins ont de majesté et d'éclat! reprenait Rodolphe.

— Que la joie de ces enfans est naïve et douce! répliquait Albert. — Enfin leur disposition était telle, qu'ils trouvaient tout ravissant et magnifique, jusqu'aux soldats vétérans qui gardaient les portes, jusqu'aux marchandes de plaisirs qui parcouraient les allées.

Enfin, Albert dit : — Écoute, Rodolphe, il y a un secret qu'il faut...—Mais, au même instant, Rodolphe dit : — Écoute, Albert, il y a un secret qu'il faut que je te confie; mon cœur est aujourd'hui si plein de joie, qu'il déborde. — Et d'ailleurs, pourquoi aurais-je un secret pour toi? N'es-tu pas mon meilleur ami? Avant de te dire combien je suis heureux aujourd'hui, il faut que je te dise combien j'ai été malheureux, depuis six semaines, — forcé, par une étourderie, de quitter une maison où était tout mon bonheur. — Qu'aura-t-elle pensé? — Aura-t-elle pris mon absence pour de l'indifférence et de la froideur? Tu sais, ma cousine, ma belle cousine? — je suis amoureux d'elle comme un fou, et c'est aujourd'hui que je vais la revoir. — Mais comment lui expliquerai-je mon absence? — Oh! elle me verra si heureux que ce sera une réponse à tout.

— Mais, crois-tu donc, dit Albert troublé, qu'elle te fera des questions à ce sujet?

— Ah! c'est que je ne t'ai pas tout dit;—elle m'aime! mon ami! Elle m'aime!...

— Comment! te l'a-t-elle dit?

— Pas encore, mais... Et, au fait, pourquoi ne te dirais-je pas tout, — à toi?

Et Rodolphe serra la main d'Albert, qui ne serra pas celle de Rodolphe.

— Oh! oui, continua-t-il, — elle m'aime; — mais comprendras-tu quel bonheur une semblable certitude met dans le cœur? Si tu savais quel voluptueux frisson parcourt tout le cor s quand on sent, sous la table, la pression de son petit pied.

— Sous la table? — dit Albert.

— Oui, sous la table, tous les soirs, pendant le dîner; — c'était l'heure pour laquelle je vivais et que j'attendais pendant toutes les autres.

— Mais quand donc? demanda Albert.

— Avant le départ pour la campagne; et le jour du départ, j'ai encore senti son pied plus expressif, plus amoureux que jamais.

Albert se sentit pris d'un vertige, il s'appuya contre un arbre; — tout tourna à ses yeux, puis tout disparut.

Cependant Rodolphe continuait. — Et c'est ce soir, disait-il, — c'est ce soir, — dans un quart d'heure, que je vais la revoir !

Et il continua ainsi pendant un quart d'heure, faisant un tableau de son bonheur, que la jalousie d'Albert lui peignait encore mieux; — car il y a ceci d'agréable dans la destinée de l'homme, qu'il n'y a aucun bonheur qui lui semble aussi grand, lorsqu'il en jouit lui-même, que lorsqu'il voit un autre en jouir.

Dans sa stupéfaction, Albert se félicitait encore de n'avoir pas parlé le premier, car c'était précisément ce qu'il aurait raconté à Rodolphe, si celui-ci ne l'avait pas interrompu.

— Il est, dit Rodolphe, l'heure de nous acheminer vers la maison.

— Pas encore, dit Albert.

— Nous irons doucement, — dit Rodolphe.

— Autant nous promener encore un peu.

— Ah! dit Rodolphe, ce n'est pas que je la verrai plus tôt, mais c'est quelque chose que de commencer plus tôt à me rapprocher d'elle.

— Mais toi, — Albert, dit-il en marchant, — parle-moi donc aussi de tes amours?

— Non, dit Albert; — la femme que j'aimais est indigne de tout amour; elle ne mérite que le mépris, et jamais je ne prononcerai son nom.

— Et il pensait avec quelle perfidie il était trahi; — puis, il en revint à se demander lequel était trahi des deux; et vingt fois, il se sentit prêt, tant le bonheur de Rodolphe lui semblait insolent, à gâter ce bonheur par une révélation semblable à celle qui venait de lui faire tant de mal à lui-même.

Il pensa, d'abord, qu'il ne devait jamais voir madame Haraldsen. Mais il réfléchit ensuite que ce que lui contait Rodolphe, était tellement extraordinaire qu'il y avait un mal-entendu; — et, d'ailleurs, ne fallait-il pas montrer à madame Haraldsen tout le mépris que l'on faisait d'elle, — se faire voir gai, heureux, dédaigneux? — car lui laisser apercevoir ce que l'on souffrait, c'était lui offrir un agréable sacrifice de larmes, de douleurs et d'insomnies.

Albert fut très bien reçu de monsieur et de madame de Redeuil. — Il salua froidement madame Haraldsen qui eut l'air de ne pas s'en apercevoir. — On se mit à table; Rodolphe était ivre de joie. Mais il réfléchit ensuite que ce que, telle que la contait Rodolphe, était tellement extraordinaire qu'il y avait un mal-entendu; — et, d'ailleurs, ne fallait-il pas montrer à madame Haraldsen tout le mépris que l'on faisait d'elle, — se faire voir gai, heureux, dédaigneux? — car lui laisser apercevoir ce qu'on souffrait, c'était lui offrir un agréable sacrifice de larmes, de douleurs et d'insomnies.

Albert fut très bien reçu de monsieur et de madame de Redeuil. — Il salua froidement madame Haraldsen qui eut l'air de ne pas s'en apercevoir. — On se mit à table; Rodolphe était ivre de joie. Mais il continuait à jouer, tant bien que mal, le rôle qu'il s'était imposé; il racontait qu'il s'était extraordinairement amusé pendant les vacances; il disait des femmes un mal affreux. — Mais il cessa tout-à-coup de parler, et son cœur cessa de battre quand il sentit un pied presser le sien. — D'abord, il ne répondit pas à cette pression; il était trop indigné, et d'ailleurs ne devait-il pas penser que madame Haraldsen en faisait autant à Rodolphe? — Mais il cessa bientôt de pouvoir obéir à son ressentiment, et il répondit à tout ce que lui disait le pied qu'il sentait sur le sien. Comme autrefois, du reste, madame Haraldsen prenait une part très convenable à la conversation, et il ne lui échappait pas la moindre distraction. En vain, Albert se répétait tout ce qu'il

avait pensé sur elle; il lui semblait entrevoir pour elle une
feule, un peu confuse il est vrai, d'excuses et d'explications
qu'il se réservait de débrouiller dans un moment plus opportun.

Vers la fin du diner, madame de Redeuil demanda, à plusieurs reprises, je ne sais quelles conserves, que les domestiques ne purent trouver. — Madame Haraldsen dit qu'elle
savait où elles étaient, et qu'elle allait les prendre. — Elle
posa sa serviette à côté de son assiette. — Albert alors serra
le pied plus fort, c'était un adieu pour quelques instans. —
Le pied répondit avec une parfaite intelligence. — Alors, madame Haraldsen se leva; — Albert fut un peu étonné de sentir encore son pied sur le sien; — elle marcha, et il sentit encore le pied; — elle fit dix pas loin de la table, et il le
sentit encore; — elle ouvrit la porte de la salle à manger, et
il le sentit encore; — elle disparut, et il le sentit encore.

C'était incompréhensible. Il leva les yeux sur la place que venait de quitter madame Haraldsen pour voir si elle était bien
partie, et s'il n'était pas le jouet d'une illusion; — il rencontra
les yeux de Rodolphe aussi étonnés que les siens, et le pied se
retira.

Et en effet, ce pied que caressait si amoureusement Albert,
c'était le pied de Rodolphe; — ce pied qui causait de si grands
ravissemens à Rodolphe, c'était la botte d'Albert.

Le premier jour où ces deux pieds s'étaient rencontrés, madame Haraldsen, fatiguée de sentir ses pieds poursuivis par
celui d'Albert, avait pris le parti de les retirer sous sa chaise.
— Albert, en cherchant, avait rencontré celui de Rodolphe;
— Rodolphe, croyant sentir le pied de sa cousine, qui seule
était assise auprès de lui, avait répondu, et c'était ainsi que
s'était engagée cette tendre correspondance.

Albert se retira aussitôt le diner fini sans parler à Rodolphe, qui, de son côté, n'avait pour le moment rien tant à cœur
que de l'éviter.

XXII.

Un soir, on frappa doucement à la porte de Léon. Un homme entra, qui rehaussait des vêtemens extrêmement simples
par une physionomie avenante et distinguée.—Monsieur, dit-
il à Léon, voici une lettre qui m'a été remise par erreur, et qui
vous est adressée; je n'ai pas voulu tarder un instant à vous
la remettre. — A ce moment, Léon fumait, et sa petite chambre était toute remplie d'une épaisse vapeur. — Je vous remercie infiniment, monsieur, répondit Léon. — Pardon, ajouta
l'étranger, mais j'ai une question à vous faire; et c'est, en
partie, pour n'en pas laisser échapper l'occasion que j'ai monté
moi-même cette lettre. — Est-ce vous qui jouez du violon tous
les soirs, et je dirai presque — toutes les nuits?

— Oh! monsieur, interrompit Léon, je sais bien ce que
vous allez me dire; — c'est précisément ce que l'on me dit au
moins dix fois chaque jour. — Ne pourriez-vous pas jouer du
violon à une autre heure? — ou bien : Vous serait-il égal de
n'en pas jouer du tout?

— Mais, monsieur, répondit l'étranger, je ne viens pas...

— C'est, reprit Léon sans l'écouter, ce que je refuse posi-
tivement. Il faut de la tolérance entre voisins; et croit-on que
je n'ai pas besoin d'en avoir, moi? Chacun ne m'envoie-t-il
pas son bruit plus ou moins désagréable, et tous beaucoup
plus que mon violon?

— Certainement, monsieur, et, bien loin...

— La voisine d'en face, n'a-t-elle pas des enfans qui crient
et un mari qui jure? — Le chaudronnier d'en bas peut-il
m'accuser? — Et les divers pianos qui m'entourent les croyez-
vous bien divertissans?

— Je suis bien de votre avis, et...

— Je jouerai du violon, et il faut que je joue du violon.

— Mais, monsieur, dit l'étranger, — je vous dis que je ne
viens pas pour vous empêcher de jouer du violon, et que je
voudrais moins vous entendre plus souvent; vous avez un talent
charmant, et les voisins qui se plaignent de vous sont des
ânes. Voici l'heure à laquelle vous jouez ordinairement, monsieur Lauter; car c'est bien Lauter que vous vous appelez?

Léon fit un signe affirmatif.

— Eh bien! mon cher monsieur Lauter, voici l'heure à laquelle vous jouez d'ordinaire du violon; permettez-moi de
vous entendre, surtout si vous jouez un certain air...

Et il fredonna les premières mesures

— Un air dont je sais les paroles, je crois.

— Je suis heureux, répondit Léon, de pouvoir vous être
agréable aussi facilement; et je vous jouerai tout ce que
vous voudrez.

— Eh bien! alors permettez-moi d'aller chercher en bas du
tabac un peu meilleur que celui que vous fumez, et de faire
monter un pot de bière. — Je suis Allemand, monsieur, et
j'ai de certaines façons d'écouter la musique, dont je ne me
dérange pas volontiers.

— Allez chercher votre tabac; pour de la bière, je pourrai
vous en offrir.

Quand il eut apporté du tabac et bourré sa pipe, l'étranger
s'étendit à son aise dans un grand fauteuil, — vida son
verre, le remplit de nouveau, et le plaça devant lui.

Alors Léon joua l'air qu'il avait paru désirer. — Au
bout de quelque temps, l'étranger redemanda le premier air...
Attendez un peu, dit-il, et il chanta.

— D'où savez-vous cet air, qui n'est pas de ce pays? de-
manda-t-il à Léon.

— C'est ma mère qui l'a appris à ma sœur et à moi.

— Vous avez une sœur?

— Oui.

— Est-ce que madame votre mère est Allemande?

— Mon père l'était.

— Votre nom est allemand. Elle demeure à Paris?

— Non.

— Qu'est-ce que vous faites?

— Je fais mon droit et je joue du violon.

— Et quand vous aurez fini votre droit?

— Je ne sais ce que je ferai; mais j'ai entendu mon oncle
dire qu'il achèterait à mon cousin une étude d'avoué; je
pense que ma mère en fera autant pour moi.

L'étranger remercia beaucoup Léon, et le lendemain lui
envoya une provision d'excellent tabac, en lui demandant la
permission de passer encore cette soirée avec lui, parce qu'il
partait le lendemain pour un voyage. — Je pense, dit-il, en
quittant Léon, que je reviendrai dans quelques mois; j'aurai
le plus grand plaisir à vous voir. Si, par hasard, vous quit-
tiez ce logement, laissez-y votre nouvelle adresse. — Il serra
la main du jeune homme et partit. Léon le trouvait bien un
peu questionneur, car il lui avait fait, en deux soirées, parler
de toute sa famille dans les plus minutieux détails; mais il y
avait tant de bonté dans son air et dans ses paroles, et tant
de franchise dans ses manières, qu'on ne pouvait lui savoir
mauvais gré de cette curiosité, qui, quoique un peu incom-
mode, était loin d'être malveillante. La lettre qu'il avait remise à Léon était de Geneviève, voici ce qu'elle lui écrivait:

XXIII.

Mon cher frère, tu sais aussi bien que nous qu'Albert nous
est arrivé ici un mois malade; nous le soignons de notre
mieux. Moi, je ne crois pas beaucoup à cette maladie. Peut-
être sais-tu le sujet de sa mélancolie; mais lui s'obstine à ne
rien nous dire. — La maladie de maman est plus sérieuse
que la sienne, et, si tu venais ici, tu la trouverais bien changée. Cette pauvre mère n'a jamais été si bonne et si tendre
que depuis ce dérangement de sa santé; — mais il y a quelque
chose de si triste dans ses caresses, qu'hier, au moment où elle
m'embrassait le matin, je me suis prise à pleurer; — elle m'a
dit que j'étais folle, qu'il ne fallait pas pleurer, et elle s'est mise
à pleurer avec moi, et nous sommes restées longtemps dans
les bras l'une de l'autre. Aujourd'hui, elle va beaucoup mieux;
le médecin lui a permis de sortir et de se promener; il faut
espérer qu'elle se rétablira promptement. — Depuis que je la
vois ainsi malade, j'ai vraiment sérieusement pensé à elle. — Sais-tu
bien, mon cher Léon, qu'elle mène une vie bien triste? Elle
était très jeune quand nous sommes venus à Fontainebleau;

elle était encore bien belle, et cependant elle ne prend aucun plaisir, elle ne voit personne, elle passe sa vie avec nous, ou elle s'enferme toute seule.

Je voulais l'écrire de venir, — mais elle me l'a défendu, et, comme j'insistais, — sa figure s'est altérée et d'une voix émue elle m'a dit · — Suis-je donc si mal qu'il faille envoyer chercher Léon? Est-ce le médecin qui te l'a dit?... Est-ce que je vais mourir?... Tu le sais! tu le sais! Il faut me le dire. — Je me suis jetée dans ses bras, en lui affirmant que le médecin m'avait dit, au contraire, que sa maladie n'était rien. — Je ne voulais faire venir Léon, lui ai-je dit, que pour t'égayer un peu. Cette explication a paru la tranquilliser; aujourd'hui, elle m'a dit de me mettre au piano et de faire chanter Rose. Rose et Albert ont été charmans par leurs soins pour maman. — Albert va partir dans quelques jours et retourner auprès de toi. — Peut-être vas-tu penser à venir ici; je ne saurais trop te recommander de n'en rien faire; maman croirait que je t'ai appelé et cela pourrait lui causer une émotion dangereuse. J'écris cette lettre la nuit, et je la porterai moi-même demain à la poste, parce que, si maman me voyait écrire, elle voudrait voir ma lettre. Mon oncle partira en même temps qu'Albert pour s'occuper d'un procès important qu'il a à Paris — Il ne s'aperçoit pas de la maladie de sa sœur, tout préoccupé qu'il est de ses nègres et de l'esclavage. Il ressemble à ces gens qui ne peuvent voir que les objets éloignés; — on ne peut l'attendrir qu'à condition d'être à cinq cents lieues.

XXIV.

Geneviève ne disait pas tout à son frère; nous devons la suppléer. Quand Albert était arrivé à Fontainebleau, *un peu malade*, Geneviève avait senti un secret plaisir de sa maladie. Quelques jours après, lorsqu'elle eut découvert que le malade se portait à merveille, et qu'il était en proie à quelque chagrin caché, elle s'était encore sentie presque heureuse de sa découverte. — Albert heureux appartenait aux autres, mais Albert souffrant, Albert triste, était à elle; elle s'emparait de lui, elle le soignait, — elle cherchait à le consoler, — elle faisait de la musique pour lui, elle se promenait avec lui et le conduisait dans ses promenades favorites; — là, on voyait si bien le coucher du soleil; — ici, il y avait tant de fleurs dans l'herbe; — dans ce coin de la forêt, on entendait tous les soirs des rossignols.

Certes, Rose aimait son frère, mais elle n'avait pas pour lui cette tendresse inquiète et ingénieuse de Geneviève. Cette pauvre Geneviève, sans savoir ce que c'était que l'amour, aimait Albert de toutes les forces de son âme; elle n'avait plus ni plaisirs, ni chagrins, ni sensations qui lui appartinssent: elle avait les plaisirs d'Albert et les chagrins d'Albert; elle avait mal à la tête d'Albert. Rose n'épargnait pas les plaisanteries à Albert sur sa *fameuse* maladie; elle refusait parfaitement d'aller voir quelque chose qui ferait plaisir à Albert, par ce qu'elle l'avait assez vu; elle refusait de chanter un air que demandait Albert, parce qu'elle l'avait tant chanté qu'elle ne pouvait même plus l'entendre.

On était dans les derniers jours du mois d'octobre. — Il semble que, dans les divers saisons de l'année, la terre se plaise à revêtir tour à tour ses diverses parures, — à changer de robes, de couleurs et de parfums. — Une prairie, diaprée de mille couleurs, prend cependant, quand elle est vue de loin, une teinte uniforme de la couleur qui domine. Au printemps, elle est rose et blanche; l'été, rouge de coquelicots; — à l'automne, elle est blanche, bleue et jaune; — les chrysanthèmes, les grandes marguerites blanches, la grande sauge d'un beau bleu foncé, et les scorsonères couleur d'or, lui donnent la teinte la plus harmonieuse. C'est à l'automne que la nature semble revêtir sa dernière et sa plus belle robe. — La princesse du conte de *Peau-d'Âne*, quand le prince la regardait à travers la serrure, — mettait d'abord la robe couleur de printemps, — puis la robe couleur de lune; mais quand elle mettait sa robe couleur de soleil, le prince ébloui fermait les yeux et devenait complètement fou.

A l'automne, les feuilles des arbres prennent de riches teintes d'or, de pourpre et de violet; — le soleil pare les nuages de couleurs plus splendides; — les forêts exhalent une odeur enivrante; — et les feuilles qui tombent, et commencent à joncher les sentiers, avertissent que tout va disparaître, que tout va mourir, et invitent à contempler avec plus d'attention et de recueillement, ces splendeurs qui vont s'effacer. Alors tous les sentimens prennent une teinte de douce mélancolie, l'amour s'empare du cœur avec une puissance jusque-là inconnue.

Un jour, la veille du départ d'Albert et de monsieur Chaumier, Albert avait montré toute la journée une sorte d'impatience et d'agitation nerveuses. — Il demanda à sa sœur et à sa cousine si elles voulaient faire avec lui une promenade dans la forêt, la dernière, selon toutes les apparences, qu'il ferait de l'année.

— J'ai peu vu, dit Rose, de malades aussi disposés à la fatigue. — Si tu te promènes avant le dîner, tu vas décidément affamer la maison, car ta maladie a cela de particulier que tu manges, à toi seul, plus que nous tous réunis. — Je ne vais pas dans la forêt.

— Et toi, Geneviève, dit Albert, me refuseras-tu aussi?

Geneviève ne répondit pas, mais elle prit son chapeau de paille, et posa sa main sur le bras de son cousin.

Le soleil, déjà descendu à l'horizon, jetait à travers les arbres des rayons obliques. — Ils gravirent une de ces belles allées tapissées de gazon, étroite montagne verte entre deux forêts. Geneviève s'appuyait sur le bras d'Albert avec un doux abandon. — Quand ils furent arrivés au haut de l'allée, ils s'assirent sur la mousse, et laissèrent errer leurs regards par dessus la forêt; les cimes des arbres rapprochées, avec leurs sommets arrondis, sur lesquels courait un vent léger, semblaient une mer houleuse de feuillage et de verdure, à l'horizon de laquelle on voyait se coucher le soleil. — Ils furent longtemps sans parler. — Geneviève était si heureuse, qu'elle eût voulu passer toute l'éternité ainsi, partageant avec Albert un rayon de soleil, regardant tous deux les mêmes arbres, respirant le même air et le même parfum, assis sur le même lit de mousse. Il n'est rien de si doux au monde que la conviction de partager une sensation avec la personne que l'on aime; c'est le lien le plus intime; les deux âmes se mettent à l'unisson comme deux instrumens dont les cordes sont prêtes à donner la même note. Le rêve de l'amour, c'est la réunion et la fusion complète de deux êtres; c'est ce qui fait que deux âmes qui se pressent, croient toujours sentir un obstacle entre elles, et se serrent avec une force surnaturelle pour se rapprocher, quand déjà elles se touchent par tous les points. — Eh bien! dans cette communauté de sensations, dans une émotion que l'on éprouve en même temps, l'amant et la maîtresse sont un moment unis, comme l'argent et le cuivre fondus ensemble pour une cloche au timbre harmonieux.

Albert, qui était moins ému, parla le premier. — Geneviève le regarda parler. — Geneviève, lui dit-il, après une belle soirée comme celle-ci, il me prend toujours des désirs de ne plus quitter Fontainebleau. Heureusement qu'une fois dans le tourbillon de Paris, je sens alors également le besoin de ne plus le quitter, et je ne comprends pas comment l'on puisse passer quinze jours à la campagne. Sans cela, je tomberais dans la plus ridicule *bergerie*, et il ne faudrait pas désespérer de me voir un jour conduire mes agneaux, *plus blancs que la neige*, à travers la prairie, avec une *houlette* ornée des couleurs de la *dame de mes pensées*. — Ce mot, dit d'un ton de plaisanterie, alla néanmoins au cœur de Geneviève, et la fit frissonner. — Albert resta quelques instans sans parler, et, quand il ouvrit la bouche, son air, sa voix, avaient quelque chose de plus grave. — Une pensée profonde sans doute venait de lui traverser le cœur ou la tête. N'importe, dit-il, c'est ici qu'il faudrait venir vivre avec celle que l'on aime — On devrait descendre sur Paris comme l'aigle descend sur la plaine, y saisir sa proie, et reprendre son vol. Ces paroles entrèrent comme un fer froid dans le cœur de Geneviève; dans chaque phrase, dans chaque inflexion d'Albert, elle cherchait à lire son sort. Quelquefois le premier mot d'une phrase enlevait son âme au ciel, et le dernier la laissait lourdement retomber sur la terre. Il ne se passait pas une minute, quand elle était auprès d'Albert, sans qu'elle allât plusieurs fois du bonheur le plus complet au plus profond désespoir. La pauvre fille tirait des inductions de la façon dont il était vêtu le matin, d'un peu plus ou d'un peu moins de soin donné à sa chevelure, de la manière dont il disait bonjour. — Elle souffrait perpétuellement et sans relâche des anxiétés du criminel qui attend son sort de la déclaration des juges, et qui, à peine acquitté, presque écrasé sous sa joie, recommence à souffrir les mêmes angoisses, et est condamné.

— C'est à Paris, pensait Geneviève, qu'il croit trouver la femme qu'il aimera!

— Oh! que l'amour serait bien ici, continua Albert, se parlant presque à lui-même, les yeux fixés sur l'horizon. — Quel silence! — quelle fraîcheur! — quelle solitude! — Comme on oublierait le reste du monde, — comme le monde semblerait finir par 'à, à cet horizon de pourpre, et des autres côtés, à ces ondoyantes courtines vertes que forment les chênes et les châtaigniers.

Geneviève, dit-il, ma bonne Geneviève! — comprends-tu combien deviendrait sacré chaque brin d'herbe sur lequel elle aurait marché; comme le cœur garderait la mémoire de chaque mouvement qu'elle aurait fait! Il se leva, fit quelques pas dans la forêt, et tout-à-coup, s'arrêta près d'un arbre, prit un canif et se mit à graver quelque chose sur l'écorce.

Geneviève resta immobile, — c'était alors une ravissante créature. — Les longs plis de sa robe blanche s'amassaient sur la mousse. — Son visage, rougi par le dernier rayon du soleil, semblait plutôt lumineux qu'éclairé, et brillait d'une charmante sérénité.

En ce moment, en effet, on respirait le bonheur. — Tout était calme, les sens étaient bercés, — le jour doux et caressant; aucun bruit ne se faisait entendre; — l'âme semblait dans un de ces doux sommeils qui n'amènent que des songes heureux.

Albert, le premier, s'aperçut que le jour diminuait et qu'il était temps de retourner à la maison. — Geneviève se leva sans parler; — elle paraissait craindre que le son de sa propre voix réveillât son âme de ce bienheureux songe qui l'occupait; elle s'appuya machinalement sur le bras d'Albert; — mais, en passant où il avait gravé quelque chose avec son couteau, elle sentit son cœur battre avec une grande violence. — Sur l'écorce de cet arbre était son arrêt. — Un nuage couvrait ses yeux.

Et d'ailleurs, pour rien au monde elle n'eût osé regarder de ce côté. Ils s'en allèrent par l'autre côté de l'allée; quand ils furent au moment de la perdre de vue, ils se retournèrent tous deux. — Tous deux voulaient revoir ce spectacle auquel ils avaient mêlé tant de douces pensées. Un bouleau s'élevait, entièrement séparé des autres arbres, sur le point le plus élevé de l'allée verte; à cette heure du jour, il se dessinait sur l'horizon jaune, comme une silhouette. Le tronc laissait encore, sur le côté, voir une teinte blanchâtre, mais on distinguait chaque feuille vigoureusement découpée en noir. L'air était limpide et il semblait qu'il y eût un immense espace jusqu'à l'horizon. — Au-dessus des bandes qui allaient se dégradant du jaune orangé au jaune le plus pâle, le ciel bleu clair empruntait d'un reflet jaunâtre la belle teinte verte que possèdent certaines turquoises. Le dernier regard de Geneviève et le dernier regard d'Albert s'arrêtèrent sur le bouleau.

Le lendemain, Albert partit avec son père.

XXV.

GENEVIÈVE A LÉON.

Quelle triste et ennuyeuse saison que l'hiver, mon cher Léon! — Il y a quinze jours que la nature était encore belle et riche; tout-à-coup, il est tombé une petite pluie fine et glacée; un vent aigu a arraché les feuilles des arbres et les a roulées à travers les chemins de la forêt. — Notre maison semble avoir pour sa part plus d'hiver que les autres; les sorbiers sans feuilles n'ont plus que leurs bouquets de corail.—Maman est toujours malade. Rose s'ennuie; Modeste est d'une humeur entièrement féroce. Moi, je vais avec Rose et monsieur Semler, ou seule quand ils ne veulent pas m'accompagner, parcourir la forêt. — Il y a encore de la grandeur dans les arbres dont les branchages séchés s'entrechoquent comme des squelettes. — Avant qu'il fasse tout-à-fait mauvais temps, je veux revoir tous les endroits de la forêt que j'aime par souvenir; il n'y a pas un arbre presque qui n'ait quelque chose à me rappeler; ma vie si simple et si uniforme m'est racontée tout entière par les sorbiers de la maison, par les chênes et les bouleaux de la forêt, par les genêts qui n'ont plus aujourd'hui que des gousses noires en place de leurs belles fleurs d'or.

Que fais-tu d'Albert? Nous te l'avons renvoyé un peu moins triste, je crois, qu'il ne nous était venu. Rose me charge de l'embrasser pour elle. Maman te recommande de travailler sérieusement. — Je voudrais bien t'amener à demander que tu viennes nous voir; jusqu'à ce que j'aie réussi, ta présence pourrait la frapper désagréablement. Adieu, mon pauvre banni.

XXVI.

Depuis huit ou dix jours, c'est-à-dire depuis le jour même du départ d'Albert, Geneviève faisait singulièrement promener Rose et monsieur Semler; elle cherchait le bouleau sur lequel Albert avait écrit avec son canif. — Elle leur faisait gravir toutes les allées escarpées, et parcourir tous les chemins qui lui paraissaient avoir quelque rapport avec celui où elle avait marché, appuyée sur le bras d'Albert. Les bouleaux n'avaient plus leur feuillage mobile, mais leurs troncs blanchâtres les faisaient encore reconnaître de loin, et chaque fois qu'elle en apercevait un, elle s'en approchait avec une profonde émotion; — mais l'écorce unie comme du satin ne présentait la trace d'aucune cicatrice. La forêt de Fontainebleau était devenue, pour elle, pareille à l'antique forêt de Dodone, avec cette différence, cependant, qu'elle n'avait qu'un seul arbre qui rendît ses oracles, arbre qu'il s'agissait de trouver. Rose et monsieur Semler ne pouvaient se lasser de manifester leur étonnement du changement qui était survenu dans les manières de Geneviève; elle, autrefois si lente, si posée, courait, grimpait, sautait comme un chevreau. Il y avait des momens où Geneviève se désespérait. — Comment ne pouvait-elle pas reconnaître cette allée, théâtre des plus douces, des plus cruelles et surtout des plus violentes sensations qu'elle eût éprouvées de sa vie! Quoique la forêt eût entièrement changé d'aspect sous les froides haleines de l'hiver, elle ne pouvait se pardonner son peu de mémoire; par momens, il est vrai, en se rappelant les paroles d'Albert, elle se disait, en frappant ses deux mains l'une contre l'autre : — Il m'aime! il m'aime! je suis aimée! Mais comme elle n'avait pas oublié une seule de ces paroles, comme elle se les répétait avec les inflexions, — ou plutôt même avec la voix d'Albert, il y avait des momens où elle se disait tristement : — Non, il ne m'aime pas! — Et elle tombait dans le plus profond abattement. Alors elle priait Dieu, le soir, avec ferveur, de lui faire retrouver l'allée et l'arbre qui devaient la tirer de cette horrible anxiété; — car, ainsi que nous l'avons dit dans un des nombreux aphorismes que nous avons déjà mis au jour pour servir de règle de conduite à nos contemporains :

XXVII.

L'incertitude est le pire de tous les maux, — jusqu'au moment où la réalité vient nous faire regretter l'incertitude.

XXVIII.

Quelquefois, lorsqu'elle s'endormait, après de longues heures employées à de douces et poignantes rêveries, les sujets de sa préoccupation se reproduisaient dans ses rêves, mais dans une confusion inintelligible.

Quelquefois elle retrouvait l'allée, mais, quand elle voulait la gravir, ses pieds restaient enchaînés à la terre par une fatigue invincible, — ou la colline s'allongeait toujours, et le bouleau, dont elle voyait remuer le feuillage au sommet, s'éloignait en même temps.

Quelquefois elle arrivait au pied du bouleau, — elle apercevait le chiffre, mais, avant qu'elle eût pu le distinguer, l'arbre grandissait, et le chiffre se trouvait à une hauteur où il était impossible de le lire.

Une autre fois, elle rêvait qu'elle était auprès du feu, et elle croyait voir le chiffre sur l'écorce d'une des bûches placées dans l'âtre. Alors elle voulait éteindre le feu, mais une épaisse fumée s'élevait, et la flamme, s'élançant de la cheminée avec impétuosité, l'obligeait à se retirer en fuyant.

Un jour, dans une de ces excursions qu'elle faisait sans cesse dans la forêt, elle monta seule en haut d'une allée. — Monsieur Semler et Rose l'attendirent longtemps en bas, puis se décidèrent à aller la rejoindre. Ils la trouvèrent assise sur une pierre, — la tête dans les deux mains, — le visage d'une pâleur effrayante, et les yeux fixes et comme hébétés. A leur aspect, ou plutôt au bruit de leurs pas, elle parut se réveiller en sursaut, et, d'une voix brève et saccadée, dit : — Allons-nous-en ! allons-nous-en ! — Rose et monsieur Semler s'empressèrent autour d'elle, et lui firent mille questions. — Était-elle malade ? avait-elle eu peur ? avait-elle froid ? — Geneviève répondit d'un air profondément distrait : — Oui, je suis malade, j'ai eu peur, j'ai froid. Il est tard, allons-nous-en ! — A dîner, elle ne mangea pas. — Après dîner, elle alla se coucher, et passa toute la nuit à pleurer amèrement ; et, pour ne pas réveiller Rose, et s'exposer à des questions, par momens elle mordait son oreiller, pour étouffer le bruit des sanglots qui la suffoquaient.

XXIX.

LES ÉTUDIANS. — COURS DE DROIT. — DERNIÈRE ANNÉE.

Cet hiver-là, Albert découvrit qu'il n'était pas plus amoureux de madame Haraldsen que de toutes les autres femmes, mais que, en revanche, il était aussi amoureux de toutes les autres femmes que de madame Haraldsen.

Léon joua les concertos de Viotti, et la musique de Kreutzer.

XXX.

GENEVIÈVE A LÉON.

29 avril.

Léon, Léon, maman est morte, — morte, mon cher Léon ! — Viens vite, — je suis seule ; — viens, ou je meurs moi-même de douleur.

Onze heures du soir.

On n'a pas trouvé l'homme qui devait te porter ma lettre ; — elle ne pourra partir que demain. Je vais t'écrire, jusqu'à ce que la fatigue de pleurer vienne m'endormir. — Maman est là, dans la chambre à côté. — On ne veut pas que je la veille. — Je vais te parler d'elle. — Pauvre Léon ! tu ne l'as pas vue ! — elle t'a demandé, mais quelques minutes seulement avant de mourir. — Mourir ! — Morte ! On m'a emportée tout de suite ; — mais je suis encore son visage. Comme Rose a été bonne ! Jamais je n'oublierai ce qu'elle a fait pour moi. — Mon Dieu ! si je pouvais mettre un peu d'ordre dans mes idées, — je te dirais comment elle est morte. — Mais tout ce qui me vient à la bouche, — tout ce que trace ma plume, — c'est qu'elle est morte.

— Elle est là ! — là, — à côté, — et je ne puis croire qu'elle soit morte. — Qu'est-ce donc que la mort ? — Elle est là, couchée dans son même lit, — pas beaucoup plus pâle qu'elle ne l'était d'ordinaire, — à la même place, la tête sur l'oreiller comme je la voyais tous les matins, — et on me dit que je n'ai plus de mère !

Il n'y a plus là que son corps. — Son âme, son esprit, sa voix, si bienveillante qu'on était reconnaissant rien qu'à l'entendre ; — son regard, sous lequel je me sentais si protégée ; sa douce affection, sa pensée ; — tout cela s'en est allé d'un seul souffle.

Et c'est là ce que nous avons perdu !

Elle allait mieux, — elle se levait, — elle marchait ; — quand tout-à-coup, le soir, — elle m'a dit de veiller un peu auprès d'elle. — Elle souffrait beaucoup ; par momens, elle s'endormait, mais d'un sommeil agité et convulsif ; — elle parlait, elle disait nos deux noms, — et d'autres qui me sont inconnus. Son délire m'effrayait tellement que je faisais du bruit pour la réveiller. — Je passai ainsi toute la nuit. — Le lendemain matin, après un sommeil de quelques heures, elle se réveilla plus calme ; elle fit demander le médecin et monsieur Semler ; elle fit des questions au médecin, qui chercha en vain à la rassurer. — Quand il fut parti, elle s'enferma avec monsieur Semler. — Quand celui-ci sortit, il avait les yeux rouges. — Maman me demanda alors si son frère était revenu. — Je n'osai pas parler de l'envoyer chercher ainsi que toi ; je me rappelais trop la pénible impression que lui avait faite déjà une semblable proposition, relativement à toi, à un moment où elle était bien moins malade qu'aujourd'hui. — D'ailleurs, je ne la croyais pas dans un état désespéré comme elle était vers le milieu de la journée. — Comme Rose et moi nous étions auprès d'elle, elle nous appela à son lit, et me dit : — Geneviève, si je meurs, tu ne me quitteras pas que je ne sois tout-à-fait morte. — Oh ! mon Dieu, maman, quelle folie ! lui dis-je. Ne peux-tu être malade, sans concevoir d'aussi terribles idées ?

— C'est égal, me dit-elle, si ce n'est pas pour à présent, ce sera pour plus tard ; je tiens à ce que tu me fasses cette promesse de ne pas me quitter. — Je promis, et ne pus m'empêcher de fondre en larmes, en prononçant ces paroles qu'elle exigea : — Je te promets de ne pas te quitter jusqu'à ce que tu sois tout-à-fait morte. — Alors, j'osai lui dire : — Mon Dieu ! si Léon était ici, je suis sûre qu'il te gronderait bien ; j'ai envie de l'envoyer chercher.

Maman alors me regarda fixement ; — son regard n'avait presque rien d'humain ; — il me pénétrait le cœur ; Rose s'en aperçut, et me poussa le pied. — Je repris : — Mais non, c'est pour lui un moment de travail, et tu ne voudrais pas qu'il se dérangeât pour une maladie qui est presque finie.

— Non, — non, — dit-elle avec force, — il ne faut pas qu'il se dérange ; — il faut qu'il travaille beaucoup ; dis-le-lui bien, Geneviève, dis-le-lui de ma part.

Le soir, nous avons dîné avec Rose dans sa chambre. — Tout-à-coup... — Mais que te dire ? — Maman est morte, — ma pauvre maman est morte ! — Tout se trouble et se confond dans ma tête ; — seulement, je veux te dire ce qu'a fait Rose. — Maman te croyait là, — elle te parlait, — elle te disait : — Léon, tu prendras soin de Geneviève ; — c'est tout ce que je te lègue ; — je prierai pour vous deux dans le ciel. — Je ne pouvais retenir mes sanglots ; le médecin et monsieur Semler m'ont emportée, et Modeste est restée avec moi en bas. — J'étais presque évanouie, — je ne sentais rien, je ne savais plus rien de ce qui se passait.

Rose tout-à-coup est descendue ; — elle m'a dit : — Geneviève, tu souffriras ; mais tu aurais trop de regret plus tard ; — tu as promis à ma tante de rester près d'elle ; le médecin dit qu'elle va mourir...

— Y pensez-vous, mademoiselle ? dit Modeste. Faire voir un pareil spectacle à cette pauvre petite !

Monsieur Semler, qui avait suivi Rose, s'écria aussi — qu'il ne souffrirait pas qu'on me laissât remonter.

Je me suis jetée dans les bras de Rose, — et je l'ai suivie.

— Oh ! Léon, — Léon, — si tu avais vu notre pauvre mère, — les yeux hagards, — les mains cherchant à saisir quelque chose dans l'air ! — Je me suis jetée à genoux, et je lui ai dit : — Maman, maman, m'entends-tu ? — entends-tu ta Geneviève ? — Ses yeux alors se sont fixés sur moi ; — j'ai pris sa main, — et elle a saisi la mienne avec une force effrayante ; — elle ne pouvait plus parler ; — elle râlait horriblement ! — Mon Dieu ! j'ai vu cela, moi !

Rose me tenait l'autre main; et me la serrait, — et me disait : — Courage, Geneviève, le bon Dieu te donnera de la force.

— Emmenez cette enfant, disait le médecin; — la malade ne se sent plus, ne voit plus, n'entend plus; — c'est une torture inutile.

— Taisez-vous, m'écriai je, elle a serré ma main, elle vous entend, elle ne veut pas que je parte; — non; — non, maman, je ne te quitterai pas : — maman, maman, ne meurs pas, ne nous abandonne pas! — Et j'appelais Dieu à notre secours!

. . . .
Elle est morte à six heures du matin. — Oh! Léon, — viens vite, — viens, — amène mon oncle.

XXXI.

LE PREMIER JOUR DE MAI.

Komm lieber mai.

Autour du vieux clocher à la flèche pointue, les corneilles ont, tout l'hiver, fait entendre leur voix aiguë, — mais l'hirondelle est revenue et voltige à son tour dans l'air.

Réveillez-vous, petits génies, petits gnomes, réveillez-vous! — il est temps de rendre aux prairies leurs belles robes reverdies, et leurs fleurs au parfum si doux.

Paresseux! Les filles penchées cherchent depuis bientôt un mois, sous les vieilles feuilles séchées, les premières fleurs cachées de la violette des bois.

A l'œuvre, cohortes pressées! Venez déchirer les bourgeons où les feuilles embarrassées, attendent, encore plissées, les premiers, les plus doux rayons.

Fondez l'onde de la citerne où s'en vont boire les troupeaux, ôtez aux prés leur couleur terne, et faites croître la luzerne pour cacher les nids des oiseaux.

Allons, gnomes, qu'on se dépêche, — préparez les parfums amers, préparez la couleur si fraîche des premières fleurs de la pêche, roses sur leurs rameaux verts.

Là-bas, au fond du cimetière, est la tombe d'un pauvre enfant, personne n'y vient; — mais la terre, à chaque printemps, bonne mère, donne à l'ange son bouquet blanc; — sur le gazon qui l'environne, aux beaux jours, de ses blancs bouquets l'aubépine le couronne, et la pâquerette y foisonne. — Gnomes, ne l'oubliez jamais!

Allons, gnomes! Vos mains discrètes ont encore un soin à remplir. Ouvrez! ouvrez les fleurs coquettes, ouvrez ces belles cassolettes de rubis, d'or et de saphir.

De ses plus beaux habits la nature est parée; la lisière de la forêt de beaux genêts fleuris brille toute dorée aux rayons du soleil de mai.

Vos travaux sont finis ! Allez, troupe joyeuse ! Que chacun de vous prenne un corps; — papillon à l'aile soyeuse, demoiselle capricieuse, ou mouche à miel laborieuse, vivez au sein de tous ces beaux trésors.

Roulez-vous dans les fleurs ! — Que la *cétoine* pose ses ailes d'émeraude au sein d'un rosier blanc, vivant dans une rose et mangeant de la rose, et dans une rose mourant.

Le *criocère* au lis, la fleur royale, demande asile, hôte bruyant, il chante et se promène, et, sur le blanc pétale, rouge, paraît une goutte de sang.

Fête au ciel et fête à la terre! Le beau printemps est revenu; il n'est plus de chagrins, il n'est plus de misère; le pauvre de soleil est richement vêtu.

Fête au ciel et fête à la terre! Le printemps est venu; que faire de la richesse et des grandeurs, des diamans, des sculptures, des toiles ? On nous donne gratis mille et mille splendeurs, illumination d'étoiles, illumination de fleurs.

C'est le premier jour de mai que l'on enterrait madame Rosalie Lauter. Léon arriva avant son oncle et son cousin, tremblant et pâle; — on lui ouvrit la porte et il vit Geneviève et Rose, vêtues de noir; — ils s'embrassèrent tous trois. —

La vue de Léon renouvela la douleur des deux filles qui retrouvèrent des larmes dans leurs yeux desséchés.

Léon voulut voir sa mère; il la regarda longtemps, aussi immobile, lui, que la morte. Puis il dit : — Ma mère! j'accepte ton legs! — Je te remplacerai auprès de Geneviève! — Monsieur Chaumier et Albert l'entraînèrent hors de la pièce.

Au cimetière, quand la terre eut recouvert le cercueil, un homme sortit de la foule, s'agenouilla sur la tombe et fit à voix basse une courte prière, puis il se leva et vint serrer Léon dans ses bras. — Léon reconnut son voisin, monsieur Anselme.

Deux jours après, monsieur Chaumier fut rappelé à Paris par son procès et emmena son fils. — Léon resta avec Rose et Geneviève. Tous trois passèrent les jours et les soirées à parler de madame Lauter, à rappeler ses moindres paroles, à entretenir leur douleur par tous les moyens; à pleurer ensemble, à se serrer les mains, à s'embrasser, à se promettre de toujours s'aimer, et de ne se quitter jamais. Était-ce donc là cette petite Rose, si enjouée, si légère, dont l'enfantillage avait si souvent désolé Léon? Ce chagrin commun avait révélé tous les trésors de son âme.

Monsieur Chaumier revint bientôt; il avait gagné son procès ; sa fortune était plus que triplée. Léon retourna à Paris où Albert était resté.

Le jour même de son arrivée, le soir, monsieur Anselme monta chez lui : — Mon voisin, lui dit-il, il ne faut pas vous laisser abattre par le chagrin. L'occupation, le travail, la fatigue sont d'excellentes choses; j'ai eu dans ma vie des chagrins autrement violens que les vôtres, et je me suis toujours bien trouvé de la recette que je vous donne.

— Monsieur, dit Léon, je suis très heureux de vous rencontrer pour vous remercier d'avoir assisté à l'enterrement de ma mère.

— Vous m'avez donc vu ? J'étais venu ici ; et on m'avait fait part du malheur qui vous était arrivé, et je suis allé jusqu'à Fontainebleau. Quand vous avez quitté le cimetière, je vous ai suivi jusqu'à la porte de votre oncle ; j'ai aperçu deux jeunes filles dans la cour ; laquelle est votre sœur ?

— Ma sœur est la plus grande.

— Je m'en étais douté.

Et ils passèrent une partie de la nuit à parler de madame Lauter et de Geneviève.

Un mois après, une lettre de monsieur Chaumier amena Léon à Fontainebleau ; cette lettre avait été provoquée par monsieur Semler, qui voulait communiquer, à la famille rassemblée, les dernières volontés qui lui avait confiées madame Lauter. Elle lui avait, la veille de sa mort, dicté une lettre.

Dans cette lettre, elle expliquait par quel arrangement d'argent elle se trouvait ne rien laisser à ses enfans que l'amitié de leur oncle, dont elle leur recommandait de se rendre toujours dignes. Elle rappelait à Léon qu'il devait la remplacer auprès de Geneviève; elle finissait par un passage adressé à monsieur Chaumier qu'elle conjurait de ne pas abandonner ses enfans. — « Pour vous, Albert et Rose, disait-elle, mes enfans aussi, je vous laisse avec votre père, dans une vie heureuse et assurée ; aimez bien Geneviève et Léon. »

Monsieur Chaumier promit à Geneviève et à Léon d'avoir pour eux toute la sollicitude de sa sœur. Geneviève restera avec nous jusqu'à ce qu'elle se marie ; l'accroissement de ma fortune me permet de vivre à Paris, où les partis ne manqueront pas. Nous ne reverrons plus Fontainebleau que pendant l'été, et j'ai chargé mon ami, monsieur de Redeuil, de me chercher un logement convenable. Pour toi, Léon, mon garçon, il faut travailler avec courage et persévérance ; sans fortune, il te sera impossible d'acheter une étude, mais tu pourras être avocat. Calcule bien juste combien il te faut par mois, pour vivre à Paris, de la vie simple, modeste, laborieuse de l'étudiant, et tu recevras exactement la somme nécessaire.

Léon remercia son oncle ; mais de ces paroles, toutes bienveillantes qu'elles étaient, il reçut une pénible impression. Pour la première fois de sa vie, l'argent lui apparaissait avec toute sa puissance, et la pauvreté avec toute sa laideur. Jusque-là il lui avait semblé qu'on a de l'argent comme on a des dents ; — qu'il est aussi naturel d'avoir de quoi manger que d'avoir faim ; d'avoir de quoi boire que d'avoir soif. — Il comprit alors qu'on peut avoir moins d'argent, qu'on peut n'en pas avoir. Il comprit l'immense avantage des gens qui ont de l'argent sur ceux qui n'en ont pas. La vie alors se montra avec ses luttes ; — il se dit à lui-même, avec une horrible expression, ces mots qui paraîtraient si durs, si l'habitude de les entendre n'en avait affaibli l'impression sur nous : — Il faut *gagner ma vie*. Il pensa à la destinée de son cousin dont la vie était si facile, qui n'avait qu'à se laisser glisser sur la pente au haut de laquelle on l'avait placé, — tandis que lui, il lui fallait gravir péniblement une colline sans versant et sans sommet. Il lui fallait faire de son esprit, de son travail, quelque chose dont les autres eussent assez envie pour lui donner de l'argent en échange. Il lui fallait vendre, pour conserver la moitié de sa vie, l'autre moitié à des gens riches qui ajouteraient à leur vie à eux les heures qu'ils lui paieraient.

Puis, il en vint à se mépriser lui-même, à se considérer comme un être d'une espèce inférieure, comme une sorte de bête de somme. Il se sentit humble, respectueux, haineux à l'égard des gens qui ont de l'argent. Il jeta un regard sur lui-même et il douta de tout ce qu'il avait parfois senti de puissance dans son cœur et dans sa pensée. Il lui fut démontré qu'il avait tort sur tous les points où il lui arrivait de ne pas être de l'avis de tout le monde. Il n'osa plus élever la voix, ni émettre une opinion, ni prendre dans la rue le haut du pavé. Il se regarda dans une glace et il se trouva laid.

Il fit plus que prendre au mot l'invitation de son oncle, *de calculer bien juste ce qu'il lui fallait pour vivre à Paris de la vie simple, modeste, laborieuse de l'étudiant*. Il calcula ce qu'il fallait, non pour vivre, mais pour ne pas mourir, et se condamna volontairement à une vie pauvre et misérable.

Un soir, en fumant et en buvant de la bière avec Anselme, il se laissa aller à parler de sa nouvelle position et de ses nouvelles sensations. Anselme lui dit : — Courage ! il y a à surmonter le sort un bonheur que vous apprécierez plus tard. — C'est le bonheur que doit éprouver la mouette et que l'on ne peut s'empêcher d'envier, lorsque, pendant la tempête, elle vole capricieusement au dessus de la mer en fureur, se pose sur la lame, et se baigne dans l'écume en poussant des cris de joie.

Anselme ajouta à ceci qui est vrai, un long discours qui était absurde sur le mépris des richesses. — Léon le regarda. — A voir son chapeau un peu déformé et son habit marron dont les coutures étaient depuis longtemps blanchies, on aurait facilement douté que son mépris des richesses allât jusqu'au mépris d'un habit neuf et d'un chapeau moins vieux. — Néanmoins, les paroles d'Anselme firent sur l'esprit de Léon une impression salutaire. Il se sentit prêt à la lutte contre la mauvaise fortune, et il se mit à envisager avec moins d'horreur et de consternation les bottes devenues un succès, le gilet une victoire, le déjeuner une conquête.

Pour Anselme, quand il se trouva seul, il se dit : — Au fait, que me fait à moi, que doit me faire la triste situation de ces jeunes gens? Ne peuvent-ils lutter et vaincre comme moi ? — Et de quelles affections vais-je encore m'embarrasser après tout le mal que m'ont fait toutes celles auxquelles je me suis laissé prendre jusqu'à ce jour ! — Quand il eut bien repassé dans son esprit toutes les excellentes raisons qu'il avait de ne pas s'occuper de Geneviève et de son frère, il passa toute la nuit sans sommeil à penser à eux et à s'attendrir sur leur sort.

XXXII.

Monsieur Chaumier ne tarda pas à s'installer à Paris. Ce fut pendant trois mois une occupation et une agitation extraordinaires ; il fallait choisir des meubles et des étoffes. Geneviève eut un serrement de cœur en quittant Fontainebleau. Il lui semblait qu'elle partait pour l'exil, tandis que

Rose, au contraire, croyait quitter la servitude d'Égypte pour la terre promise.

Si Rose et Geneviève eussent passé le reste de leur vie à Fontainebleau, malgré la volonté de Modeste Rolland, il eût été difficile et même impossible de diminuer entre elles l'égalité qui avait toujours subsisté. Mais la création d'un nouvel établissement, un ameublement nouveau, permirent à la gouvernante, rentrée dans ses fonctions et dans sa puissance par la mort de madame Lauter, de mettre entre Rose et Geneviève les distinctions hiérarchiques qui lui paraissaient une justice et une convenance. Personne autant que Modeste Rolland n'avait écouté et compris les révélations de monsieur Semler sur l'état de fortune des enfans de madame Lauter.

Geneviève et Rose choisirent, il est vrai, les couleurs qui devaient tendre leur chambre. Rose regretta amèrement que son nom ne lui permît pas d'adopter une couleur qui lui eût attiré toutes sortes de fadeurs et de jeux de mots ; elle se retrancha sur le lilas. Geneviève choisit le bleu.

O couleur bleue ! — Couleur du ciel ! — Couleur aimée de la femme que j'aime ! — Couleur de ces wergiss-mein-nicht, de ces petites turquoises qui fleurissent dans l'eau. Et, comme dit Klopstock :

> L'azur est la couleur du ciel par de l'automne,
> Ou des bluets que, pour mettre en couronne,
> Les enfans vont chercher au sein des blés jaunis!

Mais Modeste Rolland fit mettre dans la chambre de Rose des rideaux de soie, et des rideaux de laine dans la chambre de Geneviève. — Rose eut un tapis couvrant toute la chambre ; ce fut bien assez pour Geneviève d'une *descente de lit*, et d'une toilette en faïence, quand celle de Rose était en porcelaine.

La restauration de Modeste s'annonça par des représailles et des colères, seul héritage que madame Lauter eût laissé à sa fille. — Dès lors, on ne mit plus d'eau dans la chambre de Geneviève, qui était obligée d'en aller chercher elle-même. — Geneviève ne se plaignait pas ; mais elle comptait mieux alors ce qu'avait dit monsieur Semler. Modeste s'encouragea par la douceur de sa victime. A chaque injure supportée, elle en ajoutait une autre d'un degré plus blessant. — Elle *s'étonnait* de la quantité de linge que salissait mademoiselle Geneviève. — Elle remarquait que le soir mademoiselle Geneviève lisait au lit et brûlait des bougies entières. — Si, le matin, Geneviève se mettait au piano, Modeste ne tardait pas à prier mademoiselle Geneviève de lui permettre d'essuyer le *piano de* MADEMOISELLE Rose ; et Geneviève ne pouvait s'empêcher de penser au vieux clavecin de Fontainebleau, qu'elle appelait simplement *le piano* ; elle pensait à Fontainebleau, à sa mère, et elle allait s'enfermer pour pleurer.

Modeste, implacable dans sa vengeance, trouvait, pour l'exercer plus sûrement, un esprit fin et ingénieux qu'on ne lui eût reconnu dans aucun autre cas. Si Geneviève se brodait un col, Modeste avait soin d'admirer le fini de l'ouvrage, mais elle ajoutait : — Cela coûtera au moins vingt sous de blanchissage. Si Geneviève lui donnait un ordre, Modeste demandait l'assentiment de Rose, et quoique celle-ci ne manquât jamais de lui dire : — Certainement, puisque Geneviève vous le dit ; Modeste n'attendait, pour recommencer, que la plus prochaine occasion.

Albert ne paraissait que rarement à la maison, quoiqu'il y demeurât. Lorsqu'il y dînait, il arrivait quand on avait déjà mangé le potage et partait avant qu'on se fût levé de table. Il traitait Geneviève absolument comme Rose ; en arrivant et en sortant, il leur donnait la main, et ne leur parlait plus que pour leur adresser quelque observation plaisante ou ironique sur une innovation dans l'arrangement de leurs cheveux, ou une révolution de manchettes. Il était toujours pressé, toujours préoccupé. Quoiqu'il ne dît *rien* devant *ses sœurs*, comme il les appelait toujours, il lui était difficile de ne pas laisser échapper quelques mots qui donnaient à penser qu'il était amoureux et amoureux au dehors. Geneviève écoutait chacun de ses mots, suivait ses moindres gestes, — et on eût vu le regard de Geneviève briller ou se ternir, son visage rougir ou pâlir à chaque instant. Albert était loin de s'en apercevoir

voir; il faisait, comme nous avons dit, sa dernière année de droit. Conséquemment, il dansait à la grande Chaumière, il jouait au billard, et était de deux ou trois clubs politiques. Léon, qui travaillait sérieusement, n'osait cependant pas toujours refuser de prendre part à ces occupations. Il jouait également au billard, et gouvernait la France à 42 sous l'heure, le jour, et 20 sous aux quinquets. — Il mettait, comme les autres, des cravates dont le nœud devait désoler le gouvernement, et des chapeaux dont la forme le renverserait tôt ou tard. Quand il venait chez son oncle, il prenait Geneviève à part, et lui disait : — Geneviève, comment te trouves-tu? Es-tu bien? — Geneviève répondait toujours de manière à le tranquilliser. Le dimanche était resté consacré à la réunion de famille. — Ce jour-là, quelque impatient qu'il fût de s'en aller, Albert ne se dispensait pas de passer la soirée à la maison. On retrouvait les jeux et le rire de l'enfance. Geneviève et Léon étaient bien heureux. Rose ne pensait presque pas à l'hiver et aux bals qui allaient arriver. Albert lui-même finissait par s'abandonner à cette douce intimité. Léon était toujours le protecteur et l'appui de Rose; c'était lui qu'elle chargeait de ses commissions; c'était lui qui accompagnait sa sœur et sa cousine quand elles avaient des emplettes à faire. Tout inexpérimenté qu'était Léon, il ne pouvait s'empêcher de remarquer, avec une secrète satisfaction, que Rose évitait de prendre avec lui certaines familiarités de leur enfance, et qu'elle commençait à ne plus lui parler du même ton qu'à son frère.

Tout cela était bien égal à monsieur Chaumier.

Depuis l'installation à Paris, on avait pris de nouveaux domestiques. Modeste Rolland, élevée définitivement aux fonctions et à la dignité de gouvernante, avait sous ses ordres un domestique et une cuisinière. Elle les avait avertis que monsieur Chaumier, si tendre pour les nègres, ne plaisantait pas avec les blancs, et que la moindre négligence serait punie d'une expulsion immédiate. Les nouveaux arrivés ne tardèrent pas à se modeler sur la gouvernante, et à mettre entre Rose et Geneviève les distinctions qu'y mettait madame Rolland.

XXXIII.

Rose et Albert étaient devenus d'excellens partis; aussi furent-ils parfaitement accueillis à leur entrée dans le monde. On trouvait Geneviève belle, il est vrai; mais elle était exclusivement livrée à l'admiration des très jeunes gens et des vieillards. Les hommes à vues solides et les mères qui tapissent de chapeaux jaunes et de turbans exagérés les murailles des salons, ne s'empressaient qu'autour de Rose. Mais cette différence mise entre les deux jeunes filles ne pouvait paraître bien clairement à leur inexpérience; peut-être même les succès de Geneviève, plus directement dus à la beauté, leur semblaient-ils les plus flatteurs. Toujours est-il que toutes deux étaient ravies et infatigables. — C'est, en effet, un heureux sort que celui de deux filles qui, après avoir passé une partie de la nuit à être belles et admirées, emploient la moitié de la journée suivante à se reposer et à se rappeler, et l'autre moitié à attendre et à préparer de nouveaux succès; — et cela, sans la cruelle anxiété de beaucoup de femmes, qui se demandent si elles seront belles; Rose et Geneviève ne s'occupent que de savoir de quelle manière il leur convient d'être belles ce jour-là.

Et puis, c'est toujours un grave souci. — S'il ne s'agissait que de plaire aux hommes, la nature a fait à peu près tout ce qu'il faut, des tailles souples, des pieds étroits et cambrés, des fronts purs et unis, des yeux pleins de vivacité à la fois et de modestie, une grâce naïve dans les mouvemens. — Mais il faut aussi déplaire aux femmes, et c'est là le point important et difficile de la toilette.

Un jour il arriva chez monsieur Chaumier une lettre que Rose prit sur elle de décacheter, malgré l'absence de son père. On voyait, au travers du papier, que la lettre était imprimée, et cela avait si parfaitement l'air d'une invitation! — D'ailleurs, si on laissait faire monsieur Chaumier, il pourrait ar-

river ce qui était arrivé dernièrement : ce n'était que le jour du bal que monsieur Chaumier l'avait annoncé à ses filles, et on n'avait pas pu avoir de certains fichus, si bien brodés qu'ils auraient fait sensation. En effet, Rose rejeta la lettre en disant : — Je le savais bien, — c'est pour mardi.

Geneviève prit à son tour la lettre et la regarda; — mais un nuage rose passa sur son visage, quand elle lut :

« Monsieur et madame *** prient monsieur Chaumier et mademoiselle Rose Chaumier de leur faire l'honneur de venir passer la soirée chez eux, mardi prochain. »

Rose relut la lettre et dit : — C'est vrai, c'est un oubli, ou plutôt on a pensé que c'était inutile. Dès l'instant que l'on invite mon père, c'est que l'on nous invite toutes deux.

— Mais, dit Geneviève, c'est la première invitation que nous recevons ainsi.

— Je t'assure, reprit Rose, qu'il n'y a pas le moindre inconvénient, et ces gens-là sont trop heureux d'avoir, dans leur bal, une jolie fille comme toi, pour l'oublier volontairement. D'ailleurs, crois-tu que l'on invite mon père pour le plaisir qu'il apporte personnellement dans une maison, lorsqu'il joue aux cartes, ou lorsqu'il s'endort dans quelque petit salon écarté? .

— C'est égal, reprit Geneviève, je ne dois pas y aller.

Il s'éleva alors, à ce sujet, entre les deux cousines, la discussion la plus savante qui se puisse imaginer. — Modeste prit la parole, et pensa que Geneviève n'était pas engagée et qu'il ne fallait pas avoir l'air de se jeter à la tête des gens et d'aller chez eux malgré eux. — On convint qu'on reprendrait la discussion à dîner devant monsieur Chaumier et devant Albert. Monsieur Chaumier décida que Geneviève devait venir; mais Albert répondit froidement, qu'à la place de sa cousine, il ne considérerait que le plaisir qu'il attendait de la soirée, et que, si elle pensait s'amuser, elle ferait bien d'y aller. — Certes, si Albert eût un peu pressé Geneviève, toute considération eût disparu à ses yeux, et elle se fût laissé entraîner par le plaisir de passer la soirée avec lui, et d'en être prié e. Mais il ne parut mettre aucun intérêt à sa résolution. Geneviève alors laissa décider qu'elle irait au bal; mais, le mardi matin, elle se plaignit d'être malade et elle resta à la maison.

On ne saurait dire avec quel serrement de cœur elle assista à la toilette de sa cousine.—Rose était ravissante, ses pieds touchaient à peine la terre; à sa beauté ordinaire se joignait la beauté que donne le bonheur. Elle partit avec son père; Albert les accompagnait. Il dit à Geneviève : — Tu as tort de ne pas venir. S'il avait dit un mot de plus, Geneviève eût été si vite habillée et sitôt prête! Mais il lui donna un baiser sur le front et offrit le bras à Rose pour descendre l'escalier.

Geneviève alors prêta l'oreille ; elle entendit s'abattre et se relever le marchepied de la voiture. Il-était encore possible qu'Albert remontât et lui dît : — Geneviève, habille-toi et viens avec nous. — Mais la voiture partit; la porte cochère cria sur ses gonds et se referma. — Puis on entendit la voiture rouler, et le bruit se perdit dans tous les autres bruits.

Alors Geneviève se prit à rappeler tout ce qui pouvait augmenter sa douleur. — Elle se représenta à elle-même, pauvre fille, sans mère pour la consoler et pour la conseiller. — Il était évident qu'Albert ne l'aimait pas. — Elle ne voyait presque pas Léon, qui, de son côté, ne paraissait pas heureux. Oh ! s'il avait été là, comme elle aurait été consolée de tout lui dire! Ce n'était qu'à lui qu'elle pouvait parler des impertinences de Modeste Rolland, et de ses regrets pour sa mère.—Mais, pas même à lui, elle n'aurait parlé de son amour pour Albert.

Quelques jours après, Albert ne dînait pas à la maison. Léon parla des difficultés de l'état qu'il allait embrasser, et il avoua une grande répugnance pour la profession d'avocat. Monsieur Chaumier répliqua par l'éloge de cette profession, en lieux communs, que Léon eut l'imprudence de réfuter.

— L'avocat, dit monsieur Chaumier, est le défenseur de la veuve et de l'orphelin.

— S'il n'y avait pas d'avocats pour les attaquer, répondit Léon, il n'y aurait pas besoin d'avocats pour les défendre.

— C'est l'avocat qui, par son talent, fait triompher l'innocence et le bon droit, et les débarrasse, aux yeux du juge, des voiles dont veulent les entourer le crime et la mauvaise foi.

— Mais, dans toute cause, répondit Léon, il y a deux avocats; donc, si l'un défend l'innocence, l'autre défend le crime; si l'un défend le bon droit, l'autre défend la ruse et la perfidie. — Donc, il serait aussi juste de dire de l'avocat : —L'avocat, c'est lui qui fait triompher le crime et la mauvaise foi, etc.

Léon résuma ainsi le métier : — Il n'y a pas d'avocat qui use de plaider demain précisément le contraire de ce qu'il plaidé hier. Il n'y a pas d'avocat qui n'eût accepté, avec le même empressement, la défense de celui qu'il attaque, si celui qu'il attaque se fût adressé à lui. Un avocat passe quinze ans de sa vie à défendre n'importe quoi et n'importe qui; ensuite, il arrive au parquet où il passe quinze autres années à accuser n'importe qui et n'importe quoi; — puis il se retire environné de l'estime de ses concitoyens.

Monsieur Chaumier, fort absolu, comme le doit être tout homme qui veut affranchir les nègres *des autres*, commença à mettre de l'aigreur dans la discussion. Il fit remarquer à Léon que rien n'était plus ridicule que de chercher à décrier une profession que l'on avait embrassée volontairement.

— Aussi, mon cher oncle, dit Léon, je ne serai pas avocat.

Geneviève et Rose le regardèrent avec stupéfaction. M. Chaumier se mit en colère, parla du mépris qu'ont tous les hommes raisonnables pour les gens indécis et capricieux, et lui demanda alors ce qu'il voulait faire, d'un air triomphant, comme s'il lui eût porté un coup sans parade possible. Il avait déjà dans les dents la suite de son argumentation, dans la prévision de la réponse à laquelle il croyait avoir réduit le pauvre Léon. — Ah! vous ne savez pas... — se proposait-il de lui répondre. — Autant dire tout de suite que vous ne voulez rien faire. L'homme, dans l'état de société, n'a pas le droit de ne pas savoir ce qu'il veut faire, etc., etc.

Mais Léon ne lui laissa pas placer cette *phrase* à laquelle son oncle tenait beaucoup. — A la question de monsieur Chaumier, il répondit sans hésiter : Je veux être artiste, je veux être musicien. Monsieur Chaumier se leva et dit : — Vous avez parfaitement le droit de faire des folies; mais je n'en serai pas le complice ni l'instigateur. Il est bon que vous en supportiez, dès le début, toutes les conséquences. Vous vous arrangerez donc pour ne plus compter sur mon appui dans aucun genre. — Monsieur Chaumier sortit de la salle à manger, ferma brusquement la porte et disparut.

Léon, sa sœur et sa cousine restèrent quelques instans sans parler. — Geneviève finit par pleurer et Rose ne tarda pas à l'imiter. Léon leur prit la main à toutes deux et leur dit : — Mes chers sœurs, mon oncle a tort. Certes, si j'étais dans la position d'Albert, qui n'aura qu'à acheter une étude et à se laisser gagner de l'argent, je devrais continuer à marcher dans la carrière que j'ai commencée; mais, dans ma situation, il peut se passer un grand nombre d'années encore avant que je *gagne ma vie* et sois indépendant. D'ailleurs, qui me dit que je pourrai élever ma tête au-dessus de cette foule noire qui erre en bourdonnant dans le Palais? — Pourquoi ne pas m'attacher exclusivement à ce que je fais le mieux? Je connais une foule de musiciens qui gagnent beaucoup d'argent à donner des leçons. D'ailleurs, je n'ai pas le choix; il faut que j'en gagne tout de suite.

A ce moment, Modeste arriva avec un billet cacheté; il était adressé à Léon. — C'est de mon oncle, dit-il, et il le lut haut.

« Monsieur mon neveu, l'oubli que vous avez fait tantôt du respect que vous me devez, m'oblige à prendre à votre égard une résolution sévère. Vous me ferez plaisir de ne plus mettre les pieds dans ma maison. »

— Eh bien! soit! — dit Léon. — Puisque mon oncle oublie ainsi ce que ma mère lui a demandé en mourant, je ne rentrerai plus dans sa maison que lorsqu'il s'y trouvera fier et honoré de m'y recevoir; quand, en entendant parler de moi, il prendra la parole pour dire avec complaisance : — C'est mon neveu.

Pour vous, ma sœur, Geneviève, et ma jolie Rose, vous n'oublierez pas le pauvre exilé. Vous parlerez quelquefois de lui, ensemble, le soir. Pour lui, il pensera à vous, et vos douces images le soutiendront dans les luttes qu'il aura à soutenir dans les découragemens qui s'empareront de lui.

Et bientôt, je l'espère, quand j'aurai pris ma place dans les rangs des artistes de talent, quand vous entendrez citer mon nom avec éloge, vous vous rappellerez que le battement qu'éprouveront alors vos deux petits cœurs, sera mon plus doux triomphe.

Léon se tut quelques instans; — ses lèvres s'entr'ouvraient et il ne parlait pas. Enfin, prenant les mains de Rose, il lui dit : Rose, — ma jolie Rose, — écoute bien ce que je vais te dire; c'est mon secret et mon trésor, — c'est mon présent et mon avenir, c'est ma part de bonheur dans la vie que je vais confier à ton cœur. — Je t'aime, Rose; je ne sais si je t'aime plus, mais je t'aime autrement que Geneviève; — je t'aime de l'amour le plus passionné, le plus ardent. Quand je rêve la gloire, c'est pour que tu sois fière de moi. Je n'envie la couronne de lauriers et de fleurs de l'artiste que pour la mettre sur tes cheveux noirs.

Rose, toute confuse, cacha sa tête sur la poitrine de sa cousine. Léon continua :

— Aimé de toi, Rose, rien ne me sera impossible. J'aurai du courage et de la force contre tous les obstacles, car tu es ma force et mon courage. Rose, mon ange, devant ma sœur, veux-tu me promettre de ne pas m'oublier, d'attendre le jour où je viendrai dire à ton père : — Mon oncle, me voilà revenu, j'ai un état et je gagne de l'argent, et mon nom est quelque chose qui attire l'attention quand on le prononce. — Tout cela, je l'ai voulu pour Rose, pour Rose que j'aime. — Donnez-la-moi, confiez-moi son bonheur.

Rose, émue au dernier point, tendit, en sanglotant, la main à Léon. — Léon porta cette petite main à ses lèvres; puis, il se leva et dit : — Ma sœur, ma femme, au revoir!

Et il sortit, — heureux, et fier, et si grand, que c'est un grand hasard s'il ne brûla pas son chapeau à la lune, ou s'il ne décrocha pas quelques étoiles.

XXXIV.

Geneviève et Rose intercédèrent en vain auprès de monsieur Chaumier; il fut inflexible. Léon parla de son projet ou plutôt de sa résolution à monsieur Anselme. — Monsieur Anselme l'encouragea, et, tout en restant son auditeur assidu, changea entièrement sa manière d'écouter. Ce n'était plus une satisfaction personnelle qu'il cherchait quand Léon jouait du violon; il ne se laissait plus mollement entraîner au charme de la mélodie. Il jugeait, il critiquait, il insistait sur les reproches, il ne faisait aucune grâce, il faisait dix fois recommencer le même passage. — Puis, quand il y avait un opéra important, un beau concert, un grand artiste à entendre, monsieur Anselme avait toujours, par hasard, dans la poche de son vieil habit marron, un billet pour le concert ou le théâtre. Un jour, il dit à Léon : — Je suis très lié avec monsieur Kreutzer; il se fera un véritable plaisir, à ma recommandation, de vous donner quelques leçons qui vous manquent; allez le voir demain avec une lettre de moi. — Kreutzer ne donnait pas de leçons à moins de vingt francs le cachet; c'était une bonne fortune que Léon n'eût osé espérer. — Il ne pouvait s'empêcher d'admirer la ponctualité et l'exactitude du professeur; il ne retranchait cinq minutes sur la leçon. Ce qui n'étonnait pas moins Léon, c'est que remplissait aussi fidèlement ce devoir d'une amitié peu commune, il ne demandait cependant jamais de nouvelles de son ami. Un jour même, Léon et monsieur Anselme rencontrèrent Kreutzer dans la rue. — Qui venez-vous de saluer? demanda monsieur Anselme à Léon.

— Mais ne l'avez-vous pas reconnu?

— Non.

— C'est votre ami, monsieur Kreutzer.

— Je ne l'avais pas vu.

26

— Il a passé à trois pas de nous; il ne paraît pas non plus vous avoir reconnu.

— C'est étonnant.

— C'est étonnant.

Un matin, monsieur Anselme dit à Léon : — Il s'agit, maintenant, de gagner de l'argent; vous avez un beau talent; mon ami Kreutzer aura l'obligeance de vous donner toujours quelques leçons et quelques conseils. — Tout en vous perfectionnant, il faut vous faire entendre dans le monde et donner vous-même des leçons. En voici une que vous commencerez après-demain; on vous donnera dix francs par leçon. C'est un prix presque ridicule pour un jeune professeur; mais il n'en faut pas accepter à moins. Il y a très peu de connaisseurs, et le plus grand nombre n'estime la musique que selon ce qu'il la paie. Léon ne savait comment remercier monsieur Anselme; celui-ci dit: Vous ne me devez aucune reconnaissance; un de mes amis, homme fort riche, veut que son fils apprenne le violon. Il m'a demandé un bon professeur; je vous avais sous la main; il aurait fallu me déranger beaucoup pour ne pas vous rendre ce petit service; et d'ailleurs, je connais peu de talens qui me plaisent autant que le vôtre. — Pour moi, je pars pour l'Allemagne, et je ne reviendrai qu'au printemps. Ecrivez-moi quelquefois, et tenez-moi au courant de vos succès, car je suis sûr que vous réussirez. — Au revoir.

Léon était fort heureux; cette seule leçon remplaçait pour lui la pension que son oncle lui supprimait; il avait de quoi vivre, et il vivrait de son art, de son violon. Il se mit au travail avec toute l'ardeur que donne le succès. — L'ami de monsieur Anselme recevait du monde; Léon se fit entendre plusieurs fois, et fut très applaudi. — Il pensait à Rose, à Geneviève, à monsieur Chaumier.

Rose et Geneviève menaient toujours la même vie, dans les plaisirs et dans les fêtes; mais Geneviève ne goûtait que bien rarement le bonheur dont Rose s'enivrait. La persécution de Modeste, l'indifférence d'Albert venaient à chaque instant lui percer le cœur; elle ne voyait plus Léon; quelquefois elle lui écrivait et le tenait au courant de ce qui se passait à la maison. Léon voyait assez fréquemment Albert qui l'entraînait dans ses parties de plaisir. D'ailleurs, il ne tarda pas à se lier avec un grand nombre de jeunes artistes comme lui, qui, de même que les étudians, le jetaient dans une vie opposée à ses goûts et à ses habitudes. Il buvait avec eux, quoiqu'il n'aimât pas le vin, et il n'osait pas ne pas boire un peu plus que celui qui buvait le plus. Il cachait, avec un soin inimaginable, ses qualités précieuses, pour se parer, avec ostentation, de vices qu'il n'avait pas. Il serait devenu violet de honte s'il avait, par une seule expression, laissé voir ce qu'il y avait en lui de poésie, d'enthousiasme et d'élévation.

XXXV.

Monsieur Chaumier voulut recevoir à son tour. — Tous les jours de la semaine étaient pris par ses connaissances. Il ne restait que le dimanche qu'il se trouva forcé d'adopter. La première soirée du dimanche parut à Geneviève une sorte de sacrilége; c'était le jour de la famille, le jour depuis si longtemps consacré. Rodolphe de Redeuil se montra fort empressé auprès de Rose. Le lendemain matin, Modeste disait aux domestiques : — Ce serait un beau mariage pour notre demoiselle. On apporta une lettre de Léon : il ne parlait presque que de Rose. — Hier, disait-il, hier dimanche, quand vous vous êtes trouvés réunis autour de la table de famille, avez-vous pensé à moi en voyant ma place vide?

— Rose, dit Geneviève, c'est tout au plus si j'oserai lui répondre qu'il y avait bal ici, que nous avons dansé presque toute la nuit, et qu'il n'y a plus de dimanche. — Oh! mon Dieu! s'écria-t-elle en finissant la lettre, il est malade.

— Malade! dit Rose, et il est seul!

— Seul, continua Geneviève, et il n'a personne pour le soigner.

— Ecoute, dit Rose, mon père ne le saura pas, allons le voir.

Geneviève embrassa Rose, et toutes deux mirent des châles et des chapeaux ; — puis Rose demanda : — Et qui nous accompagnera?

— Ah! oui, qui nous accompagnera?

— Modeste fera des observations.

— Allons seules.

— L'oseras-tu?

— Oui.

— Je ne serai pas moins brave que toi.

Mais comme elles sortaient, tout émues et tremblantes, elles rencontrèrent monsieur Chaumier qui rentrait, et qui leur demanda où elles allaient.

— Nous allons voir Léon, dit Rose.

— Qui est malade, ajouta Geneviève.

— Comment! dit monsieur Chaumier, vous sortez seules, sans ma permission?

— Mais, papa, dit Rose, il est malade.

— N'importe, cela n'est pas convenable, ou plutôt cela ne me convient pas, rentrez.

Toutes deux obéirent sans parler; — Geneviève ouvrait la bouche, mais elle retint les paroles déjà sur ses lèvres. Monsieur Chaumier entra dans son appartement. Tout ôta son châle et son chapeau, Geneviève resta habillée. — Ecoute-moi, Rose, dit-elle. — Je n'obéirai pas à mon oncle, je ne laisserai pas mon frère malade, sans secours et sans consolations; je vais partir; je serai sans doute revenue pour l'heure du dîner; alors mon oncle ne s'apercevra de rien.

Rose craignait la colère de son père; cependant elle ne trouva pas une seule raison pour détourner Geneviève de son projet. — Va, Geneviève, dit-elle, et dis-lui que je voulais t'accompagner.

C'était la première fois de sa vie que Geneviève se trouvait ainsi seule dans les rues; aussi, sa frayeur était sans égale. Si elle n'osait marcher, elle eût osé bien moins encore monter dans une voiture. Vingt fois elle fut sur le point de revenir sur ses pas et de rentrer à la maison; mais la pensée de la maladie de Léon lui donnait un peu de courage et de force, et elle arriva près de lui toute rouge de fatigue et de honte. Léon fut si heureux, si reconnaissant! Il était seul dans sa petite chambre. Une vieille portière venait de temps en temps voir s'il n'avait besoin de rien et retournait à sa loge. Le médecin venait de sortir, et, après avoir fait une prescription, avait dit : — Il y aura peut-être un peu de fièvre et de délire ce soir et cette nuit. La prédiction du médecin commençait à s'accomplir; la fièvre se manifestait avec violence. — Cependant il tenait la main de Geneviève et lui faisait mille questions; — il y avait si longtemps qu'ils ne s'étaient vus! — Le ravissement de Léon fut au comble quand il sut que Rose avait voulu venir le voir. Plus heureux que sa sœur, il pouvait parler de celle qu'il aimait, et dire qu'il l'aimait. Geneviève s'était fait, de renfermer son secret dans son sein, une loi qu'elle n'eût pas transgressée même au prix de sa vie, et ce ne fut qu'après de longues circonlocutions qu'elle vint à dire : — Nous ne voyons presque pas Albert. Que fait-il? Tu le vois plus que nous...

Et elle hésita un quart d'heure avant d'oser dire : — Lors de son dernier voyage à Fontainebleau, il était amoureux; il gravait des O sur tous les arbres de la forêt.

— Ah! je le sais, dit Léon, Octavie. — C'était madame Haraldsen; mais il y a longtemps qu'il n'y pense plus.

Il semblait à Geneviève que son frère lui enlevait une montagne de la poitrine. — Quoi! Albert n'était plus dominé par l'amour d'une autre! Albert pouvait l'aimer! Tout ce bonheur qu'elle avait rêvé et qu'elle avait cru perdu, elle pouvait le retrouver! Sa vie n'était donc pas, tout entière, vouée à la douleur!

Comme elle avait cessé de parler, Léon s'endormit, mais d'un sommeil agité et convulsif; il prononçait, en dormant, des paroles sans suite. Geneviève fit porter à Rose une lettre, dans laquelle elle lui disait que Léon était sérieusement malade, et qu'elle passerait la nuit auprès de lui. La nuit fut plus calme qu'on ne l'avait cru. Le matin, Geneviève partit comme Léon dormait encore. Rose n'était pas réveillée, mais quand elle entendit Geneviève, elle commença à lui faire une longue série de questions. Geneviève était épuisée de fatigue et à demi morte de froid. — Eh bien ! dit Rose, couche-toi avec moi, tu te réchaufferas, et nous pourrons causer.

Geneviève raconta à Rose la petite chambre de son frère, le désordre qui y régnait, et la vie pauvre à laquelle il semblait condamné. — Il prononçait souvent ton nom, dit-elle à Rose, — il l'aime. — Ma bonne petite Rose, au milieu de tout ce monde que nous voyons, ne l'oublie pas, il serait trop malheureux. Tu es toute sa vie ! Rose répondit que tous les hommes qui s'offraient à ses yeux, loin de lui faire oublier Léon, ne faisaient que réveiller son souvenir, par une comparaison à son avantage.

— Je suis fâchée, dit Geneviève, que tu ne l'aies pas vu ; il était si beau, pendant son sommeil, agité par la fièvre, quand il t'appelait ! — Rose embrassa Geneviève et jura d'aimer Léon toute sa vie. — Ah ! dit Geneviève, ma chère cousine...

— Appelle-moi ta sœur, dit Rose.

— Ah ! oui, ma sœur, ma chère petite sœur, vous serez heureux. — Et Geneviève songea qu'il y avait encore, pour elle, un autre moyen d'être la sœur de Rose. Ce que lui avait dit Léon, de l'oubli où Albert avait mis madame Haraldsen, avait ranimé dans son cœur un espoir qu'elle avait cru si longtemps un rêve. Cependant elle n'osa en parler à Rose. — Toutes deux s'endormirent en parlant de Léon et dans les bras l'une de l'autre.

XXXVI.

Si le papier blanc n'était pas une des plus respectables choses qui soient au monde, et si je ne tenais à ménager ma bouteille d'encre dont j'ai bien des choses à tirer, — je ferais un ou deux volumes de ce qui se passa pendant l'année qui suivit cette conversation des deux cousines. — Nous croyons plus opportun de faire ici un entr'acte.

Je ne sais si vous avez quelquefois regardé une bouteille d'encre. — J'en ai acheté une, il y a un mois, et je l'ai versée tout entière, dans un vaste encrier. — Cela a tout l'air d'un petit océan noir.

Je vais d'abord en tirer deux volumes ; — deux volumes font quatre cent vingt-huit mille lettres. — Ces quatre cent vingt-huit mille lettres sont évidemment dans mon encrier ; mais à l'état de pêle-mêle et de confusion. — Il s'agit de les harponner et de les pêcher, l'une après l'autre, avec le bec pointu de ma plume, dans le susdit océan noir, et de les ranger en bon ordre sur des feuilles de papier blanc.

Il y a des momens — où, attachant mes yeux sur la surface noire de ce Cocyte (toujours mon encrier), je m'amuse d'abord à voir tout ce qui se réfléchit dans ce sombre miroir. — Mes vitraux y sont reflétés en papillons rouges, verts et jaunes, — puis, à mesure que je regarde, je finis par y voir des millions de petites lettres enchevêtrées, emmêlées les unes dans les autres, courant à droite, à gauche, s'évitant, se poursuivant, s'atteignant, formant des mots bizarres et inconnus, — se bousculant, se renversant, se combattant, se dévorant, et, par leur union, racontant des histoires si singulières, si saugrenues, si vraies, que je ne sais si j'oserai vous les raconter, et si je ne rejetterai pas à la mer les lettres qui les composent, quand elles tomberont sous la pointe de mon harpon. Il y a des momens où il s'élève un bouillonnement, où il se fait des orages d'encre qui m'intimident et font que je suspends ma pêche, et me repose sur les rives de l'encrier. — Mais aujourd'hui la matinée est belle, chantons les barcarolles. (— O Parisiens, mes amis, comme on se moque de vous avec les barcarolles ! Je les ai toutes chantées à la mer, — et toutes y sont parfaitement ridicules. — O musiciens, mes autres amis, ou plutôt mes ennemis, — qui vous faites une idée de la mer d'après votre carafe et votre cuvette, — et qui pensez que l'Océan n'est qu'une exagération du grand bassin des Tuileries.)

La matinée est belle, nous avons encore trois plumes taillées par de jolies mains. — Pêcheur, parle bas.

XXXVII.

Un an après, — voici dans quelle situation nous retrouvons nos personnages. Geneviève avait reçu la défense formelle de revoir son frère ; — elle n'avait pas cru devoir s'y soumettre et était allée demeurer avec lui. — Léon, dont la réputation commençait à s'étendre, gagnait passablement d'argent. — Il avait loué un petit logement dans la rue Saint-Honoré. Son talent le faisait fort rechercher dans le monde, — et il arriva ce qu'il avait prévu, c'est qu'au milieu des applaudissemens qu'il excitait, son oncle ne fut pas fâché quelquefois de dire : — Ce jeune homme est mon neveu. — Léon, d'autre part, ne manquait jamais de le saluer respectueusement quand ils se rencontraient dans quelque salon, et, quoiqu'il ne parlât pas à Rose, ses regards savaient bien lui dire : — À toi, Rose, ces applaudissemens ! — et Rose le comprenait si bien, qu'elle rougissait des éloges qu'on donnait à son cousin.

Une fois que monsieur Chaumier eut dit : — Ce jeune homme est mon neveu, il fut assez embarrassé de répondre à une question toute naturelle que cette confidence lui attira : — D'où vient qu'on ne le rencontre jamais chez vous, le dimanche ? — Il n'y avait pas moyen de dire : — Parce que je l'ai renvoyé, et je l'ai renvoyé parce qu'il voulait être musicien, et acquérir le talent que vous applaudissez, et dont je ne puis moi-même m'empêcher d'être un peu fier. — Il fit donc un jour signe à Léon de s'approcher de lui, — et lui dit : — Léon, mon neveu, j'ai tout péché miséricorde. Je n'ai pas, en voulant punir une petite outrecuidance de jeunesse, prétendu exiler, à tout jamais, les enfans de ma sœur. Rose et Albert, — quand nous voyons Albert, — parlent de vous deux, tous les dimanches ; et il y a, à la table, deux places vides ce jour-là, qui sont désagréables à l'œil. — Viens donc, dimanche prochain, avec ta sœur, et oublions nos petits différends.

Rose, par un mouvement involontaire, se jeta au cou de son père, et l'embrassa pour le remercier de cette pensée, dont il n'avait fait confidence à personne. — Léon remercia monsieur Chaumier de la voix, et Rose du regard et du cœur. De ce jour, Geneviève et Léon dînèrent tous les dimanches chez leur oncle.

Albert — avait acheté une étude d'avoué, dont il laissait le soin à un maître-clerc, — et il continuait à suivre toutes les fantaisies de son imagination.

Monsieur Anselme avait écrit à Léon deux lettres, auxquelles celui-ci n'avait pas songé à répondre.

Madame Modeste Roland n'avait pas vu sans chagrin le retour, dans la maison, de Léon et de Geneviève ; mais elle avait soin de les traiter parfaitement en étrangers et en inférieurs.

XXXVIII.

Le logis de Léon et de Geneviève était d'une simplicité bien au-dessous des habitudes de leur enfance, quoique, cependant, la maison de Fontainebleau n'eût rien de somptueux ni de magnifique. Il se composait de quatre petites pièces. — Les meubles, peu nombreux, étaient en noyer. Quand Geneviève était venue partager la bonne et la mauvaise fortune de son frère, Léon voulait la loger plus richement. Mais Geneviève, après un examen sérieux de ses affaires, s'aperçut que s'il gagnait suffisamment d'argent pendant l'hiver, il lui fallait presque entièrement chômer pendant l'été, parce que tous ses élèves étaient à la campagne ; et un point sur lequel ils étaient tous deux parfaitement d'accord, c'était que, pour rien au monde, ils n'auraient recours à monsieur Chaumier. Geneviève, avec le secours d'une vieille femme qui venait chaque jour pendant deux heures, tenait le petit ménage dans une propreté ravissante, et faisait elle-même la cuisine, cuisine d'autant moins compliquée, que Léon ne dînait presque jamais à la maison. Léon suppliait sa sœur de ne pas se fatiguer, et surtout de ne pas s'occuper de soins auxquels elle était restée étrangère toute sa vie ; mais Geneviève prenait les prétextes les plus ingénieux pour ne pas changer de conduite. — Albert venait quelquefois les voir ; mais, quoique Geneviève épiât tous ses regards, tous ses mouvemens, il était difficile d'y trouver le moindre symptôme d'amour. Il ne manquait jamais, en entrant, de baiser le front de sa cousine, et de lui parler d'un ton affectueux ; mais elle finissait toujours par voir que le sujet de sa visite était une commission pour Léon, qu'il lui laissait en partant, quand il la trouvait seule ; ou, quand Léon était à la maison, il ne faisait qu'entrouvrir la porte de la chambre de Geneviève, en entrant et en sortant, et lui disait bonjour, sans entrer ni s'arrêter un seul instant. — Geneviève gardait toujours, de ces visites, un profond sentiment de tristesse ; cependant son seul désir était de les voir se renouveler, et son cœur battait de la plus douce émotion, lorsqu'elle reconnaissait la façon de sonner à la porte d'Albert. — En vain Léon la pressait de lui dire la cause de son chagrin ; elle niait avoir la moindre peine. — Léon s'efforçait de lui procurer quelques distractions, il amusait Léon, et était le plus heureux des hommes, quand il pouvait amener un sourire sur les lèvres de sa sœur. — Mais quelquefois, sans le savoir, il était la cause de la tristesse de Geneviève. Par l'habitude de ne lui rien cacher, il lui rapportait imprudemment ce qu'Albert venait lui dire sur ses amours bien passagers, qui avaient toujours un caractère d'exagération romanesque et fantastique, et qu'amusait Léon, et le portait à en faire à sa sœur des récits qu'il croyait extrêmement propres à l'égayer. Geneviève cachait avec le plus grand soin ses impressions à son frère ; tout ce qu'elle accordait au bonheur qu'elle ressentait à s'occuper d'Albert, tout haut, c'était de parler beaucoup de Rose. En parlant de Rose, elle parlait naturellement de la maison de monsieur Chaumier, où il n'y avait pas un meuble dont le souvenir ne la fît tressaillir. — Souvent aussi ils s'entretenaient de Fontainebleau. Quelquefois, après de longs efforts et une cruelle hésitation, elle faisait à Léon une question sur Albert ; mais elle avait soin de le faire d'un ton de légèreté et d'indifférence. — Comment vont les amours d'Albert? disait-elle, — et ces deux mots, *Albert* et *amours*, lui déchiraient le cœur et les lèvres. — Et Léon avait presque toujours quelque nouvelle bouffonnerie à lui raconter, et Geneviève souriait.

Un dimanche, il se trouva que tout allait mal. — Le lait monta, le matin, et s'en alla par dessus la casserole. — Léon raconta à sa sœur qu'Albert était amoureux d'une actrice, et que, pour le moment, il ne s'occupait pas d'autre chose. — Ils partirent vers trois heures pour aller chez monsieur Chaumier. — Modeste ouvrit et dit : — Il n'y a personne.

— Comment personne ? dit Léon.

— N'est-ce pas aujourd'hui dimanche? ajouta Geneviève.

— C'est dimanche, répondit Modeste, je n'ai pas l'intention de le nier. — Mais monsieur Albert n'a pas paru ici depuis dimanche dernier, et monsieur et mademoiselle dînent en ville et passent la soirée dehors.

La toilette exorbitante de Modeste accusait une intention de sortir et venait à l'appui de son témoignage. Le frère et la sœur se regardèrent interdits ; l'espoir qui les avait soutenus toute la semaine était évanoui, et cette déception leur donnait déjà des doutes sur le dimanche suivant. Geneviève pouvait à peine se soutenir ; elle se dit fatiguée et entra pour s'asseoir un instant. Léon rôda dans la maison et s'arrêta dans la chambre de Rose ; il y trouva les vêtemens qu'elle avait quittés le matin et les couvrit de baisers. — Il y avait des épingles sur une pelotte ; il les ôta et les piqua de manière à former son nom, — Léon.

Cependant, Modeste donnait le dernier coup d'œil à sa parure ; elle mettait son bonnet à rubans effrénés rouges et jaunes. — Geneviève se leva la première, chercha Léon et lui dit : Veux-tu partir ? — Léon se leva, baisa encore la robe de sa cousine, et dit : Partons, — et il restait. Geneviève le prit par la main et l'emmena. Modeste eut le plus grand soin de passer sous silence les regrets que Rose l'avait chargée d'exprimer à ses cousins. Léon et Geneviève s'en allèrent tristes et retournèrent chez eux sans se parler. — Geneviève ralluma le feu et servit sur la table un reste du dîner de la veille. Léon dit qu'il était triste, Geneviève qu'elle avait mal à la

tête, tous deux qu'ils n'avaient pas faim, et ils ne mangèrent pas. Puis ils parlèrent de Rose. Geneviève lui trouva mille excuses, et devina sans peine que probablement Modeste s'était acquittée de la commission de ses maîtres avec de certaines restrictions. — Elle parla à Léon de la méchanceté de Modeste et de tout ce qu'elle avait eu à en souffrir. — Pauvre petite sœur ! dit Léon.

— Aussi, mon cher Léon, je suis bien heureuse de te devoir le bonheur de n'y être plus exposée.

— Ainsi, chère sœur, dit Léon, tu n'es pas trop malheureuse de la vie médiocre que tu partages avec moi ?

— Moi, mon bon Léon, dit Geneviève, je t'en remercie tous les soirs, en faisant ma prière, et je prie Dieu de t'en récompenser.

— Ah ! dit Léon, il n'en est pas moins vrai que tu es maintenant privée des plaisirs du monde, des soirées et des bals ; car, malgré l'accueil que l'on me fait dans les maisons où je vais, il ne peut m'échapper que je conserve toujours l'infériorité de l'homme payé. C'est mon violon que l'on invite, et s'il ne fallait quelqu'un pour t'apporter et promener l'archet dessus, on ne penserait pas à moi. C'est là quelque chose que je me cache le plus possible à moi même ; et quand cela devient trop évident, je sors des maisons en jurant de n'y plus retourner. Mais ce serait m'aliéner mes écoliers et la nécessité l'emporte. Et puis, quelquefois, je leur arrache des applaudissemens de bonne foi, et j'oublie. — Aucun cependant ne songe à inviter ma sœur ; je serais si heureux et si fier de te conduire avec moi.

Geneviève répondit qu'elle ne regrettait en rien ces plaisirs.

Geneviève mentait. Quand son frère partait le soir pour quelque fête, elle sentait son pauvre cœur se serrer, mais elle n'aurait voulu, pour rien au monde, chagriner Léon.

A ce moment, on frappa à la porte, et comme la clef y était restée, un homme entra qui demanda à *son voisin* la permission d'allumer sa bougie. — C'était monsieur Anselme avec son même vieux chapeau et son même habit marron.

XXXIX.

— Je pourrais, dit monsieur Anselme, paraître surpris de vous voir avec une dame, feindre de me retirer discrètement et vous faire dire que mademoiselle est votre sœur. Mais je l'ai déjà vue et je la reconnais parfaitement. — Il prit une chaise et se mit au coin de la cheminée vis-à-vis de Geneviève. Léon était au milieu. — Il fut quelque temps à regarder silencieusement le frère et la sœur, puis, il se décida à dire : — Je suis allé, à mon retour, à notre ancien logement. On m'a donné votre nouvelle adresse, que je vous remercie d'avoir pensé à laisser pour moi. Je suis venu ici et je ne vous ai pas trouvés. Il y a un petit logement à louer dans la maison, au-dessus de vous ; je l'ai pris et nous sommes encore voisins. Et comment se fait-il que vous soyez ainsi réunis ?

Léon éprouva quelque embarras à répondre devant sa sœur à cette question qu'il lui faisait, à lui-même, car pour la première fois à quel degré de confiance il s'était laissé entraîner par monsieur Anselme. Mais Geneviève répondit : — Nous sommes bien plus heureux maintenant.

— Ma jolie demoiselle, dit monsieur Anselme, je vous remercie infiniment de m'avoir fait entendre votre voix, qui est douce et veloutée. Ne vous étonnez pas trop de mes questions. J'aime beaucoup votre frère qui a un bon cœur et un beau talent, et je vous aime aussi beaucoup, parce que vous êtes une belle, une bonne et noble fille, et par une foule d'autres raisons qu'il serait trop long de vous détailler. Toujours est-il que je suis enchanté de vous voir avec lui.

Et monsieur Anselme ne se lassait pas de contempler Geneviève. Il voulait voir la couleur de ses cheveux — la forme de sa main ; puis, il la priait de parler, quand même elle n'aurait rien à dire, seulement pour entendre sa voix. Pendant ce temps, Léon lui racontait un peu le passé et le présent, et beaucoup l'avenir. Il parlait de ses projets et de ses espérances.

— Et Rose ? demanda monsieur Anselme.

—Vous connaissez Rose ? dit Geneviève.

—Oui, certes, et je l'aime beaucoup, quoique je l'aime moins que vous.

—Rose ! dit Léon, Rose m'oublie.

—Rose ne l'oublie pas, interrompit Geneviève. Mais, voyez-vous, monsieur, ne nous parlez pas aujourd'hui de la maison de mon oncle ; nous serions injustes. Nous sommes tout tristes d'une sorte de quiproquo par lequel, aujourd'hui dimanche, jour consacré à la réunion de la famille, nous ne les avons pas vus.

Et Geneviève s'arrêta tout-à-coup, et se sentit rougir d'une pensée qui venait de traverser son cœur : elle craignait que le vieillard, qui connaissait si bien tout le monde, ne s'avisât de parler d'*Albert*.

—En effet, dit monsieur Anselme, je trouve Léon morose et abattu.

Il prit la main de Léon et celle de Geneviève, et dit : — Mes bons amis, à peine au commencement de la vie, ne vous laissez pas décourager par les premières épreuves.

—Je sais un exemple de ce que peuvent la résignation et le courage. —Un de mes amis, déjà avancé dans son âge mûr, a vu s'évanouir dans ses mains et s'échapper, comme de l'eau à travers ses doigts, tout le bonheur qu'il avait laborieusement amassé et caché, comme un avare, pour le reste de sa vie. —Il s'est trouvé un matin, seul et non seulement sans affections, mais rempli de haine pour ce qui avait été les objets de ses affections.

—Il est parti, sans argent, sans but, sans espoir. — Eh bien ! en quelques années, il était riche et considéré, ministre et ami d'un souverain étranger, accablé d'honneurs et de dignités ; et le ciel, non moins prodigue de biens qu'il l'avait été de maux, lui a rendu les objets de sa plus vive et de sa plus heureuse tendr°sse. —Mais vous êtes tristes ce soir ; il faut vous distraire. J'ai par hasard, dans ma poche, des billets pour l'Opéra.

Et il chercha dans la poche de côté de son vieil habit.

—Une loge, ma foi ! Si vous voulez, nous allons y aller tous les trois.

Geneviève s'habilla ; elle était charmante. —Dans les soirées où elle était allée depuis-là avec Rose, son deuil s'était opposé à une toilette réelle.

Quand elle fut prête, malgré la nuit, monsieur Anselme semblait fier de donner le bras à sa jolie voisine. Il l'avertissait du moindre obstacle qui pouvait arrêter ou choquer ses petits pieds ; et lui choisissait le meilleur chemin. Le soir, on se sépara sur le carré du logement qu'habitaient Léon et Geneviève, et monsieur Anselme monta au-dessus.

Le lendemain, on reçut une lettre de Rose ; elle était bien fâchée de l'incident qui l'avait empêchée de voir ses cousins. Elle avait trouvé le nom de Léon sur sa pelotte. Cette pelotte était un ouvrage fait par elle ; elle l'envoyait à Léon. Elle avait déplacé les épingles, et avait formé, en les piquant autrement, les premières lettres de son nom et du nom de Léon. Léon fut bien heureux de cet envoi ; — car c'est de semblables bagatelles que sont formés les plus grands bonheurs de la vie. Si quelqu'un eût pu voir le trésor de Geneviève, trésor caché plus soigneusement que celui d'aucun avare, — trésor qu'elle contemplait quand elle était seule, — on y aurait vu :

Une rose sèche donnée par Albert ;

Une branche du bouleau sur lequel il avait gravé un O dans la forêt ;

Une lettre autographe dudit, lettre précieuse et contenant ces mots : « Ma chère cousine, envoie-moi, par le rustre porteur de ce billet, mes gants que j'ai oubliés. Je ne veux pas rentrer à la maison pour que mon père ne me demande pas où je vais. »

Un ruban donné par le même ;

Une douzaine de fleurs également séchées, mais à chacune desquelles la mémoire d'une femme, toujours si exacte pour les dates, rattachait un jour, une heure, un souvenir ;

Les gants que portait Geneviève un jour qu'elle dansait avec Albert.

XL.

Que la stupidité, —bon Dieu ! — est donc une chose contagieuse ! J'en ai laissé échapper un des plus graves symptômes dans le chapitre précédent, mais un symptôme d'une stupidité toute particulière,. — précisément de celle dont je me croyais le plus à l'abri..

En parlant des souvenirs et des milles circonstances d'un amour véritable, j'ai dit : « C'est de semblables *bagatelles* que sont formés les plus grands bonheurs de la vie. »

Bagatelles !

Et où sont donc les choses sérieuses ?

Et où sont donc les grandes choses ?

O hommes sérieux ! voyons un peu ce que vous faites, voyons ce qui vous donne le droit de sourire en parlant d'un jeune homme amoureux, et de dire avec un air d'incontestable supériorité : « Cela se passera. »

Hélas ! ô hommes sérieux, ce qui ne se passera pas, c'est votre abrutissement, c'est votre impuissance, ce sont les nombreuses infirmités que vous prenez pour autant de vertus !

O hommes sérieux, —vous sacrifiez votre vie, votre paresse, vos amours, — pour un jour avoir le droit d'attacher d'un nœud, à la boutonnière de votre habit, un ruban d'un certain rouge. — Arrivés à ce succès, vous recommencez de nouveaux et de plus grands efforts. Il ne faut pas s'arrêter en si beau chemin. Quel bonheur, en effet, si vous aviez le droit, dût-il vous en coûter un bras ou une jambe, — ou dix amis ! — quel bonheur si vous pouviez faire une rosette à votre ruban ! On n'épargne pour cela ni soins, ni travaux, ni sacrifices, et un jour vous obtenez cette flatteuse récompense. — Une rosette, grand Dieu ! quelle supériorité cela vous donne sur ceux qui n'ont qu'un nœud ! —On se rappelle cependant avec quelque plaisir le moment où on n'avait qu'un nœud, le moment où, si vous aviez eu l'audace de nouer votre cordon d'une rosette, la gendarmerie, la garde nationale, l'armée entière eussent été occupées à punir votre forfait. On se dit : — Et moi aussi cependant, il y a eu un temps où je n'avais qu'un nœud ! — Mais ce qui est encore plus loin de vous, ce que vous n'osez pas espérer, ce que vous placez au nombre des désirs ridicules, à l'égal de l'envie qu'aurait une femme d'un bracelet d'étoiles, —c'est... je n'ose le dire... c'est... ô comble de bonheur ! ô gloire ! ô grandeur ! —c'est de nouer le cordon autour du col. —Eh bien ! si vous êtes un homme heureux, si les circonstances vous servent, si vous n'êtes pas trop scrupuleux sur certains points, un jour, quand vous êtes vieux, quand vos cheveux sont blancs, il vous arrive, ce bonheur inespéré. Vos yeux laissent échapper des larmes de joie, et vous mourez en disant : —O mon Dieu ! peut-on penser qu'il y a des hommes assez aimés du ciel pour porter le ruban en bandoulière de droite à gauche !

Et cela, ô hommes graves et sérieux ! — tandis que les jeunes filles se couvrent à leur gré de rubans de toutes les couleurs, en nœuds, en rosettes, en ceintures. — Voilà des rubans sérieux, voilà une affaire véritablement grave, car cela rend jolie.

O hommes sérieux ! il en est trois ou quatre qui m'ont dit parfois : — Quand ferez-vous quelque chose de sérieux ? — Est-ce donc ce que vous faites qu'il me faut faire ? Hélas ! si je ris un peu, si j'ai encore quelques accès de cette belle gaîté si franche de la première jeunesse, si je me roule encore sur mon tapis, dans des éclats de rire convulsifs, c'est à vous que je le dois, ô hommes sérieux ! objets de mon éternelle reconnaissance ; c'est à vos graves soucis, à vos préoccupations, à vos actes, à votre importance. O hommes sérieux ! — ô les plus bouffons, les plus exhilarans des êtres créés ! —vous qui possédez seuls le vrai comique, ce comique si vainement cherché au théâtre, le comique froid, le comique sérieux !

Vraiment ! vous ne trouvez pas ma vie bien sérieuse ? Et que trouvez-vous de plus sérieux et de plus important que ce que je fais ? — Je vois tous les jours se lever et se coucher le soleil ; — je regarde mes fleurs ; je vais voir si cette rose que j'ai baptisée, à laquelle j'ai donné le nom de C... S .., a ou-

vert ses pétales d'un si beau jaune; je respire le parfum de mes résédas; — je trouve et je mets à mort le ver qui rongeait mon dahlia, le dahlia violet auquel les jardiniers de Paris ont donné mon nom : — je dis bonjour à chacune de mes fleurs; — je joue avec mon chien; — je vais errer sur la ri- vière entre des rives vertes, sous des saules; je laisse aller mon imagination aux poétiques rêveries du soir, quand, sur le ciel orangé, au déclin du jour, les peupliers découpent leur feuillage noir; — ou l'hiver, — avec un ami, au coin de mon feu, étendus tous deux sur des coussins, fumant de l'aloès dans de longues pipes de cerisier, — nous parlons du passé, —nous égrenons nos souvenirs comme un beau collier de per- les, — nous parlons de notre pauvreté et de nos folles joies, et nous rions comme personne ne rit; — je lui parle d'une pensée qui a rempli ma vie, —et je lui raconte un mot, un re- gard; — . . . .
. . . .
et mon visage reprend le feu et la jeunesse de ce temps-là.

Ou, dans mon canot, je glisse sur la mer, et j'oublie les heures.

O messieurs les graves, messieurs les habiles, messieurs les forts ! — que savez-vous de plus sérieux que tout cela? — Laquelle de ces occupations supposez-vous que je consenti- rais à remplacer par quelqu'une des vôtres?

Hommes sérieux, —gardez vos polichinelles, vos toupies et vos soldats de plomb, —et ne méprisez pas les soldats de plomb, les toupies et les polichinelles des enfans, qui veulent bien ne pas mépriser les vôtres, —peut-être parce qu'ils ne les connaissent pas.

XLI.

LA QUATRIÈME COLONNE D'UN LIT.

Albert vint un matin, Geneviève était seule. Il s'assit près d'elle, et lui dit : — Je suis enchanté de te trouver seule, par- ce que j'ai à causer avec toi. — Jusqu'ici j'ai logé en garçon et en étudiant; il faut, pour des raisons que tu ne tarderas pas à savoir, que je meuble convenablement mon logis, et j'ai besoin pour cela des conseils d'une femme : c'est toi que j'ai choisie pour guider mon inexpérience et mon hésitation. Je n'ai plus à meubler que ma chambre à coucher, et je veux la meubler en vieux meubles de bois sculpté. Si cela ne t'ennuie pas trop, nous allons courir les boutiques ensemble. Au mo- ment où Albert avait dit : «Pour des raisons que tu ne tarderas pas à savoir, » Geneviève avait ouvert la bouche pour lui di- re : — Est-ce que tu vas te marier? mais elle passa toute la journée dans mille et mille hésitations; retournant la phrase en tous sens, puis cherchant l'occasion de la placer, de telle sorte que le soir, quand Albert l'eut ramenée chez elle, elle n'avait encore pu prendre sur elle de la prononcer.

Le lendemain Albert revint de bonne heure; il avait fait une découverte qui le désolait, et il venait prier Geneviève de l'aider à réparer son malheur. Entre les meubles qu'il avait achetés, il y avait un lit d'une grande beauté, couvert de ri- ches sculptures, avec des amours aux quatre coins, et toute sorte d'ornemens précieusement exécutés.

Quand, le lit transporté chez lui, Albert avait fait rejoindre les divers morceaux du lit, il avait été fort surpris de voir que, sur les quatre colonnes torses qui devaient soutenir le baldaquin, il y en avait une de moins.

Ils retournèrent ensemble chez le marchand. Geneviève était heureuse et fière de donner ainsi le bras à Albert; et quoiqu'elle eût besoin à chaque instant de se répéter :—Il ne m'aime pas, ce n'est pas moi qui serai sa femme, elle ne tar- dait pas à se laisser entraîner de nouveau à de charmantes rêveries.—Evidemment les passans devaient les prendre pour le mari et la femme; les marchands chez lesquels ils entraient montraient par leurs paroles qu'ils partageaient cette idée; et lorsque madame Poirier, célèbre marchande de la rue de Seine, dit : — Madame, voulez-vous vous asseoir, pendant que je vais chercher avec monsieur votre mari ce qu'il me de- mande, — Geneviève devint toute rouge, et saisit la première

occasion pour appeler Albert son cousin. Ils sortirent de la boutique sans avoir trouvé ce qu'ils cherchaient. Chère petite cousine, dit Albert, tu t'es défendue d'être ma femme d'une manière bien offensante. Geneviève cherchait une réponse, mais Albert parla d'autre chose, et Geneviève laissa parler son cœur, qui lui disait à elle-même tout bas :—Grand Dieu ! me défendre d'être sa femme ! — un bonheur pour lequel je donnerais mon bonheur dans le ciel ! le plus haut point où se soient jamais élevés les rêves de mon orgueil ! — Et elle se représentait les moindres détails de ce bonheur : rester avec lui, sortir avec lui, être à lui, porter son nom; l'entourer de soins assidus, lui consacrer sa vie entière; aimer, élever des enfans qui seraient à lui. Et penser que ce bonheur-là n'était pas au-dessus de l'humanité? Léon aime bien Rose, Albert aurait bien pu aimer sa cousine.

Albert retourna chez le marchand qui lui avait vendu le lit, et à force de questions, il finit par apprendre que le lit avait été acheté en Bretagne, à Saint-Brieuc.—Parbleu ! dit Al- bert, je n'irai pas en Bretagne chercher la quatrième colonne de mon lit. — Trois jours après, Léon reçut une lettre d'Al- bert.

XLII.

Voici mon histoire, mon cher Léon. — Je suis amoureux d'Éléonore. Tu me demanderas ce que c'est qu'Éléonore. — Éléonore, c'est madame de Blinval, — c'est madame Florval, — c'est madame trois étoiles. — Mais c'est surtout une belle et charmante fille, qui a les plus jolis pieds et les plus jolies mains du monde, qui a des yeux, des cheveux, des dents, comme a des dents, des cheveux et des yeux la femme que l'on aime. C'est une sorte d'histrionne et de funambule, qui ravit chaque soir les quinze cents spectateurs d'un théâtre des bou- levards. — Si je m'étais décidé tout de suite à m'en passer la fantaisie, la chose a été si facile pour beaucoup d'autres qu'elle n'aurait pas probablement été impossible pour moi. — Mais je me suis laissé y penser si souvent, si longtemps, sans commencer l'attaque, que les symptômes sont arrivés à une haute gravité; la maladie a pris un caractère bizarre que j'ai peine à comprendre moi-même, et que je vais tâcher de t'expliquer, ne fût-ce que pour me l'expliquer un peu.

La première fois que j'ai vu la beauté en question, elle jouait je ne sais quel rôle, dans je ne sais quelle pièce; de je ne sais quel auteur; — toujours est-il qu'elle avait une robe de brocatelle orange et noire, que ses cheveux descendaient sur ses joues en nattes arrondies, et, qu'elle s'appelait Berthe. — La décoration représentait une vieille chambre tapissée de cuir doré et meublée de bahuts sculptés, de tables à pieds tors, avec des portières de damas vert. Ce tableau, je ne sais comment, est resté dans ma tête et s'y est gravé avec une in- croyable fidélité, jusqu'au moment où j'ai découvert un matin que rien au monde ne m'intéressait, excepté elle; — que tout m'ennuyait mortellement à l'exception d'Éléonore. — Mais ce que j'aimais, ce n'était ni Éléonore, ni madame de Blinval, ni madame trois étoiles : c'était Berthe, Berthe avec les cheveux nattés, la robe de brocatelle orange et noire; — Berthe dans la vieille salle avec le cuir doré et les portières vertes et les meubles sculptés. — Tout cela lui allait si bien, ou me parais- sait lui aller si bien, que, dans tout autre costume, elle me paraissait déguisée, surtout dans le costume qu'elle porte à la ville, et qui est le costume de tout le monde. Si mes yeux ou mon imagination me représentent Berthe avec les cheveux frisés ou en bandeau, je ne l'aime pas, — je ne l'aimerais pas si sa robe était bleue ou rouge; — je ne l'aimerais pas si je la voyais assise sur un fauteuil d'acajou; — quand on parle d'elle et qu'on l'appelle Éléonore, je ne l'aime pas.

C'est pour moi un rêve qui ne peut se modifier et se repré- sente toujours invariablement avec les mêmes détails. J'ai d'abord trouvé ma fantaisie presque aussi ridicule que tu la trouves en ce moment; puis je m'y suis accoutumé, et, à te parler franchement, je suis bien près aujourd'hui de la trou- ver raisonnable; toujours est-il que j'y cède, et que je m'oc-

GENEVIÈVE.

207

cupe de préparer le cadre de ladite fantaisie. Geneviève t'a peut-être dit qu'elle était venue avec moi acheter le mobilier et le cuir doré et les portières vertes. — Si les portières n'étaient pas vertes, je ne donnerais pas un petit écu d'Éléonore. — Si Geneviève t'a parlé de nos excursions, elle a dû te parler aussi de mon désappointement : j'ai acheté un lit magnifique auquel il manque une colonne ; or, ces colonnes sont tellement belles, que je n'ai pu nulle part en trouver une semblable. Je me suis déterminé à aller la chercher en Bretagne. J'ai confié le soin de mon étude à mon premier clerc, qui est beaucoup plus fort que moi, et qui la conduit quand je suis à Paris tout autant que dans mon absence.—Quand tu recevras cette lettre, je serai parti. Prie Geneviève de me trouver de la brocatelle orange et noire.

ALBERT CHAUMIER.

XLIII.

Léon dit à Geneviève : — Voici une lettre qui t'amusera. Et il lui donna la lettre d'Albert.

Elle la lut, — et sentit ses yeux tout brûlans de larmes prêtes à s'échapper. Ce qu'il y a de plus charmant dans la lettre et dans la conduite d'Albert, dit Léon, c'est que, pendant qu'il voyage à la recherche de la quatrième colonne de son lit, la belle vient d'agréer les vœux d'un autre amant. — Geneviève faisait semblant de relire la lettre, et n'osait relever son visage penché sur le papier, dans la crainte que Léon ne s'aperçût du trouble qui s'était emparé d'elle.

Heureusement, monsieur Anselme entra. — Je viens, dit-il, vous proposer une partie de promenade. Je suis chargé des affaires de monsieur le baron d'Arnberg : c'est un riche seigneur allemand qui veut fixer son séjour à Paris ; je fais, sur les plans qu'il m'a confiés, construire pour lui une maison dans les Champs-Élysées. — Monsieur d'Arnberg m'a donné des instructions précises sur les points importans ; mais il s'en rapporte à moi pour les détails. La maison est à peu près terminée ; il s'agit de la décorer et de planter le jardin. Monsieur d'Arnberg a un fils et une fille qu'il chérit. Il faudrait préparer leur logement à tous deux ; mais je suis vieux et je ne me rappelle plus guère ce qui plaît à un jeune homme. D'autre part, j'ignore entièrement les goûts d'une fille : il faut donc que vous m'aidiez dans mon entreprise, et que vous me donniez des conseils. Nous déjeunerons dans les Champs-Élysées, et nous irons visiter la future habitation du baron.

La maison s'ouvrait par une grille sur les Champs-Élysées. A droite de la grille était le logement du portier et les remises ; à gauche s'étendaient les écuries. Par une avenue plantée d'arbres, on arrivait à la maison, à laquelle on montait par un perron à grille dorée. Les appartemens étaient vastes et élevés ; quoiqu'ils ne fussent pas encore tendus, les riches sculptures des cheminées de marbre, des glaces énormes que l'on enchâssait dans les panneaux, donnaient déjà l'idée du luxe que l'on y voulait mettre. — Derrière la maison, par un autre perron, on descendait dans un immense jardin déjà plein de vieux gros arbres, et encombré de jardiniers qui attendaient l'arrivée et les ordres de monsieur Anselme. — Après s'être promenés partout, Geneviève et Léon commencèrent à donner leur avis. Il fut décidé que le salon de réception serait or et blanc ; qu'il y aurait un autre salon plus petit cramoisi et or. Mais ce fut pour l'appartement de mademoiselle d'Arnberg que Geneviève se livra à ses fantaisies. — Monsieur d'Arnberg est-il riche ? demanda-t-elle. — Très riche, répondit monsieur Anselme.

— En ce cas, on peut lui faire dépenser de l'argent pour sa fille.

— Il la chérit, ajouta monsieur Anselme.

— Très bien. — Alors commençons. — L'appartement de mademoiselle d'Arnberg se compose de six pièces. — C'est bien grand.

— Mais, dit monsieur Anselme, monsieur d'Arnberg veut qu'elle reste chez lui quand elle sera mariée.

— C'est égal, il y en a trois qui sont séparées ; ne nous occupons pas du mari. — La première pièce sera un petit salon

bleu et or ; — la seconde, la chambre à coucher, sera tendue de soie bleue, avec de la mousseline blanche par-dessus la soie.

— La dernière pièce sera la salle de bain ; elle sera, à hauteur d'appui, revêtue de marbre blanc ; il y aura une baignoire de marbre blanc et des consoles pareilles.

Mais c'est surtout le mobilier que je me propose de choisir. Il y a une foule de riens qui ruineront votre baron et qui enchanteront sa fille.

— Vous pourrez, dit monsieur Anselme, tout régler sur ce point ; j'ai à ce sujet des pouvoirs illimités ; le baron paie, non sans compter, mais sans hésiter.

On passa à l'appartement du fils du baron. Léon ordonna un cabinet tout revêtu de bois de chêne, avec des meubles de bois sculpté et de grandes bibliothèques, et un salon entouré de moelleux divans, et une petite salle d'armes.

Vint le tour du jardin. Ce fut le sujet de graves discussions, mais on finit par tomber d'accord. On en fit un vaste jardin anglais, avec de grandes pelouses vertes entourées de fleurs.

— Ce sera, dit Geneviève, comme un châle de cachemire vertémir, avec ses bordures de palmes harmonieusement bariolées. — Au milieu d'une de ces pelouses était une pièce d'eau irrégulière, qui s'échappait en un petit ruisseau traversant la partie boisée et touffue du jardin. Dans certaines parties de l'ordonnance, il y eut un peu de souvenirs de Fontainebleau, si cher au frère et à la sœur.

Monsieur d'Arnberg a donc des chevaux ? demanda Léon.

— Oui, et d'assez beaux, qu'il amènera avec lui ; seulement il faudra que nous en achetions un pour le jeune homme.

— Oh ! dit Léon, nous lui achèterons un cheval gris de fer, avec la crinière et les jambes noires.

On avait passé ainsi une partie de la journée. Comme ils sortaient de la maison, ils virent les Champs-Élysées remplis de voitures et de cavalcades. Le frère et la sœur ne purent se défendre d'un sentiment de tristesse en voyant ces magnificences, en se rappelant toutes celles qu'ils venaient d'ordonner, et en songeant à la médiocrité de leur existence. Ils furent quelque temps sans parler. Geneviève, la première, rompit le silence, et dit, répondant à la pensée de son frère :

— Nous avons toujours le soleil et la douce paix, et notre tendre amitié.

— Oh ! dit Léon, c'est pour toi que je voudrais être riche, pour toi si jolie, et qui aurais tant de succès au milieu du monde dont notre pauvreté nous éloigne !

Le frère et la sœur avaient parlé à voix basse ; je ne sais si monsieur Anselme les entendit, mais il essuya ses yeux avec la manche de son habit marron.

En descendant les Champs-Élysées, Geneviève aperçut un jeune homme proprement vêtu, quoique ses habits fussent vieux et usés. — Il était adossé contre un arbre ; quelquefois il laissait passer dix personnes sans s'occuper d'elles ; puis il en venait une dont la physionomie l'encourageait davantage, et à celle-là il ôtait son chapeau sans parler. — Si cette démonstration ne lui réussissait pas, il semblait découragé et épuisé de son effort, et il était encore quelque temps sans demander. Cependant il s'arrêta devant Anselme, et lui tendit son chapeau. Anselme le regarda, et lui dit : — Mon ami, n'avez-vous pas d'ouvrage, ou quelque infirmité vous empêche-t-elle de travailler ?

— Je n'ai pas d'ouvrage, répondit le jeune homme ; mais si j'étais seul, j'aimerais mieux mourir de faim que de mendier. Je suis tailleur ; mon maître a fait de mauvaises affaires, et il est parti sans payer les ouvriers. J'ai une pauvre jeune femme qui partage mes privations. Ce matin il me restait un sou, j'ai acheté un petit pain que je lui ai laissé ; et, ayant couru inutilement chez tous mes amis, je me suis mis à mendier pour ne pas rentrer sans lui rapporter ce qui lui était nécessaire. Mais cela me déchire le cœur ! Voilà une demi-heure que je suis là, et personne n'a encore rien voulu me donner.

— Et, demanda Anselme, pourquoi vous êtes-vous adressé à moi, plutôt qu'à cet homme couvert de chaînes et de diamans qui marchait devant moi ?

Le jeune homme balbutia, Anselme réitéra sa question.

— C'est... dit-il, enfin ; mais je n'oserai jamais vous le dire.

— Osez ; je ne me fâcherai de rien.

— Eh bien! c'est justement parce que vous avez un habit un peu râpé, que vous ne paraissez pas bien riche, et que j'ai pensé que vous seriez plus sensible au malheur que ces gens qui n'ont peut-être jamais manqué de rien.

— Ceci est parfaitement raisonné. Tenez, allez trouver votre femme, et laissez-moi votre nom et votre adresse.

— Jean Keissler, rue du Petit-Hurleur, 10.

— Vous êtes Allemand?

— Oui, monsieur.

— C'est bien.

Et Anselme lui mit dans la main une pièce qui parut à Geneviève être un louis.—Mais quand elle le lui dit, il soutint que n'était qu'une pièce de vingt sous.—Quoique Geneviève pensât avoir bien vu, elle crut Anselme sans difficulté. Le vieil habit marron ne paraissait pas accoutumé à recéier de pareilles espèces.

— Vous voyez, dit Anselme, il y a des gens encore plus pauvres que nous. Avez-vous remarqué comme ce pauvre garçon s'est enfui, gardant mon... ma pièce de vingt sous serrée dans sa main, n'osant pas la mettre dans sa poche dans la crainte de la perdre, et ayant besoin de la sentir pour se persuader qu'il ne rêvait pas?—A ce moment, Léon s'arrêta brusquement, il venait de voir sur la chaussée la calèche de M. de Redeuil, dans laquelle étaient monsieur et madame de Redeuil, madame Haraldsen et Rose Chaumier. Rodolphe de Redeuil galopait à la portière ; la calèche passa si vite, qu'il ne put voir si Rose les avait reconnus. — C'est alors que, malgré les lieux communs philosophiques de monsieur Anselme, il comprit tout ce que la pauvreté avait de triste et de funeste. — Rodolphe galopait du côté de Rose !

Lui n'avait pas, n'aurait jamais un cheval, et cependant il était bon écuyer, habile et audacieux. — Il regarda aussi ses habits, qui, pour la coupe et la fraîcheur, ne pouvaient rivaliser avec ceux de Rodolphe. — Son chagrin rejaillit assez injustement sur Rose ; il la trouva coupable de ce que Rodolphe de Redeuil avait un cheval et un habit de...

XLIV.

L'AUTEUR S'INTERROMPT. — DE LA DIFFICULTÉ D'ÉCRIRE L'HISTOIRE ET DE LA MULTIPLICITÉ DES CONNAISSANCES NÉCESSAIRES A L'HISTORIEN.

Le diable m'emporte si je sais quel était le tailleur à la mode à cette époque.

XLV.

Anselme se plaignit alors amèrement d'avoir fait un accroc à son habit en visitant la maison du baron. Le chagrin qu'il ressentait de ce petit accident arrivé à un habit qui était toujours prêt à profiter du moindre prétexte pour se déchirer, renversait entièrement la pensée de la pièce de vingt francs que Geneviève avait cru voir donner au tailleur.

Geneviève avait vu Rose et repassait dans son esprit tout ce qui, chaque jour, venait séparer la famille Chaumier du reste de la famille Lauter ; elle songeait à l'amour d'Albert pour une femme méprisable ; elle ne voyait dans l'avenir aucune chance de bonheur pour elle-même, et elle craignait bien que Léon perdît bientôt celles sur lesquelles il avait un moment paru devoir compter.

Il n'est peut-être rien au monde de plus triste que de voir ainsi se diviser et se disperser une famille, — comme les graines d'une même plante.

Amis, connaissez-vous, au fond de mon jardin, auprès d'un acacia, sur le bord du chemin, la giroflée qui se couronne, lorsque vient le printemps, d'étoiles d'un beau jaune? un suave parfum la dénonce de loin. Lorsqu'arrive l'été, lorsque sèche le foin, elle perd et ses fleurs et ses odeurs si douces, et sa graine mûrit dans de noirâtres gousses, jusqu'au jour où le vent, le premier vent d'hiver qui fait tourbillonner le feuillage dans l'air, emporte et sème au loin, dans diverses contrées, les graines au hasard en tombant séparées.

L'une tombe et fleurit sous le pied de sa mère, une autre sur un roc, ou bien dans la poussière vient sécher et mourir.

Dans les fentes du mur de l'église gothique, petit encensoir d'or au parfum balsamique, l'une trouve à fleurir ;

L'autre sur un donjon, au travers de la grille, secouant son parfum, se balance et scintille, et dit au prisonnier :

Qu'il est encore des champs, des fleurs et du feuillage, du soleil et de l'air, — et puis, dans le nuage, un Dieu qu'on peut prier.

XLVI.

Ma chère cousine, je sais que tu as passé l'hiver d'une façon ravissante, que tu n'a pas été un jour sans un bal, un concert ou un spectacle, et je t'ai vue hier revenir du Bois en calèche. Je suis bien contente que tu t'amuses ainsi, ma chère cousine, mais je crains bien qu'au milieu de tous ces plaisirs, tu n'oublies un peu mon pauvre Léon. Léon n'est pas riche, mais il est beau et noble et son talent lui a donné une réputation. — Mais, plus que tout cela, il t'aime tant! Tu es l'objet de toutes ses pensées, tu tiens la première place dans tous ses projets, dans toutes ses craintes, dans tous ses désirs. D'ailleurs, Rose, tu es sa fiancée, vous vous êtes promis tous deux d'être l'un à l'autre, et, vois-tu, Rose, ce sont de saintes promesses ; il y a dans le ciel un ange qui les écrit.

Rose, ma chère cousine, n'oublie pas Léon ; —hier tu as passé à côté de nous ; un jeune homme était près de toi, et j'ai vu un feu sombre allumer le visage de mon frère. — Ce doit être* une chose si horrible qu'un amour qu'on éprouve seul ; — Rose, ce doit être** un supplice de tous les jours, de tous les instans ; — la vie doit devenir *** pâle et décolorée, le cœur sans espoir et rempli d'un amer découragement. — Ma chère cousine, je te supplie de ne pas faire endurer à Léon ces cruels chagrins ; — tu as dans tes mains son bonheur et son malheur, sa force et son abattement ; tu as sur lui toute la puissance de la divinité. Sois bonne et constante, et, chère Rose, tu auras, en retour, tout ce qu'une femme peut désirer de bonheur. Crois-moi, tu peux être un moment éblouie par l'éclat, étourdie par le bruit ; mais ce qui te charme peut-être aujourd'hui te laisserait plus tard tristement regretter la félicité qui s'offre à toi. Je t'en prie à genoux, que je n'aie pas à te reprocher le malheur de Léon ; il est si bon, si généreux pour moi ! — Si tu le voyais, tu l'admirerais, tu l'aimerais ; — mais j'ai tort, tu l'aimes, tu n'as pu cesser de l'aimer, — tu n'as pas perdu ces doux souvenirs de notre enfance qui ne s'effacent jamais et qui sèment dans la vie un germe de bonheur ou de mort. — Tu l'aimes et tu seras à lui, et je jouirai du spectacle de votre bonheur. — Adieu, ma chère cousine, serez-vous chez vous dimanche?

GENEVIÈVE.

XLVII.

Le dimanche suivant, Geneviève et son frère dînèrent chez monsieur Chaumier ; il y avait dans la maison une grande confusion ; monsieur Chaumier s'était mis le matin dans une grande colère contre un de ses domestiques, et l'avait jeté à travers les escaliers ; les autres s'étaient immédiatement livrés aux douceurs du *far niente*. Tout ce qui se trouvait à faire devait l'être par l'absent ; Modeste elle-même voyait son autorité méconnue ; — le dîner était en retard, — rien n'avançait. — Geneviève, avec une grâce charmante, annonça qu'elle était devenue cuisinière et qu'elle allait se mêler du dîner ; Rose voulut l'aider ; les deux cousines voulurent faire travailler Léon, et il y eut un moment de folle gaieté qui rappela les meilleurs jours de Fontainebleau. — Quel dommage, dit Rose, qu'Albert ne soit pas ici.

....

* Avant les mots : *ce doit être*, on lit, sous des ratures faites avec soin : *c'est*. — dans la lettre originale.
** *Id.*
*** Il y a *devient* raturé sur la lettre originale.

Deuxième Partie.

I.

Après le dîner, une des premières personnes qui parut à l'entrée du salon fut Léon.

En ce moment, Rodolphe s'écriait : — Nous avons fait, madame Haraldsen et moi, une gageure sur laquelle vous pourrez prononcer.

Rose devint fort rouge. — Et quelle est cette gageure? demanda Geneviève. — Ce n'est rien, interrompit Rose. C'est une folie.

— N'importe, dit Léon, dis-nous ce que c'est. Et il y avait dans la voix et dans le visage de Léon un air d'autorité et de colère; il y avait quelque chose qu'ils lui cachaient ensemble : il y avait un secret entre eux deux.

Rose répéta encore que ce n'était rien, que c'était une folie. Mais madame Haraldsen, qui avait entendu son nom, s'était levée et s'était approchée du petit groupe.

— Je crois, dit-elle en arrivant, que vous dites du mal de moi, et je ne suis pas fâchée de vous interrompre.

—Nullement, ma chère Octavie, reprit Rodolphe; il est vrai que nous n'en disions pas du bien, nous n'avons pas eu le temps, et nous allions en dire.

A ce nom d'Octavie, Geneviève rappela ses souvenirs, et ne put douter que ce ne fût celle qui lui avait coûté tant de larmes. Elle se mit à l'examiner pendant que Léon, qui l'avait rencontrée souvent chez monsieur de Redeuil, lui présentait ses civilités. Peut-être Léon la salua avec un peu plus d'empressement qu'il n'eût fait sans sa mauvaise humeur contre Rose. Celle-ci remarqua cet empressement sans en soupçonner la cause. Rodolphe apprit alors à sa cousine qu'il s'agissait de leur gageure. Madame Haraldsen lui dit qu'il était fou. Mais Rodolphe ne connaissait de politesse que celle qui vient de l'usage, celle qui vient du cœur lui était étrangère; aussi ne vit-il aucun mal à dire à Geneviève : — Il y avait auprès de vous un vieillard en habit marron et un jeune homme en habit bleu. Nous n'avons jamais pu deviner lequel des deux demandait, lequel des deux faisait l'aumône à l'autre.

Rose était on ne peut plus malheureuse, Geneviève et Léon savaient maintenant qu'elle avait en sa présence souffert qu'on plaisantât un homme qui les accompagnait et qui probablement était leur ami.

Léon ressentit une joie poignante de ce qu'enfin Rodolphe lui donnait une occasion d'exhaler un peu de sa mauvaise humeur.

— Monsieur, dit-il, je vais vous le dire : l'homme à l'habit marron est mon ami ; c'est un homme plein de noblesse, d'esprit et de cœur ; les plaisanteries qu'on peut faire sur lui n'exciteraient que son mépris ; mais moi me blesseraient infiniment. C'est lui qui faisait l'aumône à l'autre.

Rodolphe regarda Léon avec étonnement. Geneviève poussa son frère, Rose fut toute confuse et ouvrit la bouche pour lui demander pardon de son peu de participation à l'étourderie qui l'indignait ; la sortie de Léon, quoique un peu brutale, avait été faite avec un air de noblesse et de dignité, et Rose sentit qu'elle l'en aimait davantage, mais il ajouta : — Il est malheureux que nos parens se soient assez séparés de nous pour ne pas connaître nos amis.

Rose se sentit blessée de ce reproche direct et renferma dans son cœur les douces paroles déjà presque sur ses lèvres.

Il y eut un moment de silence que madame Haraldsen rompit la première. — Elle demanda à Rose si elle ne chanterait pas. Rodolphe appuya la demande de sa cousine de quelques complimens et pria Rose de chanter avec lui un nocturne qu'ils avaient déjà chanté ensemble. Geneviève adressa à Rose un regard suppliant pour lui demander de n'en rien faire. Mais Rose était piquée et dit qu'elle le voulait bien. Quand elle se leva et traversa le salon conduite par Rodolphe, sans adresser une parole à Léon, — sans le regarder, il crut qu'elle lui arrachait le cœur. Il se leva et sortit du salon. Geneviève le suivit et l'arrêta dans une pièce qui précédait l'antichambre.

— Léon, où vas-tu ?

— Je m'en vais, dit-il ; je ne puis plus y tenir, j'étouffe ; je pleurerais ou je tuerais quelqu'un.

— Tu ne partiras pas, reprit Geneviève, je t'en prie ; tu te trompes, calme-toi, prenons un peu l'air à cette fenêtre. Rose est fâchée contre toi, tu as été dur ; elle t'aime, je l'ai regardée toute la soirée, elle t'aime.

Le frère et la sœur restèrent quelque temps à la fenêtre ; Modeste entra et se plaignit d'être en retard pour dresser le souper dans la salle à manger où ils étaient. — Geneviève dit doucement à Léon : — Rentre au salon, crois ce que je t'ai dit ; je vais un peu aider Modeste.

Léon obéit à sa sœur autant pour ne pas abandonner le terrain à Rodolphe, que pour chercher dans les yeux de Rose si sa sœur ne s'était pas trompée. Rose était encore au piano avec monsieur de Redeuil ; — ils venaient de terminer leur nocturne et on les couvrait d'applaudissemens. — Ces applaudissemens partagés entre eux recommencèrent à ulcérer le cœur de Léon. — Il n'approcha pas de Rose et se montra fort empressé auprès de madame Haraldsen. Rose s'en aperçut et devint soucieuse ; elle n'entendit pas un mot de ce que lui disait Rodolphe, et Léon, qui ne la perdait pas de vue, attribua son air pensif aux paroles de monsieur de Redeuil.

On pria Léon de jouer du violon ; d'abord il refusa, puis, ensuite, il prit son violon avec empressement ; il voulait avoir devant Rose un succès qu'il ne lui rapporterait pas, il voulait se venger des applaudissemens qu'elle avait partagés avec Rodolphe. — Il joua avec une énergie et une expression extraordinaires; — tout le monde était ému et transporté. — Oh! que Rose eût été fière et heureuse s'il fût venu lui dire, comme il l'avait fait d'autres fois : — Ma chère Rose, je viens mettre à tes petits pieds ces applaudissemens auxquels je préfère un de tes sourires. — Mais il passa devant elle sans la regarder et s'alla remettre près de madame Haraldsen.

Les amoureux ont ceci de ravissant que lorsqu'ils se croient en présence d'un rival redoutable, au lieu d'entamer avec lui une lutte d'agrémens, d'esprit et de flatteries, ils se hâtent de pâlir, de froncer le sourcil, de se retirer dans un coin, muets renfrognés, ou de dire des duretés ou des impertinences à la femme dont ils réclament la préférence ; c'est un rôle que Léon jouait on ne peut mieux. Cependant Rose ne put résister au désir de déranger l'espèce de tête-à-tête qu'il avait avec madame Haraldsen, et elle vint parler à cette dame suivie de Rodolphe. Il y avait assez de monde dans le salon pour que ces diverses manœuvres pussent être remarquées ou comprises, et d'ailleurs, les femmes ont en ce genre une stratégie merveilleuse. A ce moment, Geneviève entra assez pâle pour que madame Haralsden lui demandât ce qu'elle avait.— Geneviève répondit qu'elle avait eu froid, et le groupe se trouva reformé comme il l'avait été au commencement de la soirée. La pauvre Geneviève ne disait pas que c'était au cœur qu'elle avait eu froid, et que c'était le genre de froid que fait sentir la lame d'une épée. Soit qu'en parlant à Modeste elle eût conservé un accent de commandement qui eût blessé l'intendante de monsieur Chaumier, soit plutôt que celle-ci exerçât jusqu'à la troisième et la quatrième génération sa haine contre la pauvre Rosalie Lauter, — elle accepta l'aide de Geneviève et, tout en parlant de choses et d'autres, dit : — Monsieur de Redeuil est très amoureux de mademoiselle Rose, je ne sais pas si la demande a été faite.

— Comment ! dit Geneviève, est-ce qu'il est question de quelque chose?

Modeste, qui ne savait absolument rien, prit un air discret et réservé, puis elle ajouta : — Ce *sera* un mariage très convenable ; j'espère que monsieur Albert ne tardera pas à en faire un au moins semblable, car sa position lui permet de choisir, et il y a plus d'une demoiselle qui le trouve fort aimable, et qui s'en passera, du moins pour mari, si elle ne lui apporte pas deux cent mille francs, — comme il le disait lui-même la dernière fois qu'il a dîné ici ; c'est le moins qu'il lui faille.

Geneviève était rentrée dans le salon. — Voici la conversation qui se continuait dans le petit groupe composé de madame Haraldsen, de Rodolphe, de Rose, de Geneviève et de Léon.

Aucune parole n'était dite sans intention. — Madame Haralsden, seule, n'était mue que par un sentiment de coquetterie naturelle presque innocent. — Mais Rose voulait blesser à la fois Léon et madame Haralsden dont elle le croyait fort occupé. Geneviève, toute douce qu'elle était, n'avait pas oublié *Octavie*, ni le chiffre sur le bouleau ; et les perfides confidences de Modeste l'avaient aigrie. — Rodolphe cherchait à reprendre sur Léon l'avantage que le violon de celui-ci lui avait enlevé, — et Léon ne manquait pas une occasion de piquer Rose et Rodolphe. Geneviève la première, voulut faire parler des nouvelles amours d'Albert pour faire un peu souffrir madame Haraldsen, — et dit à Rose :

— Nous avons reçu des nouvelles d'Albert ; — c'est la lettre la plus extravagante que l'on puisse imaginer. — Il est amoureux fou d'une fille de théâtre ; il prétend que c'est sa seule passion sérieuse et que les autres femmes ne lui ont jusqu'ici inspiré que des caprices passagers.

Si Léon n'eût été aussi occupé d'un côté, il n'eût pas manqué d'être étonné de tout ce que sa sœur avait découvert dans la lettre d'Albert.

ROSE. — Il y a des goûts si singuliers !

LÉON. — Je les approuve tous, et je ne m'aviserai jamais de me chagriner d'une préférence qu'un autre homme obtiendrait sur moi, cela est le plus souvent fondé sur quelque chose de si bête qu'on ne peut ni s'en désoler ni s'en enorgueillir.

RODOLPHE. — Vous montez, je crois, à cheval, monsieur Léon?

LÉON. — Oui, monsieur, et vous?

RODOLPHE. — Mais j'étais à cheval la dernière fois que nous nous sommes rencontrés.

(Grimace de Léon signifiant que c'est justement pour cela qu'il émet son doute.)

RODOLPHE. — Qui est-ce qui vous vend vos chevaux?

LÉON. — Je n'achète pas de chevaux.

GENEVIÈVE. — Rose, as-tu vu la nouvelle passion de ton frère? — Elle s'appelle Éléonore, — elle joue au théâtre de la Porte-Saint-Martin.

ROSE. — Oui, certes, et elle est très belle.

GENEVIÈVE. — Très belle, en effet.

Ici les deux méchantes filles, chacune dans un intérêt différent, tombent admirablement d'accord pour torturer madame Haralsden. Madame Haraldsen, toute jolie femme qu'elle est, a plus d'éclat et de grâce que de beauté réelle, et elle perd infiniment à être examinée en détail : — elle a peu de cheveux, —

des dents médiocres, — les bras minces, — le front un peu trop bas, — le nez légèrement relevé.

ROSE. — Éléonore a d'admirables cheveux noirs.

GENEVIÈVE. — Je ne sais rien de beau comme des cheveux épais. — Et quel joli bras !

ROSE. — Ce n'est pas un de ces bras maigres et décharnés comme on en voit tant. J'aime bien un joli bras !

GENEVIÈVE. — As-tu remarqué la noblesse de son front si pur et si élevé?

ROSE. — Bien sûr ; mais ce que j'aime surtout, ce sont ses dents (madame Haraldsen serre les lèvres); ce sont deux rangées de perles, tant elles sont blanches, petites et bien rangées.

GENEVIÈVE. — Les dents forment une beauté indispensable ; une femme qui n'a pas de belles dents ne peut en aucun cas être réputée jolie.

MADAME HARALDSEN. — Il fait bien chaud ici.

ROSE. — Et comme son nez est fin et droit! Ce sont réellement les seuls nez qui aient de la grâce et de la noblesse.

GENEVIÈVE. — Aussi, j'excuse bien Albert.

LÉON. — Eh ! mon Dieu ! ces femmes-là valent quelquefois mieux que bien d'autres.

RODOLPHE. — Cela dépend desquelles *autres* vous voulez parler.

LÉON. — Il y a souvent chez elles moins d'astuce et de perfidie que dans le cœur de telle jeune fille admirée pour son ignorance et sa naïveté.

MADAME HARALDSEN. — On fait honneur le plus souvent aux jeunes personnes de défauts et de qualités qu'elles n'ont pas : — ce sont des miroirs qui réfléchissent toutes les impressions et n'en gardent aucune. — Contre elles, la colère est de l'injustice; pour elles, l'amour une sottise.

Ici la musique se fit entendre ; — Rose espérait que Léon l'engagerait pour la contredanse ; mais lui pensa qu'elle avait probablement déjà été engagée par Rodolphe, et d'ailleurs, il ne voulait pas revenir le premier après les torts qu'il supposait à sa cousine ; — il resta immobile : Rodolphe offrit la main à Rose qui se leva. Léon fut très irrité de ce qui arrivait que par sa faute et il invita madame Haraldsen, mais elle était engagée, et son cavalier vint la prendre. — Léon n'osa pas inviter une autre femme ; — il lui semblait qu'inviter une femme après le refus d'une autre, c'était lui dire : Vous êtes moins jolie que madame ***, — si elle m'avait accepté, je n'aurais pas fait à vous la moindre attention ; mais puisqu'elle est engagée, faute de mieux, je danserai avec vous.

Geneviève, qui dansait en face de Rose, lui dit : — Rose, je t'en supplie, parle à Léon, il est désespéré.

Après la contredanse, quelqu'un vint engager Rose pour la suivante ; elle répondit tout haut : — Non, je suis engagée par mon cousin.

La première impression de Léon en entendant ces mots fut une joie excessive; mais il se rappela qu'il avait engagé madame Haraldsen et qu'il ne pourrait profiter de la bonne intention qui avait dicté le mensonge de Rose. — Sa position était on ne peut plus embarrassante ; il ne pouvait manquer de danser avec *Octavie*, et cependant ne pas danser avec Rose empêchait une explication pour laquelle il eût donné la moitié de sa vie ; — d'ailleurs, c'était compromettre étrangement sa cousine aux yeux de celui qu'elle avait refusé. Mon Dieu, Rose, dit-il, je suis désolé.

Peut-être quelques mots de tendresse eussent désarmé Rose, mais on avait joué les premières mesures, et madame Haraldsen vint à eux et dit : — Il faut, monsieur Léon, et que je vienne vous chercher; serai-je assez forte pour vous emmener? — Rose tourna les yeux d'un *autre* côté et s'assit ; — Léon alla se placer au quadrille.

Rose était exaspérée ; elle ne trouvait aucune excuse à Léon ; elle avait fait une avance qu'il n'avait pas acceptée, elle était humiliée par madame Haraldsen, et elle ne dansait pas; il semblait qu'on lui eût préféré les sept ou huit laiderons les plus désagréables qui tous avaient trouvé des danseurs. — Léon avait les yeux fixés sur elle et cherchait à rencontrer un de ses regards, mais Rose, impitoyable, ne regarda pas une seule fois de son côté. — Il ne fit qu'embrouiller la contredanse et s'empressa d'aller inviter Rose ; mais Rose l'était déjà. — Et pour la suivante? — Aussi. — Et celle d'après? — Également. Léon se retira dans un coin du salon où il trouva Geneviève. — Tu ne danses pas? lui dit-il.

— Non, je suis fatiguée et j'ai mal à la tête.

— Veux-tu nous en aller? j'en serai enchanté.

— Volontiers.

Geneviève alla dire bonsoir à Rose qui lui dit : — Est-ce que tu as vu l'objet de la passion d'Albert?

— Non, dit Geneviève, et toi ?

— Pas davantage.

II.

ALBERT A LÉON.

Au fait, — autant écrire, cela me fera paraître le temps moins long. Je ne sais, mon cher Léon, quand tu recevras cette lettre; je te l'écris à la lueur d'une bougie, dans un endroit d'où je ne sortirai peut-être jamais. Je suis seul, prisonnier, affamé; je viens de *réunir* un crayon, et j'arrache dans des livres les feuillets de papier blanc qui s'y trouvent. Peut-être ne finirai-je pas la ligne que je commence, peut-être écrirai-je vingt volumes; en tout cas, rien ne m'empêche d'intituler ce que j'écris, comme Silvio Pellico, le célèbre captif :

Mie prigioni. — Mes prisons.

Peut-être faut-il commencer par te dire comment je suis ci. Je date ma lettre de Belle-Ile-en-Terre.—En arrivant hier matin, comme je sortais de l'intérieur de la diligence, je vois descendre du coupé une femme charmante autant que peut l'être une femme dont on a été l'amant. — Pendant que son mari paie un supplément de poste pour ses bagages, et que deux domestiques descendent des malles, je m'approche d'elle, plus pour contrarier une sorte de commis-voyageur qui faisait la roue (les dindons la font comme les paons), que pour me faire plaisir à moi-même. — Comment! Zoé, nous avons voyagé si près l'un de l'autre? — Et où allez-vous ?

— Je suis arrivée. Nous venons passer deux mois dans une propriété appartenant à mon mari, je suis surprise que vous m'ayez reconnue?

Je réponds par la phrase de rigueur... mémoire du cœur... trace ineffaçable... puis, comme péroraison, je jette un regret... Quel malheur de ne vous voir quelques heures !

On me répond : — Rien n'est plus facile, trouvez-vous à minuit à tel endroit...

Le mari revient, je ne réponds pas, je m'éloigne, sans avoir pu trouver un prétexte...

Mon Dieu ! que j'ai faim ! il est au moins midi.

Voyons un peu, je fais de la fatuité avec toi, c'est ridicule, — disons la vérité ; — une femme en voiture, à Belle-Ile-en-Terre, dans un autre logement, une femme chez laquelle on est introduit à minuit, quand autrefois on ne pouvait la voir que dans le jour ; — c'est presque une autre femme! et c'est si joli une autre femme!

A vrai dire, toutes les femmes sont la *même*, il n'y a de variété que dans les circonstances. — Donc, j'arrive à minuit à la porte indiquée ; — il pleuvait à verse, — on m'ouvre, c'est Zoé elle-même; elle a une nouvelle femme de chambre à laquelle elle n'osait se fier ; il faudra que je parte avant le jour, à cinq heures ; très bien.

Vers trois heures, je m'endors; très mal. — Il y a deux choses que les femmes ne pardonnent pas : — le sommeil et les affaires. Heureusement que la voiture avait fatigué la belle (ô homme modeste que je suis!) ; elle s'endort aussi.

Je ne crois pas que les gens bien organisés dorment jamais entièrement: il y a une partie d'eux qui veille et qui les regarde dormir. — En effet, chaque fois que j'ai dû me lever de bonne heure pour une partie de chasse... ou pour tout autre plaisir, je me suis toujours réveillé à l'heure précise. — Mais, cette fois, il s'agissait d'aller recevoir une pluie froide et de remettre des bottes un peu difficiles, que l'humidité devait avoir rendues plus difficiles encore.—Je ne me ré-

veille pas, ni Zoé non plus, si ce n'est à sept heures du matin. Le jour entrait à grands flots dans la chambre. — Zoé me dit : — Nous sommes perdus ! — Diable ! repris-je, il est désagréable d'être perdus si matin. Encore à moitié endormi, je manque d'imagination et d'expédiens.

Pendant ce temps, je me lève en toute hâte ; — mais quand je veux mettre mes bottes, — je les croyais difficiles, elles sont impossibles ; — je fais des efforts horribles, une sueur froide coule sur mon front, les muscles des pieds comprimés me font horriblement souffrir, les nerfs me font mal; — je frotte les malheureuses bottes avec du savon, j'y mets de la poudre que je trouve dans le cabinet de toilette de Zoé, — j'y mets de la cendre, — j'y mets des bûches pour les élargir, — j'y mets tout ce qui se trouve sous ma main, — j'y mets tout, excepté mes pieds ; — je prends deux clés, je les passe dans les *tirans*, et je tente un effort suprême; — les veines de mon front sont gonflées comme des cordes,—j'ai le visage violet, — les *tirans* se cassent, — je tombe assis, — il n'y a plus moyen ; — Zoé pâle et tremblante vient à moi, — et me dit : — Taisez-vous, ne faites pas de bruit, j'entends mon mari qui rôde dans la maison.

Oh ! les maris ne savent pas tous leurs avantages. — Celui de Zoé est un être frêle que je tuerais d'un coup de poing ; — eh bien ! l'idée de le voir entrer me fait battre le cœur et je me sens pâlir, j'ai peur. — Peur de quoi ? — Je ne sais, mais j'ai peur, — je tremble.

Zoé boit un verre d'eau et se ranime. — Elle achève de se vêtir et me dit : — Restez là, ne remuez pas, — ne répondez pas quoi qu'on fasse; ma femme de chambre viendra vous délivrer. — Zoé sort et m'enferme. Nous ne nous sommes même pas embrassés. — Nous nous abhorrons tous les deux.

— Zoé me pardonnerait volontiers sa peur et ses angoisses, il faut un peu de cela dans la vie des femmes, — mais elle ne me pardonnerait pas ma lutte ridicule contre mes bottes. Et moi, je lui pardonnerai encore moins de ce que j'ai été ridicule devant elle. Je me mets sur le lit et je m'endors. Je viens de me réveiller, et je t'écris. — Je ne sais combien de temps j'ai dormi, — mais je meurs de faim. — Je me rappelle involontairement les misères de tous les prisonniers célèbres, — je me trouve plus malheureux qu'eux tous. — J'ai déjà cherché une araignée que je puisse instruire et dont je fasse mon amie, comme Lalande. — Il n'y en a pas. — Je n'ai pas même d'enfans que je puisse manger comme Ugolin.

Personne ne peut me contester ce point. — On plaint Ugolin d'avoir été obligé de manger ses enfans. — Il n'avait qu'à ne pas les manger, à moins qu'il n'ait trouvé plus difficile et plus triste de ne pas manger du tout que de manger ses enfans. Donc, je suis mille fois plus à plaindre qu'Ugolin.

— Personne ne vient; je vais maintenant diviser ma lettre en stances, — non pas que je t'écrive en vers ; — je sens que je ne me porterai à cet excès qu'après trois jours de prison. Je vais provisoirement dormir un peu, — il sera toujours temps de faire des stances.

. . . .
— Ah ! le réveil est agréable. — Il paraît qu'on est entré ici : — je trouve un pot de confitures de groseilles, — du pain et une bouteille de vin. — Du vin de Bordeaux ! — C'est une chose excellente que les confitures de groseilles, cependant l'estomac a bien vite calculé combien de tartines il faut pour équivaloir à un beefsteack.

Il me revient toutes les chansons qui parlent de liberté,—et je puis chanter; je suis encore sur ce point le plus infortuné de tous les prisonniers connus. — Le prisonnier de Chilon, — les prisonniers des plombs de Venise sont des sybarites, — ils ne chantent pas, peut-être ; — mais c'est parce qu'ils n'en ont pas envie ; — tandis que moi, — je vais écrire les chansons qui me viennent.

Allons, enfans de la patrie,
Le jour de gloire est arrivé,
Contre nous de la tyrannie...

. . . .

Liberté! — Liberté chérie!
. . . .
O mon pays! de tes belles campagnes,
Je garderai le touchant souvenir.
. . . .

Loin des châlets qui m'ont vu naitre.
. . . .

Rendez-moi ma patrie
Ou laissez-moi mourir.

O Liberté! vierge sainte et sans tache!

Viva! viva, la liberta!

. . L'habitant des montagnes
Respire, près du ciel, l'air de la liberté.

Plutôt la mort que l'esclavage,
C'est la devise des Français.

Je ne chanterai pas celle-ci :

On nous disait: Soyez esclaves,
Nous avons dit : Soyons soldats!

Je ne vois pas assez la différence des deux choses, et n'aime
pas à disputer sur les mots.
Mais voici l'air de la Malibran:

J'avais perdu la paix et les beaux jours;
Je les retrouve en voyant ma patrie;
De son pays on se souvient toujours.

Oh! que tout ce qui est dehors me paraît beau! — Je me
sens pris d'un amour des champs que je ne me connaissais pas,
surtout à ce degré. J'aime les forêts et leur sombre murmure ;
j'aime les prairies, j'aime les bergers, j'aime les moutons,
j'aime les chiens, j'aime la boue des rues ; — je voudrais être
éclaboussé rue Vivienne, — je voudrais être battu sur le boulevard des Italiens.
Tout contribue à m'attrister, — tout est ligué contre
moi. Il faut que la pièce où je suis soit tendue de papier
chocolat. Il y a des couleurs calmes, il y a des couleurs bruyan-
tes, il y en a de gaies et de tristes. Le chocolat est une couleur ennuyeuse. — Il y des supplices par lesquels on pourrait
tuer les gens nerveux en peu de temps, — et les lois n'ont rien
prévu de cela. — Rien ne m'épouvanterait plus qu'un jugement ainsi conçu... — A quoi puis-je supposer qu'on me con-
damne? — L'assassinat est toléré depuis l'institution du jury.
Dernièrement, un frère a coupé sa sœur en morceaux : il a été
déclaré coupable, — mais avec des circonstances atténuantes,
soit parce que c'était sa sœur, soit parce que les morceaux
étaient petits. — Il n'y a qu'un crime pour lequel il n'y ait aucune grâce à attendre, aucunes circonstances atténuantes à
faire admettre :
C'est de secouer un tapis par la fenêtre. — On n'admet pas
la preuve du contraire. — Il y a deux mois, une bonne femme,
accusée d'avoir laissé secouer *dans la rue, par la fenêtre,* un
tapis, par *son domestique,* — offrait les preuves de ceci :
Qu'elle n'avait pas de *fenêtres* sur la rue, qu'elle n'avait pas
de *tapis,* qu'elle n'avait pas de *domestique.*
Elle fut condamnée à l'amende et aux frais.
Je suppose donc que j'aie commis un crime, le seul irrémis-
sible dans l'état actuel de la justice. Eh bien ! la condamna-
tion que je redouterais le plus, serait celle-ci : « Condamné
à la prison.
» Et, attendu la récidive, la prison sera couleur de chocolat. »
Je vais lire, — j'ai trouvé un livre qui va peut-être m'amuser ; — aussi, bien, j'ai épuisé presque tout le papier blanc.
... Décidément ce livre m'ennuie. — Mais quand on viendra me délivrer, car je suppose qu'on viendra me délivrer,
comment est-ce que je m'en irai? Depuis ce matin, j'aurais

bien pu mettre mes bottes, — si toutefois il n'est pas devenu
tout-à-fait impossible de les mettre. — J'ai faim, mais encore
des confitures de groseilles ! — Si je suis jamais rendu à la liberté, je me promets bien de ne jamais manger de confitures
de groseilles. — C'est encore fort heureux qu'il n'ait pas plu
à Zoé de me mettre dans une armoire ou dans un tiroir de
commode. — Ah! parbleu, voici un excellent moyen de mettre mes bottes; il n'y a rien de tel que la solitude et la méditation; — je coupe les tiges de mes bottes, et il me reste des
souliers qui se mettent d'eux-mêmes.

. . . .

Trois jours après avoir écrit tout le griffonnage qui précède,
je le retrouve dans une poche d'habit. — Je vous l'envoie.
Voici comment a fini mon emprisonnement : — Ce n'est qu'à
une heure du matin que ma jolie geôlière est arrivée, et je ne
suis parti qu'à quatre heures. — Cela n'empêche pas que ma
lettre est encore datée de Belle-Ile-en-Terre, par le ridicule accident qui m'est arrivé hier. Il n'y avait pas de place dans la
diligence; — je loue une voiture et je prends des chevaux à
la poste. — Je monte dans la voiture, le postillon ferme la
portière et va boire avec des camarades. — Je me rappelle
tout-à-coup que j'ai oublié quelque chose, j'ouvre la portière
du dedans, je descends, je la referme parce qu'elle gênait le
passage, et je vais chercher l'objet qui me manquait. — En
redescendant l'escalier, j'entends claquer un fouet et rouler
des roues ; je hâte le pas, j'arrive à la rue: plus de voiture!—
Le postillon ne s'est pas aperçu que j'étais descendu de la voiture où il m'avait enfermé, et il est parti. Il faut maintenant
que j'attende qu'il ramène la voiture et mes effets. — Adieu.
— Geneviève a-t-elle trouvé ma brocatelle orange et noire?

                              ALBERT CHAUMIER.

                    III.

Ce fut Rose, cette fois, qui écrivit à Geneviève. Elle lui disait qu'elle ne pardonnerait jamais la conduite de Léon, —
lors de la dernière soirée; — qu'elle le dégageait de son serment, et qu'elle se croyait parfaitement quitte du sien. —
Geneviève était déjà assez malheureuse de la lecture qu'elle
faisait des lettres d'Albert. — Elle courut chez Rose, la prit
dans ses bras, la pria, la conjura. — Rose fut inflexible. Elle
répondit qu'elle chérissait toujours Geneviève, qu'elle conti-
nuerait à aimer Léon en bonne cousine, mais qu'elle ne voulait plus de lui pour son mari. S'il est ainsi avec moi, disait-
elle, que serait-ce quand je serais à lui ? — Il m'a humiliée.
Ce mot rassura Geneviève ; elle comprit que Rose ne ressentait, contre Léon, que ce genre de colère exclusivement réservé aux gens qu'on aime. Elle retourna donner à Léon « la
bonne nouvelle. » mais celui-ci, à son tour, répondit : Qu'il
ne se souciait en aucune façon des sentimens de « mademoiselle Chaumier; » qu'il ne méprisait au monde rien tant que
la coquetterie, et qu'il n'y avait pas moyen de douter qu'elle
fût coquette à un degré peu ordinaire ; — qu'à ses yeux, le
mouvement de coquetterie qui lui avait fait, pendant quelques minutes, prêter une sorte d'attention à monsieur de Redeuil, la flétrissait à jamais, etc·, etc. ; ce qui n'empêcha pas
que Léon ne fît pas une course, sans que la maison de monsieur Chaumier ne se trouvât sur son chemin. — Monsieur
Anselme annonça qu'il allait s'absenter pour quelques mois;
— que ce serait probablement son dernier voyage, et qu'il
ramènerait le baron. Avant son départ, il courut avec Geneviève tous les magasins, encombrant l'appartement de mademoiselle d'Arnberg de tout ce qu'il trouvait riche ou joli.
— Geneviève avait fait à l'habit marron une reprise si parfaite, qu'il eût été difficile de retrouver même la place de la dé-
chirure. — Il lui avait dit : — Ma belle voisine, il faut que
vous me fassiez une promesse, — j'ai là une vieille bague,
sans la moindre valeur, que je veux que vous portiez pour
l'amour de moi. — Donnez-moi votre parole que vous ne la
quitterez pas jusqu'à mon retour. Et il tira de la poche de son

habit marron — un petit écrin, dans lequel était renfermée une bague surmontée de perles et d'un diamant beaucoup trop gros pour être fin. — Quelques jours avant son départ, il prit Léon à part, et lui dit : — Mon cher enfant, je ne sais pas l'état de vos affaires, — et je ne vous quitte pas sans inquiétude.

Léon lui affirma qu'il gagnait de l'argent au-delà du nécessaire. La veille de son départ, monsieur Anselme pria Geneviève et Léon de rester avec lui toute la journée. Le soir, il se fit répéter tous ses airs favoris, il fit chanter Geneviève, il examina ses cheveux, sa taille, ses mains ; — il lui donna quelques conseils sur sa santé qui, disait-il, lui semblait depuis quelque temps avoir subi un peu d'altération ; — puis, à minuit, il se leva, serra la main de Léon, donna à Geneviève un baiser sur le front, — leur répéta trois ou quatre fois qu'il reviendrait bientôt, et les quitta. Le matin, on entendit une voiture s'arrêter à la porte, et monsieur Anselme frappa doucement à la porte de Léon. Il lui dit encore adieu et entra dans la chambre de Geneviève qui dormait profondément. — Son visage était calme et rose ; — il la regarda longtemps, puis descendit l'escalier, en disant à Léon : — A bientôt.

A ce moment, plusieurs des élèves de Léon se mettaient en route pour la campagne, — et Léon n'avait pas avoué la vérité à Anselme, quand il lui avait dit qu'il gagnait plus d'argent qu'il ne lui en fallait. — Il commençait, au contraire, à se trouver fort gêné ; chaque fois qu'il passait la porte d'un de ses élèves, il tremblait toujours qu'un domestique lui dit froidement : — Monsieur est parti. Il ne voulait pas surtout que Geneviève sût la moindre atteinte de la pauvreté. Ce que disait Anselme n'était que trop vrai : elle perdait chaque jour le beau coloris de la santé.

Il y avait deux ans que madame Lauter était morte. Léon et Geneviève s'en allèrent à Fontainebleau. — Ils arrivèrent le premier jour de mai ; — c'était le jour où leur mère avait été enterrée. — Leurs premiers pas se dirigèrent vers le cimetière ; — il était tout en fleurs ; — de beaux rossignols fauves sautillaient dans les chèvrefeuilles, — mais quel fut leur étonnement, quand, à la place de la croix de bois qu'on avait placée sur le cercueil de madame Lauter, ils trouvèrent une grande pierre de marbre noir ! — Il y avait sur la pierre le nom de Rosalie Lauter, et au-dessous plusieurs dates, dont l'une était celle de sa mort, et une autre celle de sa naissance. Quant aux autres, le sens leur en était inconnu. Le tombeau était entouré d'une grille de fer ; — le frère et la sœur s'agenouillèrent et baisèrent le marbre qui recouvrait leur mère. — Les yeux de Geneviève avaient un éclat inaccoutumé. Elle racontait bas à sa mère tout ce que personne ne savait, son amour si malheureux et ses angoisses de tous les jours ; elle lui disait : — J'aime Albert ! — Et elle sentait quelque adoucissement à ses chagrins en confiant ce secret qui lui brûlait le cœur ; — puis elle se laissa entraîner jusqu'à parler haut, et elle dit : — O ma mère, ma bonne mère ! — ton fils a été respectueux pour tes dernières volontés ; il m'a aimée et protégée, il a travaillé pour moi, il a veillé pour moi, il a accepté ton legs de bonté et de dévoûment. — O ma mère, bénis-le, et prie dans le ciel pour son bonheur ! — Et elle ajouta tout bas : — Prie Dieu d'ajouter à sa vie toute la part de bonheur à laquelle j'ai dû renoncer ; prie Dieu qu'il détourne de lui les tourments affreux que j'endure, et pour qu'il m'appelle bientôt auprès de toi, et qu'il fasse de moi l'ange protecteur de ceux que j'aime sur la terre d'une tendresse impuissante et inutile. — Léon la regarda avec tendresse et dit : — Ma mère, bénis tes enfans. Geneviève est mon appui et ma consolation ; prie Dieu qu'il seconde mes efforts et qu'il me fasse réussir à l'entourer de tout ce qui fait le bonheur des autres femmes. — O ma mère, ma bonne mère, Rose nous abandonne ; — nous sommes devenus des étrangers dans la famille, et des étrangers nous ont remplacés. Ton frère et Rose ont oublié ce que tu leur avais demandé en mourant. — Ma mère, tu nous as laissés seuls !

Ils restèrent encore quelque temps agenouillés ; — puis ils se levèrent, — regardèrent la tombe comme s'ils eussent voulu, de leurs regards, percer la terre et revoir les traits adorés de la morte. — Enfin, ils quittèrent le cimetière et allèrent

chercher chez monsieur Semler les clefs de la maison. A leurs questions sur le tombeau de marbre noir, il répondit qu'on l'avait envoyé de Paris, par des hommes qui avaient fait tous les travaux et s'étaient dits envoyés et payés par la famille de la défunte.

Ils se dirigèrent vers la maison où s'étaient écoulés les jours de leur heureuse enfance. Il leur sembla qu'ils étaient reportés à cette époque de leur vie ; rien n'était changé : — l'herbe encadrait toujours les pavés de la cour, — les sorbiers du jardin étaient en fleurs, — l'herbe avait envahi leurs plantations, — les volubilis s'étaient semés d'eux-mêmes et commençaient à sortir de terre. — On n'avait rien déplacé dans les chambres. — Ils retrouvèrent les mêmes gravures sur les murailles ; — dans la chambre de Rose et de Geneviève, étaient encore les jouets de leur enfance, — les raquettes et les volans.

Le salon où l'on se rassemblait avait encore les fauteuils dérangés dont le nombre leur rappelait combien ils étaient alors. Celui de madame Lauter était auprès de la fenêtre, — et, dans le coin de la cheminée, on retrouvait le grand fauteuil en tapisserie dans lequel Rose, toute petite, s'enfonçait et s'endormait le soir. — La pendule, qui n'avait jamais été remontée depuis, s'étaient arrêtée à l'heure où la famille avait quitté Fontainebleau. — Le piano était ouvert, — et Geneviève retrouva dessus tous les airs qu'elle chantait alors avec Rose. — Elle posa les mains sur le clavier, et tous les deux reconnurent la voix du piano, et cette voix leur alla au cœur.

Elle chanta, et chanta cet air que sa mère l'avait un jour obligée de chanter : *Bonheur de se revoir.*

Et le frère et la sœur se mirent à fondre en larmes ; — car ils ne revoyaient personne.

Léon dit à Geneviève : — Tiens, Geneviève, le jour que l'on a enterré maman, tu étais assise là, — et Rose était près de toi. — Te souviens-tu comme elle me promettait de m'aimer ? Et Geneviève refoulait dans son cœur tous les souvenirs d'Albert qui venaient l'assaillir. Ces émotions trop fortes l'avaient accablée ; elle se coucha. — Léon vint s'asseoir à côté de son lit ; — tous deux parlèrent du passé jusque très avant dans la nuit ; — puis Geneviève céda au sommeil, et Léon s'endormit dans un fauteuil, la tête appuyée sur le bord du lit de sa sœur.

Le lendemain au matin, Geneviève prit dans le jardin les grains de volubilis qui commençaient à germer, et les alla planter autour de la tombe de Rosalie.

De retour à Paris, ils trouvèrent une lettre d'un de ses écoliers de Léon, qui l'avertissait qu'il suspendait *momentanément* ses leçons, et qu'il lui écrirait pour lui désigner le jour où il pourrait revenir.

Une autre lettre invitait Léon à une partie de plaisir avec plusieurs de ses amis musiciens et peintres. — Une troisième le fit frémir. Elle commençait ainsi :

« Monsieur,
» Voici l'époque où j'ai l'habitude de quitter Paris... »

Mais, à la fin, on le priait de vouloir bien continuer ses leçons à Auteuil, — et on ajoutait au prix de la leçon le prix d'une voiture pour aller et pour revenir.

Léon, qui gagnait passablement d'argent, n'en dépensait guère pour s'amuser. Son plaisir le plus vif était de faire en sorte que Geneviève ne manquât de rien ; — au lieu d'aller au théâtre ou dans toute autre réunion dite amusante, il rapportait à Geneviève un ruban ou un bouquet. — S'il voyait dans la rue, à une femme, un objet de toilette qui lui allât bien, il n'avait pas de repos qu'il n'en eût porté un semblable à sa sœur. — Quand ils étaient invités ensemble dans quelque maison, il songeait huit jours d'avance à la toilette de Geneviève, et l'accablait de questions : — « As-tu toué ce qu'il faut ? — Tes souliers de satin sont-ils assez frais ? — Auras-tu ta belle robe ? »

Jamais, quelque serein que pût être le temps, il ne la ramenait à pied d'une soirée ou d'un bal. — Il fallait, au bal, qu'elle eût le plus beau bouquet et les rubans les plus nouveaux.

Pour lui, quoiqu'il aimât naturellement la parure, qu'il fût jeune et beau, et désireux d'attirer les regards des femmes, il se contentait d'être mis *décemment*, c'est-à-dire du costume le plus simple. — Il avait des habits qu'on aurait pu citer comme des

exemples de longévité,

—à l'époque de l'année où les journaux, qui ne savent que dire, entre deux sessions des chambres, inventent tous les matins, pour remplir leurs colonnes, — des centenaires, des pluies de crapauds, des veaux à deux têtes et des betteraves monstrueuses.

Il faisait une notable économie sur les gants, qu'il portait invariablement noirs. A la ville, il avait des bottes *remontées*; quelquefois même, un œil un peu exercé découvrait, sur le côté d'une botte, une petite pièce que le savetier du coin avait de son mieux cherché à dissimuler. Jamais il ne prenait une voiture, à quelque distance que ses leçons se trouvassent les unes des autres. — Jamais il n'entrait dans un café. — Aussi, quand son voisin le peintre vint le trouver pour avoir sa réponse, lui dit-il : — Je n'irai pas.

— Il est donc décidé que tu ne seras jamais d'aucune partie?

— J'ai des occupations qui me privent de celle-ci.

— Comme les autres. Tu as tort, ce sera charmant !

— Je n'en doute pas, mais je ne puis en être.

Et le soir, au souper, comme la conversation tombait sur Léon, on dit : — C'est singulier comme il est changé ! — Lui, qui autrefois était toujours notre chef de troupe : — lui, dont la gaîté nous mettait tous en train ; — lui, qui s'habillait avec tant d'élégance.

— Comme il est changé !

— A-t-il fait quelque grande perte? Est-il en proie à un violent chagrin?

— Nullement, je l'ai rencontré il y a quelques jours, il était aussi gai que je l'aie jamais vu. — Mais ce qu'il évite surtout maintenant, c'est de dépenser de l'argent.

— C'est étonnant. Mais il doit en gagner?

— Il en gagne beaucoup.

— Qu'en fait-il, alors ?

— Je crois qu'il l'enfouit.

— Il est donc avare?

— Il faut qu'il le soit devenu.

— C'est dommage.

— Oui, c'était un excellent garçon.

— Il faut le corriger.

— Oui, il faut lui faire honte de son avarice.

En effet, à quelques jours de là, comme Léon arrivait dans l'atelier du peintre, il les trouva réunis quatre ou cinq.

IV.

L'ATELIER.

Les dictionnaires prétendent qu'un atelier est :

« Un lieu où plusieurs ouvriers se réunissent pour travailler ensemble. »

L'atelier d'Antoine Huguet n'était pas tout-à-fait cela. — Ils étaient là quatre gaillards, qui, chagrinés du pouvoir perdre que chacun vingt-quatre heures par jour, s'étaient réunis et associés, pour avoir, par ce moyen, quatre-vingt-seize heures à leur disposition.

On se lève le matin, ou à peu près. — On n'est qu'à demi réveillé ; il n'y a pas moyen de travailler si on ne boit une goutte de rhum. Allons, il n'y a plus de rhum. — Rapin ! où est le rapin? Rapin, où es-tu? On voit alors se lever, d'un coin où il dormait, un gamin de quatorze ans, — avec de longs cheveux et une calotte grecque sur le côté de la tête; il a une blouse grise, qu'il a choisie de cette nuance, parce que les taches y paraissent mieux. Le rapin, dont le véritable nom est depuis longtemps oublié, a été nommé Gargantua, à cause de son formidable appétit. — Rapin, va chercher du rhum. — Le rapin demande de la *monnaie*. A peine est-il dans la rue, qu'on le rappelle. — A propos, je n'ai plus de tabac.

Le rapin revient au bout d'une heure et demie ; — on l'ac-

cable de reproches. — Tu nous fais perdre notre temps. — Le rapin, qui n'est pas dupe du chagrin de ces messieurs, ne sourcille pas. On lui prédit qu'il mourra sur l'échafaud. — Le rapin arrange les palettes. — Le rhum est bu. — Travaillons, dit Antoine. — Ah ! si nous fumions une pipe?

— Oui, cela excite le cerveau !

Quand la pipe est fumée :

— Ah ! maintenant, à l'ouvrage.

— Quelle heure est-il?

— Neuf heures.

— Diable! dans une demi-heure, il faudra déjeuner, nous déranger, quand nous commencerons à nous mettre en train ; j'ai horreur du travail interrompu.

— Je crois que nous ferons mieux de ne nous mettre à l'ouvrage qu'après déjeuner.

— Voilà une matinée de perdue.

— C'est la faute de cet odieux Gargantua.

— Infâme Gargantua !

— Gargantua est notre ruine.

— Je propose de brûler Gargantua.

— De le crucifier.

— De le disséquer.

— De l'empailler.

Gargantua ne s'émeut nullement ; on lui commande d'aller chercher le déjeuner.

— Qu'allons-nous manger ?

— Je ne sais pas.

— Ni moi.

— Ni moi.

— Ni moi.

Gargantua va se rasseoir dans son coin. Après une longue discussion, on établit que l'on est à la fin du mois, que la caisse est presque vide. — On mangera à déjeuner du pain à discrétion, et du fromage d'Italie ; on fera un dîner sérieux, un dîner raisonné. L'un recommande à Gargantua que le fromage soit gras, un autre exige qu'il soit maigre ; tous deux jurent de l'assommer s'il n'obéit pas; Gargantua ne fait pas la moindre attention à ce qu'on lui dit. Il rapporte le fromage d'Italie au bout d'une petite heure. On déjeune, on fume encore une pipe. — Allons, à l'ouvrage. — Les quatre amis restent interdits. Est-ce qu'il ne se présentera pas un prétexte pour ne pas travailler? En voici un qui a froid. — Et en effet, l'atelier est grand ; il a encore gelé blanc cette nuit. Un peu de feu égaie l'esprit.

— Il faut faire du feu.

— Avec quoi allons-nous faire du feu?

— Ah ! oui, avec quoi?

— Il y a sur le carré une vieille malle.

— A qui est-elle?

— Je n'en sais rien.

— Ni moi.

— C'est une malle abandonnée.

— Une malle qui nous gêne beaucoup.

On allume le feu, on s'assied autour du feu et on fume une nouvelle pipe, on cause, on chante.

— Allons, maintenant travaillons.

— Quelle heure est-il?

— L'horloge est arrêtée.

— Il faut la remonter.

— Gargantua, va demander l'heure.

Cette fois, il reste dehors cinq grands quarts d'heure.

— Diable ! midi et demi ; le modèle que nous attendons à une heure.

— Ce n'est pas la peine de commencer avant le modèle.

— Moi, je vais me raser. Je n'aurai plus à m'occuper de rien jusqu'au dîner, et je travaillerai sans distractions.

Le modèle ne vient qu'à deux heures ; on le place.

— Pourvu qu'il ne nous arrive pas un importun, un flaneur !

— Je déteste les flaneurs.

— C'est la peste des ateliers.

Et chacun répète : Pourvu qu'il ne vienne pas des flaneurs ! Mais, en disant cela, ils tournent les yeux vers la porte, et il n'est pas malaisé de voir que l'arrivée d'un flaneur comblerait tous leurs vœux.

— Gargantua, tu vas cirer nos bottes.

— Oh! avant, remets de la malle dans le feu.

— Il y a peut-être encore du charbon de terre à la cave. En effet, on trouve quelques morceaux de charbon.

— Gargantua! les bottes?

— Tiens, tu iras porter cette lettre.

— Et celle-ci.

— Tu battras ma redingote.

— Tu donneras un coup de balai dans ma chambre.

Gargantua ouvre la bouche, on se récrie :

— Tiens! Gargantua qui parle!

— Parle, Gargantua.

— Il faut qu'il monte sur une chaise.

— Non, sur la planche.

On hisse Gargantua sur une planche appliquée au mur, à six pieds de haut ; on l'invite à parler.

Gargantua dit alors qu'on lui fait faire trop de choses à la fois, que sa mémoire s'encombre, qu'il est très fatigué.

— Gargantua, mon fils, crois-tu donc que c'est sans peine et sans travail que tu deviendras un grand peintre ?

On descend Gargantua.

— Allons, travaillons.

— Il faut fermer la porte.

— Et mettre dessus que nous n'y sommes pas ; par ce moyen on ne restera pas deux heures à frapper ; il n'y a rien qui me soit si odieux que d'entendre frapper à la porte.

— Où est le blanc d'Espagne?

On ne peut pas trouver le blanc d'Espagne, l'infâme Gargantua a égaré le blanc d'Espagne; Gargantua va mourir s'il ne retrouve pas le blanc d'Espagne.

— Ah! le voilà ; — on écrit sur la porte :

« IL N'Y A PERSONNE. »

— Ah! on monte ; c'est peut-être un flâneur.

Et chacun saisit avec empressement l'espoir qui se présente.

— Est-ce ennuyeux, on ne peut rien faire.

— Rien du tout !

— Absolument rien.

On a déjà déposé les palettes et les appui-mains.

— Ah! non, cela s'arrête au dessous.

— Ah! tant mieux, dit tristement l'atelier. On ferme la porte; Antoine, en allant à sa place, regarde la toile placée sur le chevalet de Charles Mithois.

— Gargantua, viens ici recevoir des reproches mérités, mets-toi là vis-à-vis de la toile de Charles. — Écoute, Gargantua, depuis deux ans bientôt tu en es aux premiers élémens de la peinture; — à peindre tous les jours mes bottes en noir. Eh bien ! je trouve que tu suis une fausse route, que tu n'étudies pas assez les maîtres ; — regarde bien Charles. — Toi, quand tu as ciré mes bottes, pour peu que je marche une heure ou deux dans la poussière ou dans la boue, il n'y paraît plus; le cirage est terne et taché; — eh bien ! vois la toile de Charles, ses soldats ont marché toute la nuit, ils se livrent un furieux combat, ils piétinent dans la poussière, dans la boue, dans le sang; — eh bien ! leurs souliers sont admirablement noirs et luisans. Voilà comme je voudrais que mes bottes fussent cirées.—Je ne saurais trop te le répéter : Gargantua, regarde les maîtres.

Nocturná versatá manu, versatá diurná.

Pendant ce discours d'Antoine, l'atelier s'était placé devant le chevalet de Charles et la péroraison fut accueillie par des rires prolongés.

A ce moment, Léon entra:

— Nous sommes enchantés de te voir.

— Quelque tu nous déranges beaucoup ; nous étions en train de travailler comme des tigres.

— Et cela n'arrive pas si souvent que ces momens ne soient extrêmement précieux. — Un poète, dont je ne sais plus le nom, a dit en parlant de la vie :

On s'éveille, on se lève, on s'habille et l'on sort ;
On rentre, on dîne, on soupe, on se couche et l'on dort.

C'est précisément à la nôtre que cette définition s'appliquerait le plus exactement. Mais nous avons changé cela, nous travaillons.

— Mais, répondit Léon, qui vous force de vous déranger? Gargantua va me donner une pipe, je vais la fumer et m'en aller ensuite. Je ne tiens ni à vous parler ni à vous entendre. J'attends seulement l'heure d'aller donner une leçon auprès d'ici.

— N'importe, nous voulons te parler sérieusement dans ton intérêt. Nous sacrifierons le travail d'aujourd'hui.

— Nous le sacrifierons.

— Il n'est rien qu'on ne fasse pour l'amitié.

— Voulez-vous parler, dit Léon, du service que je vous rends?

— Quel service ?

— Celui de vous déranger, et de vous fournir un prétexte honnête de flâner.

— O vertus méconnues! O injustice des contemporains !

— C'est égal, ne laissons pas décourager notre zèle. — Gargantua, les pipes?

Gargantua se leva, et, sans parler, se plaça devant son maître, attendant un ordre plus détaillé. — Le maître dit, en séparant ses ordres par un instant de méditation :

— Tu donneras : — *Fatmé*, à Lefloch.— La *Brûle-Gueule*, à ton maître. — La *Rotschild*, à Mithois. — L'*Etna*, à Léon. — La *Sardanapale*, à Edgar Sagan. — La *Cinq-Liards*, au modèle. — Tu garderas la *Lilliputienne*.

Et Gargantua s'approcha d'une sorte de petit ratelier où les pipes étaient placées chacune au-dessous de son étiquette.— Chacune avait été solennellement baptisée à son entrée dans la maison, et on l'avait nommée d'après quelque particularité qui la distinguait. — La *Rotschild* était une pipe d'écume, montée en argent. — La *Sardanapale* avait un très beau bouquin d'ambre jaune.— La *Cinq-Liards* tenait une demi-once de tabac. — *Fatmé* était une pipe turque. — Gargantua exécuta scrupuleusement les ordres qui lui étaient donnés, et, par une distinction parculière, bourra lui-même la pipe de son patron. Quand tout le monde fut en train de fumer, Antoine Huguet prit la parole :

— Léon, tu chagrines tes amis ; tu as un vice, et un vice que tu nous caches. La présente séance a pour but de te faire avouer ton vice, pour le partager s'il est amusant, pour t'en délivrer, s'il ne l'est pas.

Tu gagnes de l'argent, tu en gagnes beaucoup ! Que fais-tu de ton argent?

Léon se sentit rougir jusqu'aux oreilles, non qu'une semblable plaisanterie eût rien qui pût le fâcher : il était accoutumé à ce sans-façon, à ce laisser-aller. Mais pour rien au monde il n'eût voulu parler de sa sœur, ni souffrir qu'on lui en parlât. — L'habitude où on était parmi ces jeunes gens de tout tourner en plaisanterie, le rendait honteux de tout ce qu'il faisait de bien. Peut-être plusieurs d'entre eux avaient, comme Léon, quelque bon sentiment qu'ils ne cachaient pas avec moins d'hypocrisie. Un provincial qui serait tombé au milieu de ces bons jeunes gens, se serait cru, en les écoutant, dans une caverne de brigands. — Rien n'était si commun que d'entendre parler d'égorger les oncles en retard d'envoyer de l'argent ; de faire pendre dans l'huile les propriétaires trop exacts à envoyer leur quittance, etc., etc.

Huguet continua.

— Autrefois, tu nous faisais honneur ; tu raffermissais notre crédit ébranlé. En voyant entrer chez nous un monsieur bien couvert, un dandy, le fruitier nous respectait à cause de nos relations (*Mouvement.*) Tu avais une de ces *tenues* qu'il serait à la fois gênant et dispendieux de porter soi-même, mais qu'on est flatté de voir aux autres. (*Très bien! très bien!*)

L'orateur s'arrêta un moment, et tira quelques bouffées de sa pipe. — Tout l'auditoire branla la tête en signe d'assentiment.— Léon se leva et dit : — Tu es fou!—Ah ! dit Antoine Huguet, voilà bien les hommes; on n'est sage que lorsqu'on partage ou qu'on approuve leur folie (*Mouvement d'approbation.*); mais ne t'attends pas à trouver chez nous cette basse adulation ; nous sommes tes amis, et nous ne reculerons devant aucune avanie pour t'en donner la preuve. (*Très bien.*)

Qu'est devenue cette élégance irréprochable ? Cette harmonie, cette audace toujours sage ? — Ces modes devinées seulement une semaine d'avance? Où est notre Léon? le Léon qui a porté le premier les gilets trop courts et les collets trop étroits ?

Quantum mutatus ab illo
Hectore, qui redit exuvias indutus...

Comme il est différent de cet Hector qui revient couvert des dépouilles d'Achille ! — Ou plutôt, il semble couvert de dépouilles en effet, non, comme Hector, de dépouilles glorieuses, mais de celles que colportent honteusement les marchands d'habits. (*Continuez.*)

— Ah ! parbleu, dit Léon, — qui voulait faire bonne contenance, — il sied bien à des rapins comme vous de faire les difficiles en fait de toilette ! — Des drôles qui, le dimanche, mettent leur blouse à l'envers.

— Parlez plus respectueusement au tribunal.

— Je décline sa compétence.

— Le tribunal se déclare compétent. (*Écoutez, écoutez.*)

Et en effet, messieurs, voyez dans quel costume l'accusé ose se présenter ici, ici dans le temple du goût, ici où nous ne reconnaissons d'autre dieu que *le beau*.

— Votre dieu, interrompit Léon, n'est pas comme le nôtre: il ne vous a pas fait à sa ressemblance.

— L'accusé joint le cynisme de l'expression au cynisme de la mise. Mais je ne me laisserai pas intimider par ses fureurs. Je connais le mandat qui m'a été confié. — Nous sommes ici par la volonté du peuple, nous n'en sortirons que par la force des baïonnettes. — Prenez ma tête ! (*Très bien, — très bien.* — *Agitation.*) Dans quel costume, dis-je, l'accusé ose-t-il se présenter devant nous ? Un habit râpé, dont les coutures, blanchies par le temps, sont imparfaitement recouvertes d'encre.

Ainsi que nos cheveux, blanchissent nos habits.

(*Hilarité.*) Et c'est nous que l'on espère abuser par de si grossiers subterfuges ! — Nous qui avons inventé le col de chemise en papier à lettres ! et l'art de sortir trois avec deux gants ! Et ce chapeau, ce chapeau défoncé, ce chapeau hérissé comme un bonnet à poil ! — ce chapeau qui rougit de lui-même ! — Ce gilet et ce pantalon qui, selon la belle expression de Jean-Baptiste Rousseau,

Hurlent d'effroi de se voir accouplés,

ou plutôt qui refusent de s'accoupler, et se séparent d'horreur.

MITHOIS. — Je demande la parole. — J'appellerai l'attention de la chambre sur les bottes de l'inculpé.

ANTOINE. — Et quelles bottes, en effet, messieurs, quelles bottes ! Ah ! je partage ici le chagrin d'un vieux poëte français (RONSARD) qui disait :

Combien je suis marry que la muse françoise
Ne peut dire ces mots comme fait la grégeoise,
Ocymore, Dispotme, Oligochronien,
Ma muse lui dirait du sang Valésien.

UNE VOIX. — Au fait.

ANTOINE. — Et moi aussi, messieurs, combien je suis marri que la muse française n'ait pas, comme l'italien, un mot particulier pour désigner une grosse vilaine chaussure! (*Bien, bien.*)

Quelles bottes, messieurs ! voyez comme elles sont tournées et déformées ! Et c'est en vain que l'accusé, en serrant ses deux pieds l'un contre l'autre, espère mieux dissimuler une pièce qui déshonore sa botte droite. — A propos de cette botte, je vais en porter une terrible à l'inculpé. (*Murmures en sens divers.*) — Oh ! oh ! — Ah ! ah ! ah ! — Eh ! eh ! *Marques nombreuses de désapprobation.*)

UNE VOIX. — (*qui pourrait être celle de Léon*):
Le jeu de mots est misérable.

PLUSIEURS VOIX. — *A l'ordre ! à l'ordre !*

ANTOINE. — Je demande la parole pour un fait personnel.
—Il n'est pas difficile, messieurs, de ne pas se tromper quand on ne fait rien; mais le plus embarrassé, comme on dit, est celui qui tient la queue de la poêle.

— Pardon, messieurs, dit Léon, c'est celui qu'on fait frire.

— Nous demandons, dit l'orateur, à notre ami, la raison de ce délabrement, de ce déguenillement. Ah ! s'il n'avait pas d'argent, s'il était gueux comme nous, ce serait très bien.— Nous savons respecter le malheur. — Mais ce n'est pas là la position de notre ami. Nous lui demandons, en outre, pourquoi il élude les parties de plaisir auxquelles on le convie,— quand nous autres, pauvres diables, nous savons toujours trouver de l'argent pour ces graves circonstances. — Accusé, qu'avez-vous à répondre?

Léon alors fit le mauvais sujet, — parla vaguement de femmes, de désordre, de dettes, — d'orgies, etc., etc.

Quand il aurait pu dire :

Vous me trouvez mal vêtu ; — mais ma sœur Geneviève ne manque de rien ; — elle a des souliers de satin du meilleur cordonnier, et son joli pied ne perd aucun de ses avantages ; ses robes sont faites par la couturière la plus célèbre ; — je n'ai pas de manteau, mais elle a du bois abondamment pour se chauffer ; — ma sœur Geneviève ne désire rien ; — la hideuse pauvreté n'approche pas d'elle, et ne vient pas flétrir sa jeunesse de son haleine mortelle.

V.

Geneviève inventait toute sorte d'économies pour faire dépenser moins d'argent à son frère, tandis que Léon de son côté, frémissant de douleur et de colère à l'idée d'une privation qui pourrait l'atteindre, inventait pour elle des désirs, afin de les satisfaire. Un soir, il trouva Geneviève occupée à refaire une vieille robe. Ce jour-là, il avait vu passer sur le boulevard une foule de filles entretenues, magnifiquement vêtues et traînées par de superbes chevaux. — Mon Dieu, s'était-il demandé, qu'est-ce donc que Dieu réserve à une bonne et vertueuse fille comme Geneviève, s'il laisse prodiguer ainsi à des prostituées sans cœur et sans amour, tout ce qu'il y a de beau et de riche dans le monde ? Ce sentiment l'avait préoccupé toute la journée. L'industrie à laquelle se livrait Geneviève vint aigrir son chagrin. — Il s'assit près d'elle et lui dit : — Pourquoi refais-tu encore cette vieille robe usée ?

— Mais, dit Geneviève, je t'assure qu'elle me fera encore honneur cet été.

— Moins qu'une neuve, cependant.

— Une neuve serait chère, et nos moyens...

— Qui t'a dit cela, chère enfant ? Partages-tu donc l'opinion vulgaire ? Crois-tu qu'un artiste est un malheureux destiné à vivre dans la misère et à mourir à l'hôpital ? La sœur d'un musicien doit marcher l'égale de toutes les femmes. Je gagne de l'argent, beaucoup d'argent. Je veux que tu sois toujours belle et parée. Tu donneras cette vieille robe à ta femme de ménage. Nous allons, aussitôt notre dîner fini, en acheter une ensemble.

Et comme ils passaient sur les boulevards , il la mena prendre des glaces chez Tortoni. Il y avait tout autour d'eux plusieurs femmes que leurs voitures attendaient sur la chaussée. — Une marchande de bouquets vint leur en offrir un merveilleusement beau.

— Combien votre bouquet ? dit une des femmes.

— Dix francs.

— C'est trop cher.

La marchande offrit alors son bouquet aux autres: elle eut partout la même réponse. Mais quand elle passa devant Léon, il lui jeta sur la table deux pièces de cinq francs. Elle offrit le bouquet à Geneviève, que les femmes et les hommes qui les accompagnaient regardèrent avec curiosité.

— Quelle folie ! dit Geneviève à son frère, en quittant Tortoni.

— Non pas, répondit Léon. N'es-tu pas plus belle que les femmes qui nous entouraient et qui avaient une sorte d'air impertinent ? J'ai voulu les contrarier un peu.— Ils entrèrent dans un magasin de nouveautés, et Léon choisit pour sa sœur ce qu'il y avait de plus beau.

Pour lui, le soir, il repassa de l'encre sur les coutures de son habit.

VI.

Un matin arriva Albert, pâle et la voix saccadée. Il prit Léon à part et lui dit : — Sais-tu ce qui m'arrive ? Pendant mon absence, mon premier clerc, que j'avais chargé d'une lettre pour Éléonore, l'a vue, lui a fait la cour, lui a plu, a vécu avec elle pendant deux mois et a disparu, laissant dans ma caisse un déficit de trente mille francs. Ces trente mille francs n'étaient pas à moi ; je suis perdu si mon père ne vient pas à mon secours ; je viens te chercher, je n'ose affronter seul la première impreison que va lui causer ce récit. — Léon ne répondit rien, s'habilla et suivit Albert jusque chez monsieur Chaumier. Monsieur Chaumier commença par s'emporter, puis dit qu'il n'avait pas d'argent, ce qui était vrai.—Les Redeuil le jetaient chaque jour dans de nouvelles dépenses ; ils lui avaient persuadé récemment de louer une loge à l'Opéra et au Théâtre-Italien, à frais communs avec eux. On lui avait fait, presque tout l'hiver, prendre un coupé au mois. Chaque dimanche ajoutait quelque somptuosité à la réception du dimanche précédent. Rose, sans songer à l'argent que cela pouvait coûter, se faisait faire, par sa couturière et par sa marchande de modes, tout ce qu'elle voyait de joli aux jeunes personnes qu'elle rencontrait dans le monde. Modeste encourageait de son mieux ce genre de dépenses ; elle était fière de la beauté de Rose, qu'elle croyait avoir élevée, et d'ailleurs elle espérait un peu humilier Geneviève par la comparaison des toilettes de Rose avec les siennes. — Et cependant Geneviève, quoique moins riche que sa cousine, trouvait moyen d'être généreuse avec elle. Si Rose disait de son goût un ruban ou un fichu de Geneviève, quelques jours après elle recevait le semblable.

Monsieur Chaumier finit par comprendre qu'il n'y avait pas à hésiter ; il prit des engagemens, solidairement avec son fils, à une échéance assez longue, mais aussi à des intérêts assez forts. En rentrant, Léon dit à sa sœur : —Voilà Albert sauvé jusqu'à nouvel ordre ; mais il faut qu'il se dépêche de se marier et de faire un mariage riche.

Geneviève vit avec une triste surprise qu'il lui était resté encore de l'espoir à perdre.

Par des circonstances indépendantes de sa volonté, Léon avait manqué deux fois de suite une leçon. — Le jour où Albert était venu le chercher, il comptait réparer sa négligence, mais il n'avait pas cru pouvoir refuser à son cousin le service de l'assister contre le premier choc de la colère paternelle. Aussi le lendemain reçut-il une lettre dans laquelle on lui disait : « Qu'on comprenait très bien qu'un artiste de son ta- » lent fût désiré et demandé partout, et qu'il ne fût pas tou- » jours le maître de son temps. Aussi on lui demandait par- » don de celui qu'on lui avait fait perdre jusque-là et on re- » nonçait, bien à regret, aux soins qu'il donnait ou plutôt » qu'il ne donnait pas au fils de la maison. — On avait, tou- » jours avec de vifs regrets, choisi un maître, moins célèbre, » il est vrai, mais aussi moins occupé et auquel son obscurité » permettait une assiduité et une exactitude qui, surtout » dans les commencemens, pouvait presque suppléer un talent » supérieur, etc. »

Il n'y avait rien à répondre à cela ; on lui donnait la chose comme conclue, et il y avait d'ailleurs, dans la lettre, une politesse mêlée d'ironie qui froissait l'orgueil de Léon et l'aurait empêché de faire la moindre démarche.

A quelques jours de là il reçut une invitation à dîner chez son élève d'Auteuil. — Il se renferma de bonne heure dans sa chambre pour parer, à l'insu de Geneviève, sa toilette du lendemain ; mais celle-ci, inquiète de voir de la lumière chez son frère à une heure du matin, se leva, — et vint regarder par la serrure. Alors elle vit Léon repassant à l'encre, avec un soin minutieux, les coutures de l'habit, comme il le faisait de temps en temps ; plier sa cravate de soie noire, de façon à dissimuler les plis ordinaires qui étaient déjà raillés, etc., etc.

Geneviève se retira sans bruit ; — elle fut toute la nuit sans dormir ; elle venait de comprendre la générosité et les sacrifices de son frère ; — elle ne lui dit rien de sa découverte le matin, — mais passant dans une pièce, où était ce vieil habit, étendu sur une chaise, — ce vieil habit pour lequel

bien des gens méprisaient Léon, — elle s'inclina et le baisa avec respect.

VII.

La maison d'Auteuil était fort riche, Léon y était bien reçu, — mais cependant il y avait dans la façon dont on le traitait des nuances presque insaisissables qui ne laissaient pas de le blesser. Quelques négligences des domestiques laissaient percer à ses yeux la véritable pensée, à son égard, des maîtres trop polis et trop circonspects pour la manifester eux-mêmes. Sa place à table, quand il y dînait, n'était pas au bout, mais il pouvait attribuer cela à son âge. De temps en temps un domestique ne le servait qu'après des personnes de la maison, — ce que la maîtresse du logis réprimait d'un regard,— mais Léon voyait l'oubli et le regard.— Parfois, quand il arrivait, au lieu de l'annoncer par son nom, et dans la forme ordinaire, une servante ouvrait le salon et disait : C'est le musicien.— Un jour même, un nouveau domestique, paysan assez grossier que monsieur Sanlecque avait ramené de sa terre de Reims, chargé d'apporter des rafraîchissemens dans le salon, en offrit à tout le monde, et dit à demi-voix à sa maîtresse : — Faut-il en donner au musicien? — Il n'y aurait eu aucun mal si madame Sanlecque eût répété, haut et en riant, la bêtise du nègre champenois, ce qu'elle n'eût pas manqué de faire s'il se fût agi de quelqu'un bien établi sur le pied d'égalité, et vis-à-vis duquel c'eût été une bêtise incontestable ; — mais elle rougit, et lui dit à voix basse : — Certainement. Rien de tout cela n'échappait à Léon, toujours sur le qui vive, et il avait bien besoin de penser à Geneviève, pour se résigner à toutes ces humiliations. Certes, il eût bien désiré ne paraître dans les maisons que pour y donner ses leçons ; mais refuser les invitations qu'on lui adressait eût été compromettre la durée de ces mêmes leçons. On voulait l'avoir pour son talent et par dessus le marché des leçons ; lésineries que font volontiers, et très habilement, les gens les plus riches et les plus considérés.

Monsieur et madame Sanlecque n'avaient qu'un fils, enfant de quinze à seize ans, assez bien doué par la nature, et qui devait un jour être fort riche, ayant à ajouter la fortune de ses parens à celles de deux vieilles tantes restées filles. Seulement, comme les gens trop heureux sentent le besoin de se créer des tourmens et des ennuis, monsieur et madame Sanlecque, d'un commun accord, avaient fait pour leurs fils un plan très détaillé, qui le prenait jour par jour, heure par heure, depuis sa naissance jusqu'à son mariage et au-delà. Ils s'étaient convaincus que rien n'était plus sage ni plus heureux ; et chaque fois que la volonté de l'enfant où les événemens venaient le faire dévier du rail, ce qui arrivait perpétuellement, — c'était un chagrin pour plus vifs ; et on ne négligeait rien pour le remettre dans la bonne voie. Théodore (présent de Dieu) Sanlecque avait seize ans ; il devait (selon le fameux plan) continuer encore son éducation pendant deux ans, puis voyager pendant quatre ans avec un précepteur, — après quoi il reviendrait à Paris, où il épouserait la fille d'un ami de monsieur Sanlecque. Il va sans dire que jusque-là il devait rester étranger à tout espèce de sentiment d'amour, et que ses yeux ne devaient s'arrêter sur aucune femme ; qu'il devait garder son premier regard, son premier battement de cœur, son premier frisson pour la femme que lui avait destinée ses parens. Jusque-là tout allait bien sous ce rapport ; mais les autres points de la cyropédie à l'usage de Théodore Sanlecque, avaient rencontré plus d'inconvéniens. — Tout le plan avait été composé par M. Sanlecque au point de vue particulier d'homme à tempérammant lymphatique ; le jeune homme se trouva nerveux et sanguin. Ce qu'on avait calculé devoir être ses plaisirs l'ennuyait profondément ; — ses études lui étaient antipathiques ; il ressemblait à un homme qui passerait sa vie entière à mettre des bottes trop étroites.

Par une énorme concession, on avait remplacé à peu près les mathématiques par la musique, ce qui dérangeait beaucoup les plans. Il est vrai que Théodore trompait son père qui n'était pas très fort ; il lui avait persuadé qu'il savait assez de mathématiques pour continuer à apprendre sans maîtres; — et de temps en temps, il feignait de se livrer à la solution de quelques problèmes, dont le père Sanlecque ne voyait pas la bouffonnerie. Ainsi ce jour-là même il surprit Théodore griffonnant un papier, et se tenant la tête dans les mains, etc. — Il lui demanda ce qu'il faisait.

— Je cherche la solution d'un problème.

— Ah!

— D'un problème de mathématiques.

— Oui! — et que dit ce problème?

— C'est trop compliqué pour vous, papa.

— C'est égal, dis toujours?

Théodore, qui faisait des vers, ce que pour rien au monde il n'eût voulu avouer à son père, lui dit : Voilà le problème qui me donne un mal terrible, mais j'y arriverai. « Si une livre de beurre coûte trois francs, combien me coûtera une culotte de peau? »

— Ah! dit le père.

— Ordinairement on doit trouver l'inconnu d'après deux connus, ici il n'y a qu'un inconnu.

— Je te laisse.

— Ah! parbleu, dit Théodore Sanlecque, voilà la rime en *esse* que je cherchais : « *laisse* » tendresse, cela va à ravir.

— Les Sanlecque donnaient ce jour là un *dîner hostile*. On avait invité plusieurs voisins de campagne avec des amis de Paris; il s'agissait, comme dans beaucoup de dîners, beaucoup moins d'être agréable aux gens qu'on recevait, que de les écraser par l'opulence de la maison. Ainsi on avait mis toutes *les voiles dehors*. — C'étaient des prodiges de vaisselles, des miracles de porcelaines, — des bouteilles de vin de Bordeaux que monsieur Sanlecque apportait lui-même à deux mains, retenant son haleine pour ne pas en agiter le fond; — des primeurs qui étaient en avance d'un an. — Il y a des maisons où on ne mange rien en la saison, c'est-à-dire au moment où les choses sont bonnes et succulentes; c'est une des plus grandes sottises gastronomiques qui se puisse imaginer. Outre que les légumes sont meilleurs dans leur maturité, et que certaines primeurs ont besoin d'être annoncées et étiquetées pour qu'on ne les prenne pas au goût pour une autre et même herbe sans saveur, il y a dans la nature des harmonies dont il est toujours imprudent de déranger quelque chose. Je veux bien ne pas écrire à ce sujet vingt pages dont les lettres s'accrochent à ma plume que je viens de tremper dans l'encre, je secoue la plume et je prends de l'encre dans un autre coin).—Je dirai seulement qu'on doit, à table, nourrir les gens plus que les étonner, et que beaucoup de personnes en vous donnant des *pois verts* à certaine époque, n'ont d'autre intention que de vous montrer des *pois chers*.

Les salons étaient d'une grande magnificence. — Léon pensait à Geneviève, et ne jouissait de rien de ce qu'elle ne partageait pas; — il pensait aux meubles de noyer, à la glace au cadre de bois; — il comparait aux lustres, aux candélabres dorés et chargés de bougies, le mauvais chandelier de cuivre jaune et la chandelle qui éclairait Geneviève; — il pensait à Geneviève dînant seule, d'un reste de dîner de la veille, sur une petite table de noyer, et buvant du mauvais vin trempé d'eau. — Cette pensée l'empêcha de toucher à aucune des friandises du second service. On causait, la conversation était vive et animée, quelquefois Léon se laissait entraîner par la gaîté de quelque répartie; — mais, tout-à-coup, il lui semblait voir le visage triste et pensif de sa sœur, et le sourire mourait sur ses lèvres, comme fané et glacé. — On se leva, on passa dans les salons. — Toutes les femmes étaient fraîches, roses, heureuses, — et Léon pensa à Geneviève dont les couleurs avaient été remplacées par la pâleur; — il pensa à Rose — qui, sans doute, ne pensait pas à lui, — et autour de laquelle, probablement, en ce moment, papillonnaient quelques élégans, comme autour de toutes ces femmes qu'il voyait. Il se retira seul à une fenêtre, dans un petit salon reculé, il ouvrit la fenêtre et regarda les étoiles; la nuit était superbe. —Là, il se laissa aller à ses rêveries; — mais il en fut tout-à-fait tiré par les sons d'un instrument : — c'était un violon, — mais ce qu'il jouait, ce n'était pas précisément de la musique, c'était une suite de ponts-neufs et d'airs connus; il joua d'abord :

Au vallon tout est sombre, etc.; puis il attendit, et recommença par : *Réveillez-vous belle endormie.*—Il attendit encore, et après ces intervalles,—joua : *Venez, venez à mon secours*, et *Viens, gentille dame.* Léon ne put douter que ces airs ne fussent joués pour rappeler les paroles qui en sont le timbre, — et que ce ne fût un moyen de dialoguer de loin sans attirer l'attention. — En effet, il ne tarda pas à voir paraître une lumière dans une fenêtre à barreaux, tout en haut d'un mur qui dominait le jardin; le violon, caché dans des lilas, aux pieds du mur, joua alors : — *O ma Zélie!* — Alors, une voix de femme répondit; elle ne chantait pas de paroles, mais fredonnait les airs, dont les paroles connues répondaient parfaitement au violon. A la qualité de la voix, à l'aspect de la fenêtre et surtout à la science incroyable de ponts-neufs que manifestait la chanteuse, et à la vulgarité de quelques-uns, ce devait être une couturière ou une cuisinière.

Voici du reste ce qu'ils se disaient. — C'était un dialogue sans paroles très complet et très intelligible. Je ne puis ici que reproduire les timbres des airs qu'ils faisaient entendre tour-à-tour.

LE VIOLON, *dans les lilas.*

Une fièvre brûlante, etc., etc.

LA VOIX, *à travers les barreaux.*

Fiez-vous, fiez-vous aux vains discours des hommes, etc.

LE VIOLON.

Je t'aime tant, je t'aime tant, etc.

LA VOIX.

Taisez-vous, taisez-vous, — je ne vous crois pas...

LE VIOLON.

Toi, dont les yeux me font la loi...

LA VOIX.

Tu n'auras pas ma rose...

LE VIOLON.

Ma richesse, c'est ta voix douce...

Je gage, pensa Léon en entendant cet air de Gatayes, qu'elle ne sait pas ce que cela veut dire. En effet, la voix chanta encore : *Tu n'auras pas ma rose.*

LE VIOLON.

Si tu veux, charmante brune,
Ce soir au clair de la lune,

—Oh! oh! dit Léon, le jeune homme devient hardi

LA VOIX.

Les yeux noirs sont de jolis yeux,
Mais pour moi, j'aime mieux les bleus...

— Elle repousse, pensa Léon, la qualification de brune.

LE VIOLON.

J'ai longtemps parcouru le monde

Courtisant la brune et la blonde...

— Il paraît que cela lui est égal; eh bien! il a raison.

LA VOIX.

Il faut des époux assortis...

LE VIOLON.

. . . L'amour ne sait guère
Ce qu'il permet ce qu'il défend...

LA VOIX.

. . . .

Ici Léon ne reconnut pas l'air, le violon non plus; car il ne répondit pas. La voix se décida à chanter ces paroles :

Je suis bonne...

— Ah! dit Léon, j'y suis, c'est du *Diable à quatre*, mais, dans la pièce, *bonne* ne signifie pas cuisinière; —c'est égal, c'est ingénieux. Cette fois le violon avait compris,—car il répondit :

Le noble éclat du diadème,
Ici n'a pas séduit mon cœur...

La voix crut devoir émettre encore un doute, et chanta :

> Mais hélas ! c'était un trompeur,
> Celui qui sut toucher mon cœur...

Cela me rappelle que mon père, Henry Karr, avait fait une fantaisie pour le piano sur cet air de madame Gail ; et que j'ai vu un exemplaire ainsi caricaturé de la main d'Hérold :
— Fantaisie sur l'air : — *Celui qui sue touche mon cœur*

Par HENRY QUATRE.

LA VOIX.
> Triste raison, j'abjure ton empire...

LE VIOLON.
> Si tu veux, charmante brune,
> Ce soir, au clair de la lune,
> Ce gazon...

— Il paraît, dit Léon, que le violon y tient.

LA VOIX.
> Il est tard, je rejoins ma mère,
> Adieu, Colin, au revoir...

LE VIOLON.
> Si tu veux, charmante brune,
> Ce soir, au clair de la lune,
> Ce gazon...

— Allons, le violon est obstiné. — Ce qu'il y a d'aussi évident que son obstination, c'est qu'il est amoureux ; il trouve, en jouant ces airs, une expression ravissante.

LA VOIX.
> Sans bruit, — sans bruit...

— Il paraît que l'on va descendre. — Mais que se passe-t-il dans le jardin ? Des pas se font entendre sur le sable des allées. — Le violon joue avec précipitation :

> . . . . Prenez garde,
> La dame blanche vous regarde...

— On parle haut dans le jardin, c'est la voix de monsieur Sanlecque.
— Le violon n'est autre que l'élève de Léon ; on le fait rentrer.

Le lendemain Léon reçut une lettre ainsi conçue :

« Monsieur,
» Une découverte que nous avons faite, et qui nous donne le chagrin de voir notre fils échapper encore aux plans que nous avions conçus pour son éducation et pour son bonheur, nous oblige à avancer l'époque de ses voyages. Il sera donc privé de vos excellentes leçons. — Recevez, avec mes regrets, l'assurance de ma considération distinguée,

» SANLECQUE. »

VIII.

Un matin, on apporta un énorme bouquet pour Geneviève ; le lendemain, un autre bouquet non moins beau ; le surlendemain, un troisième bouquet avec une lettre. Geneviève donna la lettre à son frère ; on y lisait :
« Je vous vois tous les jours, mademoiselle, et je m'aperçois que, sans y songer, vous aggravez innocemment des maux que vous ne pouvez plaindre, et que vous devez ignorer, etc. »
La lettre était signée d'un monsieur CHARLES MERRUEL, qui donnait son adresse. — Léon lui répondit :

« Monsieur,
» Vous avez écrit à ma sœur ; elle me charge de vous répondre ; — c'est vous dire assez quelle est la réponse. Ma sœur ne reçoit ni lettres ni bouquets d'un homme qu'elle ne connaît pas. Permettez-moi d'ajouter, pour ma part, qu'elle est assez jolie pour qu'on lui fasse les lettres exprès pour elle. Pourquoi, du reste, monsieur, demandez-vous une réponse ? vous en pourriez trouver de toutes faites, comme vos lettres, — dans la *Nouvelle Héloïse* de Rousseau ; et ces réponses au moins seraient d'un style égal au style de vos épîtres, que ma sœur (qui ne s'appelle pas *Julie*) ne pourrait jamais atteindre.

» LÉON LAUTER. »

IX.

M. CHARLES MERRUEL A M. LÉON LAUTER.

« Monsieur Léon Lauter, vous vous moquez de moi, et peut-être vous avez raison ; permettez-moi cependant d'expliquer un peu ma conduite. J'ai vu plusieurs fois, cet hiver, mademoiselle votre sœur ; j'ai été touché autant de son air de douceur et de décence que de sa beauté. — Je suis négociant, je me suis figuré que je ne saurais jamais écrire à une jeune fille une lettre capable de la bien disposer en ma faveur. D'autant qu'en pensant à mademoiselle votre sœur, je ne trouvais à dire que ce que je viens vous dire aujourd'hui : « J'ai trente-cinq ans, je suis presque riche, j'aime mademoiselle votre sœur, le plus grand désir que je sente dans mon cœur est qu'elle soit ma femme et qu'elle soit heureuse par moi. » J'ai ouvert, dans mon embarras, le livre qui passe pour renfermer les phrases d'amour les plus éloquentes, et j'ai copié, si bien copié, qu'il paraît que j'ai même négligé de changer le nom qui se trouve dans le livre. — Je sais très bien que mademoiselle votre sœur ne s'appelle pas Julie, mais Geneviève ; j'ai appris sur elle tout ce que j'ai pu apprendre, et tout ce que j'ai appris a augmenté mon amour. Aujourd'hui, si mon langage est simple et vulgaire, du moins je parle moi-même et je vous répète : J'ai trente-cinq ans, je suis presque riche, j'aime mademoiselle votre sœur ; le plus grand désir que je trouve dans mon cœur est qu'elle soit ma femme et qu'elle soit heureuse par moi. Cette fois, vous pourrez me répondre sans me renvoyer au livre de Rousseau.
» J'ai l'honneur d'être, monsieur Léon Lauter, votre, etc.

» CH. MERRUEL. »

X.

Léon communiqua la lettre à Geneviève et dit : Cette fois, la lettre est sérieuse et il faut répondre sérieusement. Ce monsieur Merruel me paraît un excellent homme, fort touché de *tes attraits*. Que veux-tu que je lui réponde ? Le connais-tu ?
— J'ai dansé avec lui cet hiver, dit Geneviève, mon oncle l'a nommé devant moi.
— Ah !... Et comment le trouves-tu ?
— Bien, reprit Geneviève avec indifférence.
— Alors, je réponds que sa demande est fort honorable et que je l'autorise...
GENEVIÈVE. — A rien.
LÉON. — Comment à rien ! et pourquoi cela ?
GENEVIÈVE. — Je ne veux pas me marier.
LÉON. — Ah !
GENEVIÈVE. — Je ne veux pas me marier.
LÉON. — Tu as tort ; si ce que dit monsieur Merruel est vrai, et tout porte à le croire, c'est un mariage aussi heureux que je puisse le désirer pour toi. Un mari jeune, d'une figure agréable (c'est toi qui le dis), riche, amoureux de toi, reconnaissant son infériorité et tout disposé à vivre à deux genoux devant toi : on le ferait faire exprès qu'on ne trouverait pas mieux.

Geneviève ne répondit pas ; Léon continua d'un ton plus sérieux.

— Geneviève, je suis sûr que ma mère approuverait ce mariage et en remercierait le ciel. — Sois raisonnable, ma petite Geneviève ; je suis heureux de te voir enfin riche et brillante. Il faut que les avantages qui se présentent soient bien grands, chère Geneviève ; sans cela, te presserais-je tant d'accomplir ce qui amènera pour moi une foule de chagrins ? Comme je serai seul et abandonné quand tu auras quitté notre petit logis, dont tu es tout le bonheur ! A qui parlerai-je de Rose ? — Car de nouvelles affections viendront remplir ton cœur ; tu auras des enfants, un mari. — Ne me faut-il pas triompher, pour te marier, d'un sentiment bizarre, inconcevable ; j'y ai pensé souvent, — ce sera pour moi un jour cruel que celui où je te livrerai, toi, ma sœur, si timide, si innocente, — à l'amour d'un homme, — peut-être corrompu par le vice, qui ne saura respecter ni cette innocence, ni cette timidité ; à un homme qui, aujourd'hui, n'est rien, et qui, bientôt, sera

plus que moi ; à un homme qui pourra te faire pleurer, et me
fera à moi, ton frère, qui t'aime depuis si longtemps : — De
quoi vous mêlez vous ?

Albert entra. — Geneviève n'osa pas dire à Léon de ne pas
parler de ce qui arrivait.

LÉON. — Tu arrives à propos ; — lis cette lettre.

ALBERT. — Elle est très bien ; — et qu'en dit Geneviève ?
(Geneviève se penche sur sa broderie.)

LÉON. — Geneviève refuse.

ALBERT. — Elle a bien tort. Je connais Merruel, — c'est le
meilleur homme du monde ; ce qu'il promet dans sa lettre, il
le tiendra ; — Geneviève excitera l'envie de toutes les femmes.
— Il est bien modeste quand il se dit « presque riche ; » Merruel a plus de huit cent mille francs.

LÉON. — Tu entends, Geneviève ? (Geneviève se penche encore davantage ; — son cœur est déchiré : Albert n'a même pas
ce sentiment de regret dont parlait tout à l'heure son frère en
la voyant passer aux bras d'un mari.)

ALBERT. — Ma petite Geneviève, j'espère que tu n'as ma-
nifesté jusqu'ici que l'éloignement que toute fille croit devoir
simuler contre le mariage ; — je te félicite de l'offre de Merruel ; c'est un personnage entouré de piéges et d'appeaux par
les grands parens et les petites jeunes personnes. — Quand
il entre dans un salon, les chapeaux jaunes des mères se tournent vers la porte ; — quand il danse avec une jeune personne, la jeune personne parle de ses goûts simples, de son
amour de la campagne et du laitage. Tu seras heureuse, et tu
feras enrager toutes tes amies.

Geneviève ne put s'empêcher de fondre en larmes : — Albert la pressait de se marier avec un autre !

ALBERT. — Qu'as-tu donc, Geneviève ?

LÉON. — Il y avait déjà une heure que nous parlions de
monsieur Merruel quand tu es entré ; — elle m'avait prié de
laisser là ce chapitre, et nous la contrarions.

ALBERT. — Allons, Geneviève, puisque tu ne veux pas parler de ton mariage, parlons du mien.

LÉON. — Du tien ?

ALBERT. — Du mien.

(Geneviève sentit passer sur ses cheveux un frisson mor-
tel, puis elle leva les yeux au ciel pour demander à Dieu de la
force et du courage.)

Albert continua :

— J'épouse deux cent cinquante mille francs ; — ce n'est
pas trop pour rétablir mes affaires que mon coquin de premier clerc avait mises dans un bel état.

LÉON. — Je te croyais toujours amoureux d'Éléonore ?

ALBERT. — Éléonore, je ne sais ma foi pas où elle est, —
ni monsieur mon clerc non plus. — Elle l'aura sans doute
suivi ; — je ne suis pas de force à lutter contre un semblable
gaillard ; — trente mille francs en trois mois ! il ne lui aura
rien refusé, l'argent ne lui coûtait rien, — diamans, voiture, etc. — Moi, je n'avais rien que mon amour, — et encore je
n'en avais guère. — Je suis fort bien disposé pour le mariage ; je ne regrette rien de ma vie de garçon : — ma femme
s'emparera facilement d'un cœur que rien n'occupe ; ce sera à
elle à tâcher de le conserver.

— Je venais chercher Geneviève, car c'est toujours à elle
que j'ai recours dans les grandes occasions, pour qu'elle m'ai-
dât dans mes emplettes. Ma sœur devait venir avec moi, mais,
quand je lui ai proposé de venir ici, — elle a changé d'idée.
Est-elle donc fâchée de l'une de vous deux ? Mais cela n'a rien
d'inquiétant ; Rose est si changeante, qu'il vaut mieux être
avec elle en état de brouille ; on est sûr de ne pas longtemps
attendre un changement, et il n'a rien d'inquiétant. — C'est
aujourd'hui dimanche ; nous allons sortir tous les tro's, *ous
courrons un peu les boutiques, et je vous ramènerai ensuite
à la maison, où nous dînerons.

Le refus de Rose de venir les voir exaspéra Léon. — Quoi !
Rose, au lieu de chercher à s'excuser de sa conduite, lors de
de la dernière soirée où ils s'étaient rencontrés, les évitait,
les dédaignait ; il prétexta des affaires et dit qu'il ne pourrait
accompagner Albert, mais qu'il lui confiait Geneviève, et le
priait de la ramener le soir.

GENEVIÈVE. — Mais, tu ne m'avais pas parlé de ces affaires.

LÉON. — Elles n'en sont pas moins réelles, — et surtout
inévitables.

GENEVIÈVE. — Comment, tu ne pourras même pas venir le
soir ?

LÉON. — C'est impossible.

GENEVIÈVE (bas). — Léon, je t'en prie.

LÉON (bas). — Tu sais, Geneviève, que je ne te contrarie
jamais.

GENEVIÈVE. — Adieu, Léon.

Et en descendant l'escalier, Geneviève se serrait les mains,
et disait dans son cœur : — Ah ! ma mère, — ma chère mère,
tes enfans seront-ils donc malheureux tous les deux ?

Elle suivit Albert machinalement, sans savoir ce qu'elle
faisait, étourdie, avec un nuage devant les yeux. — Dans les
boutiques, elle ne voyait rien de ce qu'on lui montrait, se
laissait faire deux fois la même question et répondait au hasard. Quand ils arrivèrent chez monsieur Chaumier, — Rose,
qui avait repoussé avec colère l'offre d'aller chez Léon, — se
leva malgré elle, quand elle entendit sonner, — tant elle était
sûre de le voir, avec son frère et sa cousine. Mais quand Albert lui eût dit que Léon n'avait pas voulu venir, quoique
Geneviève le reprit, — elle affecta la
plus profonde indifférence, — et ne prononça pas une seule
fois son nom pendant le dîner. Après le dîner, Geneviève voulut lui parler de Léon ; mais Rose la supplia de ne pas continuer. — Geneviève n'aurait probablement tenu aucun compte
de cette prohibition, qui n'était peut-être pas de très bonne
foi, s'il n'avait commencé à venir à ce monde, et Rose était
obligée de s'occuper des arrivans.

Geneviève était dans un état d'exaltation *impossible à dé-
crire.* Les pensées se croisaient et se choquaient dans sa tête
et dans son cœur avec rapidité. Tantôt elle se disait qu'elle
ne voulait plus vivre, elle pensait avec une âcre volupté à la
mort ; — puis elle demandait pardon à Dieu et à son frère. —
Un instant après, elle purifiait son amour pour Albert de
toute idée vulgaire, elle se disait : Il sera heureux, je verrai
son bonheur, je serai l'amie de sa femme, je lui apprendrai à
l'aimer, j'élèverai ses enfans ; et un autre instant n'était pas
envolé qu'elle se disait : Ah ! je n'aurai pas besoin de me tuer,
mes jours sont comptés, depuis longtemps ma santé est perdue ; ces sourdes douleurs que je sens dans la poitrine sont
un signe certain de la brièveté de ma vie : j'irai bientôt rejoindre ma mère ; mais Léon, mais Albert. — Pauvre Léon ! Je
ne veux pas l'abandonner. Qui sait si les âmes des morts
peuvent protéger les vivans ? — Oh ! je ne le crois pas, car maman ne nous aurait pas laissés être si malheureux. — Mais,
grand Dieu ! il faut donc une séparation éternelle : je ne puis
rejoindre maman sans quitter Léon. — Ah ! maman, maman,
n'entends-tu pas ta fille ? ne vois-tu pas comme elle souffre ? —
Oh ! non ! reprenait-elle, la félicité des bienheureux ne serait
pas complète s'ils ne pouvaient s'occuper de ceux qu'ils ont
laissés sur la terre ; cette vie n'est qu'une épreuve, maman
sait que cela finira et elle nous attend dans le ciel. — Elle ne
versait pas de larmes, — de larmes, ce sang de l'âme. Une fièvre brûlante animait son teint et ses regards, et on se disait :

— Comme Geneviève est belle ce soir.

— Quel teint et quel éclat !

— La dernière fois que je l'ai vue, elle était loin d'être aussi
bien.

— Elle était pâle et elle avait les yeux caves.

— On aurait dit une poitrinaire.

— Ce n'était qu'une indisposition.

— Elle est charmante aujourd'hui.

Rose, de son côté, s'agitait beaucoup et s'occupait de tout
le monde. Monsieur Rodolphe de Redeuil entra et fit l'empressé ; Rose le reçut assez mal ; il la pria de chanter avec lui,
elle avait mal à la gorge ; de danser, elle était fatiguée. Il raconta quelques anecdotes, Rose ne sourit pas et dit tout haut
qu'il n'y avait rien de pire que la médisance quand elle n'a-
musait pas.

Pendant ce temps, voyons un peu quelles étaient les affaires
de Léon. — Léon se promenait sur le boulevard : il vint à

pleuvoir ; il alla au Palais-Royal, dont il fit le tour cent trente fois, après quoi il alla chez son oncle, se disant que s'il disparaissait, Rose et monsieur de Redeuil le croiraient désespéré ; que c'était un triomphe qu'il ne voulait pas leur donner ; ils en avaient assez d'autres sans celui-là. D'ailleurs il était tard ; il n'allait chez monsieur Chaumier que pour chercher sa sœur. Quand il entra, Geneviève ne le vit pas, ses yeux étaient occupés d'une manière assez cruelle pour qu'elle ne les détournât pas. On venait d'annoncer :

Monsieur Michaud,

Madame Michaud,

Mademoiselle Anaïs Michaud.

C'était cette belle jeune fille, qui entrait les yeux baissés, qui avait détruit tout le bonheur et tout l'espoir de Geneviève. Elle était jolie, elle paraissait douce et timide, et elle faisait plus de mal au pauvre cœur de Geneviève que ne l'eût pu faire un tigre avec ses griffes et ses dents.

Albert et Rose s'empressèrent d'elle ; toutes les femmes la regardèrent en chuchotant. Il y eut pour Geneviève un affreux moment d'angoisse. — Elle ne sentit plus battre son cœur ; une douleur poignante lui traversa les tempes, — un vertige fit tout tourner et disparaître à ses yeux. — Quand elle revint à elle, elle aperçut la figure de Léon, pâle comme devait être la sienne : la méchante Rose avait vu Léon, dont l'absence la chagrinait et l'agitait ; elle avait voulu se venger sur lui de ce qu'elle venait de souffrir, et sans manifester par le moindre signe qu'elle l'eût aperçu, elle devint immédiatement aussi charmante pour monsieur de Redeuil, qui ne l'avait pas quittée, qu'elle avait été pour lui, quelques instans auparavant, revêche et désagréable.

Geneviève venait de sentir dans son âme ce que devait éprouver son frère, — et le premier mot qu'elle se dit tout bas, fut : Pauvre Léon !

Noble et douce parole ; elle s'était dit : — Ma vie est finie, je tâcherai de vivre pour Léon et pour ceux que j'aime ; je me mêlerai au bonheur des autres, et j'en vivrai. Belle et touchante pensée, qui dut monter au trône de Dieu avec les parfums du soir.

Geneviève traversa le salon, et alla droit à son frère ; — elle lui dit : Ne te chagrine pas de la petite coquetterie de Rose, c'est une enfant, elle n'agit que pour te contrarier un peu, et se venger de ce qu'elle appelle tes torts à son égard ; — tant que tu n'as pas été là, elle ne s'est occupée de monsieur de Redeuil que pour lui dire des choses désobligeantes. — N'importe, dit Léon ; quel que soit le motif de cette conduite, je ne la pardonnerai pas. — Et il songeait que, sans doute, le serment de Rose la gênait beaucoup ; que ses affaires à lui n'étaient pas assez brillantes pour qu'il pensât encore à se marier, et que Rose n'avait ni assez d'énergie ni assez d'amour pour attendre et résister aux séductions des hommes qui l'entouraient, et aux obsessions de sa famille.

On présenta la *future* d'Albert à Léon et à Geneviève. La pauvre Geneviève resta assise auprès d'Anaïs ; — elle croyait que tout le monde savait son secret et que tous les yeux étaient fixés sur elle. A chaque instant, il passait sur son pâle visage des nuages de pourpre produits par les pensées subites qui venaient l'embarrasser. Tout d'un coup, elle se trouvait trop froide avec Anaïs ; on va me croire piquée, malheureuse. — Puis elle s'arrêtait au milieu de l'empressement qui succédait à la froideur. — Cet empressement n'est pas naturel, pensait-elle, tout le monde doit en comprendre le motif. — Pour Léon, il était allé dans une pièce écartée, écrire une lettre qu'il glissa dans la main de Rose. — Rose la mit où on serait si heureux de voir mettre ses lettres, si les femmes n'y mettaient à peu près tout, — dans son sein.

XI.

Quand tout le monde fut parti, Rose, — aussi rouge que si on eût pu la voir, tira de son sein la lettre de Léon, et s'empressa de la lire.

A ROSE.

« Ma cousine, — pardonnez-moi d'avoir abusé d'un moment d'entraînement et de pitié pour vous faire faire une promesse qui vous gêne aujourd'hui, et que, tout me le montre, vous regrettez amèrement d'avoir faite ; je vous la rends, ma cousine, vous êtes libre ; j'ai seulement le regret de n'avoir pas accompli plus tôt le devoir que j'accomplis aujourd'hui, vous n'auriez pas eu le temps d'avoir à mon égard les torts graves et nombreux que vous avez eus depuis quelque temps. Je renonce à vous, ma cousine ; soyez jolie, coquette, heureuse, rien ne vous en empêche ; aimez monsieur Rodolphe ou tout autre, je n'ai plus le droit d'en souffrir ouvertement. — Adieu.

» LÉON. »

Rose resta un moment stupéfaite, elle s'attendait à voir Léon demander des excuses de ses mauvaises humeurs ; elle n'aurait jamais cru qu'il se fût entre eux rien passé d'assez grave pour amener une rupture. — Après qu'elle eut relu la lettre, elle pleura beaucoup, puis elle écrivit :

« Léon, — es-tu fou ? je ne veux pas reprendre ma promesse, — et je ne te rends pas la tienne ; si j'ai des torts envers toi, je les ignore, mais je t'en demande pardon ; — je ne veux ni de monsieur Redeuil ni d'aucun autre ; — je suis à toi : si je suis coquette, ce n'est jamais que pour te plaire ou te taquiner un peu. Je brûle ta méchante lettre qui m'a fait pleurer.

» ROSE CHAUMIER. »

Si cette lettre avait été envoyée, que de bonheur elle eût donné dans le petit logis de Geneviève et de Léon ! — car Geneviève et Léon n'avaient plus qu'un bonheur à eux deux, c'était celui de Léon. Mais Rose se coucha, ne dormit pas, et rêva éveillée à tout le succès qu'elle avait eu le soir, pensa que Léon était le seul qui ne l'eût pas admirée et eût pensé qu'à la gronder, Léon à qui elle rapportait les applaudissemens et l'admiration des autres. — Elle le trouva souverainement injuste et s'endormit avec cette idée. Le matin, le cut celle qu'elle trouva toute faite dans sa tête avant d'être assez éveillée pour en trouver une autre. — Elle avait peu dormi, elle était de mauvaise humeur, la lettre de Léon était brûlée, elle ne put la relire et y retrouver tout ce qu'elle renfermait de douleur ; — elle ne se la rappela que comme une injustice sur laquelle il ne pouvait manquer de revenir, et à laquelle surtout il serait pour elle *honteux* de céder : elle brûla sa lettre. Léon, dans la journée, fut enchanté de passer deux fois devant la maison de monsieur Chaumier. C'était presque son chemin, et le pavé était meilleur, et la rue avait un trottoir, etc., etc.

Il vit sortir Rose avec Anaïs et la mère d'Anaïs en voiture, toutes trois étaient fort parées ; Léon détourna la tête pour ne pas être aperçu en assez triste équipage. On voudrait donner tant de bonheur à la femme que l'on aime, et en même temps, on voudrait si entièrement confondre l'existence de l'objet aimé dans la sienne propre, qu'on ne peut s'empêcher d'un mouvement d'irritation à l'aspect d'un plaisir ou d'un bonheur qu'elle goûte sans vous et sans que vous en soyez la cause. — Léon fut enchanté d'avoir écrit sa lettre. Rose, qui avait vu Léon et à laquelle son mouvement pour ne pas être aperçu n'avait pas échappé, fut très fâchée contre lui et se réjouit fort de ne pas avoir envoyé la sienne.

Le mariage d'Albert et d'Anaïs était fixé pour la semaine suivante. — Léon s'occupa de la toilette de sa sœur. Il acheta quelques objets à crédit et vendit sa montre pour ceux qu'il fallait payer comptant. — Il cacha soigneusement à Geneviève ce sacrifice d'un bijou auquel il tenait beaucoup et qui lui était tout-à-fait nécessaire pour ses leçons ; il supposa qu'elle était dérangée et qu'il l'avait donnée à réparer à l'horloger. Rose vint voir Geneviève avec Anaïs pour la prier d'être *demoiselle d'honneur* : Geneviève accepta ; comment aurait-elle refusé ? Et d'ailleurs, ceux qui ont souffert savent avec quelle triste volupté on aime à déchirer avec les ongles et à faire saigner une blessure sans espoir de guérison. — C'était la seule fois que Geneviève eût vu Rose depuis la rupture avec Léon : la présence d'Anaïs et de sa mère empêcha Geneviève d'en parler. Rose à aucun prix n'eût dit un mot la première de son cousin, quoique rien ne pût lui faire plus de plaisir que d'en entendre parler. Seulement, lorsque Geneviève dit : — Léon est sorti, il sera bien fâché de ne s'être pas trouvé ici, Rose fit un petit mouvement de tête presque imperceptible, dont le commencement voulait dire assez tristement qu'elle n'en croyait rien, et la fin, assez orgueilleusement, que c'était pour elle parfaitement indifférent.

C'est ce que dit aussi Léon, quand il apprit que Rose était venue ; mais il cherchait, sans toutefois faire de questions, à se faire dire par Geneviève les moindres détails de sa visite : — il lui semblait que la maison était changée depuis que sa cousine était venue ; — il regardait la chaise sur laquelle elle s'était assise, — et le parquet sur lequel elle avait marché ; — il avait usé de détours incroyables pour savoir sur quelle chaise Rose s'était assise. — Il avait trouvé dérangés deux chaises et un fauteuil, — le seul de la maison : le fauteuil était évidemment pour madame Michaud. Il dit à Geneviève : — Comment as-tu trouvé mademoiselle Anaïs ?

— Très bien, dit Geneviève ; cependant Rose...

Léon l'interrompit. Il ne voulait pas parler de Rose, de même que Geneviève ne voulait pas parler d'Anaïs.

— Je l'ai vue l'autre matin, dit Léon.

— Rose ? demanda Geneviève.

— Anaïs, répondit Léon ; je l'ai vue l'autre matin, elle est fort jolie au jour.

— J'aime mieux Rose.

— Et moi aussi, pensa Léon ; mais la chose qu'il pensait était précisément celle qu'il ne voulait pas dire. — Il dit : Peut-être était-elle dans l'ombre ici ; — était-elle du côté de la fenêtre ?

— Oui, dit Geneviève. Léon ne dit plus rien, il savait où s'étaient placées madame Michaud et sa fille. De ce jour, il adopta la chaise de Rose, et la changea, en l'absence de Geneviève, contre une semblable — qui était dans sa chambre. Deux jours avant la noce, on apporta la toilette de Geneviève. — Léon s'était acheté un chapeau et des souliers.

XII.

LA TOILETTE DE GENEVIÈVE.

La toilette de Geneviève, — cela est bientôt dit ; — je vois d'ici votre mauvaise humeur, madame ; vos lèvres déjà un peu minces se sont resserrées, et il a passé par votre tête une pensée injurieuse pour moi. A quoi bon, en effet, faire deux gros volumes, — sept cents pages, ma foi, et plus de quatre cent vingt-huit mille lettres, — pour passer sous silence précisément ce qui peut se rencontrer d'intéressant ? Je m'expose à vous voir comparer chacune des choses que je dis à la chose que je ne dis pas, — et ne rien trouver dans mes sept cents pages, qui vaille la page que j'ai négligé d'écrire.

Ce monsieur, dites-vous, — a le plus grand soin de nous détailler la parure des prairies ; parure du printemps, parure d'été, parure d'automne, parure d'hiver ; — il n'oublie pas un seul bouton d'or, — ni une sauge, ni une marguerite.

Il ne néglige pas de nous apprendre de quelles teintes se parent les forêts de l'automne : — les tilleuls sont jaunes ; les marronniers roux ; les chèvrefeuilles bleuâtres ; — tout cela est fort joli ; — la vigne-vierge pend des grands murs en hardis festons pourpres et amarante. — Je le veux bien. — Il ne rencontre pas une fleur, sans nous préciser sa couleur et son parfum ; il nous dit bien au juste la nuance de vert de chaque brin d'herbe. — Cela fait bien quelque plaisir ; mais enfin, c'est ce que nous savons aussi bien que lui ; et au fait, cela ne sert à rien, — tandis qu'on peut trouver un bon modèle à suivre dans une jolie toilette, — et il pourrait bien nous parler des femmes avec autant de détails et d'amour que des fleurs de son jardin.

Je pourrais répondre à cette exclamation par trois cents raisons ; — mais j'aime autant céder, et je vous dirai la toilette de Geneviève, —

Et aussi la toilette de Rose, —

Et aussi la toilette d'Anaïs, —

Et aussi, — si cela peut vous être agréable, la toilette de madame ***.

Et aussi la mienne, — mais cela ne serait pas convenable : je suis, en ce moment en robe de chambre et en pantoufles.

Je vais faire allumer par mon nègre, — un Savoyard de treize ans intitulé *père Michel*, la plus grande de mes pipes de cerisier. — Le père Michel va serrer ses soldats de plomb et me donner du feu ; — et je vais me rappeler les toilettes en question, en fumant un tabac parfumé de benjoin et d'aloës, — ce que je vous recommande, ô vous qui fumez, — ce que je vous recommande, ô vous qui ne fumez pas, de recommander à ceux qui fument près de vous.

XIII.

LA TOILETTE DE GENEVIÈVE. — LA TOILETTE DE ROSE. — LA TOILETTE D'ANAÏS. — LA TOILETTE DE MADAME MICHAUD.

Commençons par Anaïs. — Voulez-vous aussi le portrait d'Anaïs ? — Anaïs est assez jolie, mais insignifiante, c'est tout ce que je me rappelle. Malheureusement je n'invente pas ce que je raconte, et il y a des choses que j'ai oubliées, d'autres que je n'ai pas regardées au moment où elles se sont passées, et quand il m'arrive de vouloir combler une lacune avec l'imagination, cela fait disparate de la manière la plus choquante, et j'efface. — Voilà donc tout ce que je sais d'Anaïs, — mais sa toilette, je me la rappelle parfaitement, parce que j'ai entendu des femmes en parler dans les plus grands détails, — c'était :

Une robe de velours épinglé blanc, garnie d'angleterre, un voile d'angleterre, des manches et une mantille pareilles : — une petite couronne en fleurs d'oranger naturelles, montées sur des fils d'argent (ah ! je me rappelle qu'Anaïs était blonde), un bandeau, un collier et des bracelets en perles ; — la jupe de la robe un peu traînante.

Cela avait un grand succès, — Geneviève, si elle eût osé donner audience à aucune pensée contre Anaïs, eût trouvé cela trop paré et trop riche pour une mariée, et, à coup sûr, si elle eût été la mariée, ce n'est pas ainsi qu'elle aurait été habillée, — si *elle eût été la mariée* ; pourvu, Dieu tout-puissant, que cette idée ne soit pas venue à la tête de la pauvre enfant, elle aurait bien souffert.

La toilette des deux demoiselles d'honneur ne devait pas attirer les yeux ; — Rose avait une robe de taffetas changeant vert et noir ; un châle de taffetas, un chapeau ; — je ne sais pas vraiment comment était le chapeau, — et un bracelet d'or très simple.

La robe de Geneviève était également en taffetas changeant, — mais gris et orange, — avec un chapeau pareil ; — elle avait une capote de crêpe blanc, — et un bracelet orné de pierreries ; — un très beau bracelet, — c'était la montre de Léon, laquelle était une fort belle montre à répétition.

Madame Michaud avait un chapeau jaune avec des plumes exorbitantes, et une robe verte, et une vieille puce ; — toilette de belle-mère ; — genre de madame Leloup, de notre roman le *Chemin le plus court*. (Un arrêt de cour royale du — au diable les idées ! — a déclaré que ce n'était pas un roman, mais une histoire vraie ; — qu'est-ce que je vous disais tout à l'heure ?)

Pour moi qui assistais au mariage, je ne remarquai qu'une chose, c'est que Geneviève n'était pas en blanc ; — j'en tirai la conséquence qu'elle ne s'était pas occupée de sa toilette, et avait laissé faire son frère et sa couturière ; — c'était la première fois que je la voyais ainsi, — peut-être aussi n'avait-elle pas voulu ressembler à la mariée. — Le soir, cependant, au bal, elle était vêtue de blanc, — mais c'était une robe qu'elle avait depuis longtemps.

Je crois que c'est tout.

XIV.

Geneviève pria à l'église avec plus de ferveur que personne ; — le sacrifice était accompli ; elle demandait à Dieu de la force, — puis elle priait pour Albert, et aussi pour Anaïs.

— O mon Dieu, disait-elle, — qu'Albert au moins soit heureux. — Je ne peindrai pas comment chaque parole, — à la mairie et à l'église, lui donnait un coup au cœur ; — il vint un moment où tout fut fini ; — une vieille femme dit en voyant Albert et Anaïs entrer à la sacristie, pour écrire les diverses choses qu'on écrit en ce cas : — Le joli couple ! ils sont faits l'un pour l'autre. Ce mot fut cruel pour Geneviève. Elle sentit un moment de colère contre la pauvre vieille, mais elle le réprima aussitôt, en demanda pardon à Dieu, et s'arrêtant, donna à la vieille une pièce de monnaie. — Ma bonne demoiselle, dit la vieille, je vais prier Dieu pour que votre tour arrive bientôt. Quand on remonta en voiture, la robe d'Anaïs se prit dans la portière sans que personne s'en aperçût, excepté Geneviève. — Si l'on descendait par la portière opposée, nul doute qu'Anaïs déchirerait sa robe. — Le malin esprit donna à Geneviève de bonnes raisons pour ne rien dire, et laisser faire ; — mais Geneviève fit ouvrir la portière, et rentra la robe de sa nouvelle cousine.

Le soir, après le bal, — elle se coucha mourante ; — cependant, quand elle fut seule, en se déshabillant, ses regards tombèrent sur elle, — elle se mira, et dit : — *J'étais* belle aussi, moi.

Le lendemain, — elle envoya à Anaïs les quelques bijoux qu'elle possédait ; — de ce jour on put remarquer dans sa mise une simplicité qui n'osait pas tout-à-fait être du deuil, mais qui en avait bien envie.

La saison s'avançait assez pour qu'il revint quelques élèves de Léon ; quelques uns revinrent en effet, — mais en petit nombre. — Un soir, en rentrant, le portier de la maison donna à Léon un papier plié en quatre ; Léon le lut dans l'escalier : — c'était écrit dans un style singulier, seulement on comprenait qu'on était menacé de quelque grand malheur.

La loi est pour tous, même et égale pour tous, — et tout le monde est censé la connaître. — Pourquoi alors s'exprime-t-elle dans un langage bizarre et inintelligible, surchargé à la fois de périphrases et d'abréviations ? C'était une assignation pour *s'entendre condamner* au paiement d'une petite somme qu'il devait à un marchand.

La chose finissait ainsi :

« Mandons et ordonnons à tous huissiers sur ce requis, de mettre le présent jugement à exécution. A nos procureurs généraux, à nos procureurs près les tribunaux civils de première instance, d'y tenir la main, à tous commandans ou officiers de la force publique d'y prêter main-forte lorsqu'ils en seront légalement requis. »

Ce qui, lu dans un escalier, le soir, à la lueur d'une chandelle, — donne un frisson et évoque un tableau d'une armée entière arrivant en armes contre vous. Léon eut peur, — mais, à sa peur, succéda bientôt une autre pensée. Quel bonheur ! se dit-il, que ce papier ne soit pas tombé dans les mains de Geneviève ; — c'est précisément une somme dépensée pour elle que l'on réclame de moi, c'est autant eu bien du chagrin. — Il redescendit, donna de l'argent au portier et lui dit : — « S'il arrivait par hasard d'autres papiers du genre de celui-ci, ayez soin, quoi qu'il arrive, de ne jamais les remettre à ma sœur. »

Il rentra sans bruit pour ne pas éveiller Geneviève, et passa une partie de la nuit à relire le fatal papier. Ce papier lui était envoyé

Au nom du roi, de par la loi et la justice.

Ce n'était plus simplement l'armée qui s'élevait contre Léon, c'était la société entière. Le lendemain, il sortit dès qu'il fit jour et courut chez l'huissier rédacteur du papier. — Il abaissait son chapeau sur ses yeux et évitait les regards des passans. — Il se considérait lui-même comme un paria, comme un ennemi de la société, comme un grand criminel, ayant autant de droits à la curiosité publique que l'assassin qu'on va guillotiner (quand on guillotinait les assassins ; — dernièrement, à Paris, une fille avait tué son amant d'un coup de fusil, pour crime d'infidélité, — le jury a déclaré que l'amant était dans son tort).

Il rencontra par hasard des sergens de ville et il prit une

autre rue. Il lui semblait que tout le monde le regardait, qu'on se le montrait les uns aux autres en se disant : — C'est lui.

Arrivé au numéro indiqué, il regarda si personne ne le voyait et se hâta d'entrer dans l'allée de l'huissier ; il arriva par un escalier sombre à une grande pièce ornée d'un poêle sans feu. Il y avait là des cartons et des tables noires pour tout mobilier. — Quatre escogriffes jaunes, vêtus de prétendues redingotes noisette ou vert olive, penchés sur les tables, les doigts allongés, écrivaient incessamment des papiers semblables à celui qu'avait reçu Léon ; il y avait une odeur de vieux papier nauséabonde ; je ne parlerai pas de l'odeur des clercs. Il demanda l'huissier, un des escogriffes lui dit : — Je suis le premier clerc, dites-moi votre affaire. — Léon qui, pour rien au monde, n'aurait osé dévoiler sa honte devant quatre personnes, insista pour parler au patron. — Le patron sortit de son cabinet, et, devant les clercs, lui dit : — Que veut monsieur ?

— Vous parler en particulier.

— Entrez dans mon cabinet.

Léon n'osa pas s'asseoir devant un aussi puissant personnage, un homme qui donnait des ordres, comme le disait le papier, aux procureurs généraux, et à tous les commandans de la force publique de France. L'huissier alors lui demanda son nom.

— Léon Lauter.

— Ah ! monsieur Léon Lauter, affaire Chabanne !

— Hé ! cria-t-il par la porte restée entr'ouverte, où en est l'affaire Chabanne contre Léon Lauter ?

— A l'audience du jour.

— Monsieur, votre affaire vient à l'audience du jour.

— Pardon, monsieur, mais je ne comprends pas.

— Vous plaisantez, monsieur ?

— Jamais je n'en eus moins d'envie, monsieur.

— Eh bien ! monsieur, c'est-à-dire qu'aujourd'hui, heure de midi, à l'audience publique du juge de paix...

— Publique ? dit Léon.

— Publique, — répondit l'huissier, à l'audience publique du juge de paix on appellera votre affaire, et vous serez condamné à payer.

— Mais monsieur, je ne refuse pas de payer.

— Alors, payez.

— Je ne le puis aujourd'hui, — mais demain.

— Demain, vous aurez des frais.

— Qu'est-ce ? — dit Léon.

— En voici le compte, dit l'huissier en prenant sa plume :

Protêt.	6 fr.	85 c.
Enregistrement. .	4	55
Assignation. . .	8	20
Pouvoir	2	20
Jugement. . . .	26	45
Total. .	45 fr.	03 c.

qu'il vous faudra payer en sus de la somme.

— Mais, monsieur, le petit bon que j'ai fait n'est que de cinquante francs.

— Cela ne fait rien, — et si vous ne payez pas demain, nous aurons à ajouter :

Signification	7 fr.	93 c.
Commandement	5	50
Procès-verbal de saisie. . .	11	70
Total. . .	23 fr.	45 c.

— Irez-vous à l'audience du juge de paix ?

— A l'audience publique ?

— Oui.

— J'aimerais mieux mourir.

— Alors, au procès-verbal de saisie, vous formerez opposition, dès que le jugement sera par défaut ; — il faudra pour cela une autorisation particulière du juge de paix, — et nous aurons encore :

Assignation en débouté . . .	8 fr. 20 c.
Nouveau jugement	26 45
Signification	7 95
Commandement	5 50
Procès-verbal de saisie. . . .	11 70
Procès-verbal d'affiche. . . .	24 » »
Total. . .	85 fr. 80 c.

ensemble, — 154 fr., plus le capital de 50 fr. — Je ne vous parle là ni de procès-verbal de *récolement* de vos meubles, ni des frais de vente.

— Mais, monsieur, que faire ? — dit Léon.

— M'apporter demain 50 fr., plus 45 fr. 05 c., et tout sera dit.

— Oh ! monsieur, je vous remercie.

— Monsieur, il n'y a pas de quoi.

Et Léon fut obligé de passer devant les quatre clercs instruits, malgré ses précautions, de l'affaire qui l'amenait.

Le lendemain, — il vint encore plus tôt que ce jour-là apporter la somme demandée, et se confondit en remercimens envers l'huissier.

XV.

Depuis le jour du mariage d'Albert, Geneviève était en proie à une fièvre ardente ; malgré la résignation qu'elle s'était promise, elle avait par momens des accès de désespoir auxquels elle ne pouvait résister. — Elle sortait alors et allait prier dans les églises. — Depuis sa découverte des soins que Léon prenait de son habit, Geneviève avait soupçonné les difficultés qu'éprouvait son frère à subvenir aux soins de leur petit ménage, et elle avait observé ; elle n'avait pas tardé à deviner le sort de sa montre ; mais Léon attachait tant de prix à lui cacher ses misères, qu'elle n'osait pas faire semblant de s'en apercevoir ; aussi évita-t-elle de lui reparler de sa montre, ni de jamais s'enquérir de l'heure devant lui. Léon rentrait habituellement fort tard et ne se levait que vers huit ou neuf heures : il n'avait rien à faire plus tôt et avait souvent besoin de repos. Un matin il dit à Geneviève : — Mais Geneviève, je ne vois plus la femme de ménage ? — Elle a trouvé un autre ménage à faire, dit Geneviève, et m'a demandé la permission de venir le matin de très bonne heure ; sans quoi, m'a-t-elle dit, elle serait obligée de refuser le bonheur qui lui arrivait. Elle vient ici un peu avant le jour, et elle est souvent partie longtemps avant que tu sois éveillé.

Il s'était élevé entre le frère et la sœur une noble et touchante lutte de générosité et de dévoûment. Jamais Geneviève n'eût demandé d'argent à Léon, mais Léon lui en donnait toujours avant que celui qu'elle eût fût dépensé. Bien souvent, Geneviève lui disait : — Je n'en ai pas besoin, j'en ai encore. La vérité était qu'elle avait supprimé la femme de ménage à qui on donnait vingt francs par mois.

J'ai souvent pensé à l'indifférence de la divinité sur les actions humaines, — en voyant la même lune répandre les mêmes rayons sur l'homme qui rentre porter du pain à sa famille, et sur le brigand qui l'attend au détour d'une rue pour l'assassiner ; — mais je n'ose pas croire que Dieu ne reposait pas un moment ses regards sur Geneviève, quand le matin, une heure avant le jour, elle se réveillait, allumait une *chandelle*, et se levait sans bruit. Elle se livrait alors aux travaux les plus vils ; — elle lavait la vaisselle, elle balayait, n'ayant d'autre soin que de ne pas réveiller Léon qui devait être fatigué de la veille, qui se chagrinerait de la voir ainsi travailler, et s'opposerait à ce qu'elle continuât à employer le seul moyen qu'elle avait pu trouver, de contribuer aux dépenses de la maison ; mais ce qu'elle faisait surtout avec un soin et un respect touchant, c'était de nettoyer les vêtemens de Léon. — Comme elle ménageait ce pauvre vieil habit qui lui retraçait toutes les privations que Léon s'était imposées pour elle ; avec quel soin elle faisait une *reprise* dont elle avait aperçu l'urgence pendant le jour, mais dont elle n'avait pas parlé, parce qu'elle comprenait que ce serait ajouter

aux chagrins de Léon, celui de lui montrer qu'il ne réussissait pas à tromper sa sœur.

Habit, en effet, vieil habit plus respectable que la pourpre, — travail plus noble que la broderie des femmes désœuvrées sur des étoffes d'or et d'argent.

Elle ne se rebutait devant aucun soin, ou plutôt elle ne voyait pas ce qu'il avait de rebutant.

Geneviève avait de jolies mains délicates, effilées, blanches, avec des ongles d'un rose tendre, — et avec ses jolies mains, si pleines de distinction, elle nettoyait jusqu'à la chaussure de son frère, puis elle remettait tout en place, — bien précisément comme faisait autrefois la femme de ménage.

Le ménage fait, elle préparait le déjeuner, — puis elle faisait sa toilette ; elle peignait et nattait ses beaux cheveux, car il fallait que Léon, en se réveillant, la trouvât habillée, et que rien dans sa toilette du matin ne pût laisser soupçonner la tâche qu'elle avait rem plie.

Et c'étaient chaque matin les mêmes travaux et les mêmes soins.

Et cependant, jamais femme ne fut plus délicatement belle que Geneviève ; — jamais femme n'inspira plus naturellement cette pensée, que c'était pour elle qu'avaient été inventés le velours et la soie ; jamais plus d'élégante mollesse dans les formes et dans les mouvemens ne fît songer à entourer une femme d'esclaves attentifs à prévenir même la fatigue d'un désir !

Un soir, Léon voulut lui donner de l'argent, elle lui montra qu'elle en avait beaucoup plus encore que cela n'était probable ; pauvre fille ! comme elle était heureuse ce soir-là ! Léon pensa alors qu'il pourrait peut-être remplacer son chapeau, qui depuis longtemps ne subsistait qu'à force d'industrie. — Le lendemain, il passa cinq ou six fois devant la porte du chapelier sans oser entrer ; — enfin, l'aspect de son chapeau dans une glace le décida ; — et il entra, honteux pour les autres d'avoir gardé son chapeau si longtemps, pour lui-même, de ne pas le garder encore un peu.

XVI.

Bien des fois déjà, Geneviève avait décidé qu'elle devait renoncer à Albert, mais quelque entière que fût sa résignation, elle cachait toujours quelque reste d'espérance, à son insu. Le mariage avait cette fois tout fini.

Rose ne voyait plus Léon ; elle croyait un juste orgueil engagé à ne pas le rappeler ; mais elle avait pris en horreur monsieur de Redeuil, qui avait été pour elle le prétexte d'un essai de coquetterie qui avait si mal tourné. Rodolphe était toujours fort assidu chez monsieur Chaumier, et toute la société des Chaumier et des Redeuil croyait qu'il épouserait Rose.

Monsieur Chaumier s'efforçait en vain de mettre de l'ordre dans sa maison, dont les dépenses dépassaient de beaucoup les revenus. Il prit le prétexte de quelques réparations à faire à Fontainebleau, pour aller y passer un mois, quoiqu'on fût au milieu de l'hiver. Au bout de huit jours, Rose, n'y pouvant plus tenir, écrivit à Geneviève que, si elle voulait lui sauver la vie et l'empêcher de mourir d'ennui il fallait qu'elle vînt partager son exil. Il y avait en *P. S. :* « Amène *si tu veux* monsieur Léon, si toutefois il ne craint pas trop de s'ennuyer avec *nous*. »

Geneviève était malade, le chagrin et la fatigue avaient achevé de détruire sa santé. — Léon ne pouvait quitter ni sa sœur ni ses leçons. Rose vit dans ce refus une rupture complète. Elle tomba dans une sombre tristesse ; — le séjour de Fontainebleau lui rappelait trop vivement sa tendresse pour Léon ; tendresse vraie et profonde, dont le monde avait pu la distraire, mais non la dépouiller. Chaque arbre du jardin, chaque meuble de la maison lui montraient des circonstances de son amour. Les détails les plus futiles l'attendrissaient et lui arrachaient des larmes. — Elle retrouva, sous l'herbe jaune, les limites de son jardin, — de son jardin à elle et à Léon. — Elle se rappela que, tandis que Léon était chez monsieur Semler, — et qu'il revenait à la maison que le di.

manche, il lui avait bien recommandé de soigner les pois de senteur qu'il avait semés. Quand quelqu'un allait chez monsieur Semler, Rose tirait de terre un des pois avec la petite tige verte et sa racine, et l'envoyait à Léon pour qu'il pût juger de l'état de la végétation. Le messager était chargé de le rapporter, et Rose le replantait.

Quand Rose profitait d'un de ces rayons si doux du soleil d'hiver pour se promener dans le jardin, il lui semblait que les sorbiers, les rosiers, les brins d'herbe, murmuraient le nom de Léon.

Tout avait changé, les journées s'étaient envolées; madame Lauter était morte, Geneviève et Rose étaient séparées, Albert marié dans une nouvelle famille, monsieur Chaumier vieilli et cassé, Léon artiste de talent et de réputation.

Mais les arbres et les rosiers n'avaient pas changé; tous les ans ils donnaient les mêmes fleurs et les mêmes parfums; la même herbe encadrait les pavés de la cour; — les mêmes merles venaient becqueter les ombelles de corail des sorbiers.

Un jour, monsieur Semler disait: — Comme je m'étais trompé! j'avais toujours cru que vous vous épouseriez Léon, et que Geneviève serait la femme d'Albert.

Rose le quitta, et alla se promener dans le jardin; elle pensa à tout ce qu'il y aurait eu de bonheur à réunir entre eux quatre toutes les affections qui remplissent la vie; à n'en rien distraire, à n'en rien gaspiller pour le reste du monde; — amour de parens, — amitiés d'enfans; — premier amour de jeunes garçons et de jeunes filles; dernier amour du mariage; — tous ces amours renfermés en eux quatre. Un soir, elle écrivit à Geneviève:

« Ma Geneviève, c'est à Léon que j'écris, — donne-lui cette lettre.

» Léon, nous sommes fous, — je t'aime, et je suis sûre que tu m'aimes. — Je suis à Fontainebleau; je t'écris assise dans ce même fauteuil où j'étais quand nous nous sommes promis d'être l'un à l'autre, — le jour où on enterra ma tante Rosalie.

» Tiens, Léon, je n'ai plus d'orgueil, je suis trop malheureuse; — tu ne m'as pas oubliée, — n'est-ce pas? — Viens à Fontainebleau, amène Geneviève; — nous serons seuls tous les trois avec mon père; nous lui rappellerons ce qu'il a promis à ma tante. — Pauvre tante! si elle n'était pas morte, nous n'aurions jamais été séparés! Pendant que ma lettre ira à Paris, je vais aller au cimetière prier sur son tombeau: — viens, vous me manquez ici tous les deux; — il y a partout des places vides. »

A ce moment arriva Albert; il était venu à cheval en poste; il dit au postillon de lui ramener d'autres chevaux dans une demi-heure, pour retourner à Paris.

— Mais, dit Rose, es-tu fou? Tu ne peux faire ainsi vingt-quatre lieues sans te reposer. — Albert ne répondit rien et demanda à parler à son père. Rose le conduisit jusqu'à la porte de la chambre de monsieur Chaumier, et voulut se retirer; mais Albert lui dit: — Reste, ma sœur, il faudra bien que tu saches ce que j'ai à apprendre à notre père; — j'aime autant n'avoir à en parler qu'une fois.

Rose alors regarda Albert et pensa que ce n'était pas seulement à la fatigue de la route qu'il fallait attribuer l'excessive pâleur de son frère.

XVII.

Voici, en effet, ce qu'Albert dit à son père: — Le vol fait par mon clerc est bien plus considérable que je ne l'avais cru d'abord; j'ai découvert depuis qu'il a fait à ma place divers recouvremens dont l'absence m'a beaucoup gêné; j'ai été obligé de contracter un nouvel emprunt, dont les termes vont échoir en même temps que celui pour lequel mon père s'est engagé solidairement avec moi. — Je ne sais comment mon beau-père et ma belle-mère ont appris l'état de mes affaires, mais, après une scène assez violente qui a eu lieu entre nous, ils ont mis Anaïs de leur côté et ils me menacent d'un procès en séparation de biens. — C'est un éclat qui détruirait toutes

mes dernières ressources, je suis donc obligé d'y donner les mains pour que la chose se passe sans retentissement; — avant tout, j'apporte à mon père des valeurs pour se mettre à couvert d'une partie des paiemens qu'il va bientôt avoir à faire pour moi.

Et en même temps Albert remit à son père plusieurs papiers de commerce.

— Je sais bien, ajouta-t-il, que cela ne fait pas une somme suffisante et que votre fortune s'en trouvera un peu entamée, mais c'est tout ce que j'ai pu réunir en dehors de la dot de ma femme. Je vais rendre l'étude à mon prédécesseur, qui, en échange des sommes qu'il a déjà perçues, paiera une partie des dettes de l'étude; le reste, à la grâce de Dieu. Je m'en vais.

— Mais, dit monsieur Chaumier.....

— Mais, dit Rose.....

— Vous voulez, reprit Albert, que je vous donne des explications, il n'y en a pas à donner; vous savez tout. Ce que je vous dirais ne servirait qu'à rendre moins clair ce que je vous ai déjà dit. Pardonnez-moi la brèche faite à votre fortune, et adieu.

A ce moment, en effet, on entendit claquer le fouet du postillon qui tenait un cheval en main, à la porte. Albert embrassa son père et sa sœur, et partit au galop.

Monsieur Chaumier et sa fille restèrent stupéfaits. — Monsieur Chaumier calcula qu'avec cette nouvelle perte et les extravagantes dépenses qui l'avaient précédée, ils allaient se trouver précisément un peu moins riches qu'avant le gain de son procès, et, par conséquent, hors d'état de venir encore en aide à Albert.

Rose ne s'affligea pas autant qu'on aurait pu le croire de la diminution de la fortune de son père, qui les obligeait à reprendre leur ancienne vie de Fontainebleau. Depuis qu'elle y était revenue, ses plaisirs de Paris lui semblaient fades et creux auprès de tous les souvenirs qu'elle y trouvait. C'était un concert où tout disait: Geneviève et Léon, — amour et amitié.

La pensée de vivre à Fontainebleau renfermait celle d'y vivre avec eux; — elle courut dans le jardin plein de neige, — comme pour aller dire aux arbres que Geneviève et Léon reviendraient, et qu'ils se blottiraient bientôt tous ensemble sous leur feuillage printanier. — Mais bientôt une triste pensée s'empara de l'âme de Rose. — Quoi! sa lettre arriverait à Geneviève et à Léon en même temps que la nouvelle de leur ruine; — leur cœur si noble et si fier pourrait croire un moment que les bons sentimens n'étaient rentrés dans le sien qu'avec l'infortune, et qu'elle ne se rattachait à l'amour et à l'amitié que parce que les plaisirs du monde allaient lui manquer.

Cette impression ne dût-elle rester qu'un instant dans l'esprit de ses anciens amis, rien n'aurait décidé Rose à la faire naître.

Elle n'envoya pas sa lettre; et, seulement alors, elle comprit qu'elle était ruinée et malheureuse.

Elle se coucha de bonne heure pour ne pas dormir, — et quand, le surlendemain de la visite d'Albert, monsieur Chaumier partit pour Paris, afin de mettre ordre à ses affaires, et se débarrasser de tout l'attirail de la maison de Paris, elle refusa de l'accompagner, et resta seule, avec Modeste, à Fontainebleau. Elle repassa toute cette douce vie de famille dont la maison et le jardin avaient été le théâtre; — elle se rappela ses moindres torts, pendant le séjour de Paris, envers Léon et Geneviève. — Si elle avait encore été riche, elle serait allée se jeter à leurs genoux, et leur dire · Geneviève, ma sœur, — Léon, mon cousin, mon amant, mon mari, ne nous quittons jamais et renfermons toute notre vie entre nous trois.

XVIII.

L'AUTEUR A SES AMIS CONNUS ET INCONNUS.

Où en étais-je de mon récit? J'ai été forcé de l'interrompre pendant quelques jours à cause d'un accident peu ordinaire. Mon chien Freyschütz, mon compagnon depuis six ans, sur terre et sur mer, dans la bonne et la mauvaise fortune, — mon chien m'a mangé!...

Le docteur Lebâtard a ramassé proprement mes morceaux, les a rejoints, recollés et ficelés; maintenant, il prétend que je n'ai qu'à rester chez moi et à attendre. Attendons.

C'est une triste chose que d'être mangé par son chien; je n'en sais guère d'exemple que dans la fable, et encore a-t-on cru, pour la vraisemblance, devoir dire qu'Actéon avait été préalablement changé en cerf. Je ne sais que trois personnes au monde qui comprennent le chagrin d'une pareille aventure. — Une fois déjà Freyschütz m'avait dévoré. J'avais bien trouvé moyen d'imaginer pour lui des excuses; — à force d'industrie même, j'avais parfaitement établi que les torts étaient de mon côté; — j'étais rentré tard, brusquement, sans lumière, je l'avais éveillé en sursaut; — enfin, il paraissait m'avoir pardonné. — Mais, cette fois, il me mangeait avec plaisir; il a fallu employer toute ma force et toute mon adresse pour me délivrer de lui. — Le docteur Lebâtard m'a parfaitement fait comprendre que, quelques lignes plus bas, j'étais mort. — L'autre fois, on avait été quelques jours incertain si je conserverais le bras. Décidément, Freyschütz m'aimait comme on aime le beefsteak : — c'était de la gourmandise et non de l'affection que je lui inspirais. Et cependant c'était un heureux chien! — habitué du pâtissier Félix, maître dans la maison et au dehors, tellement que, quand nous sortions ensemble, chacun à un des bouts d'un cordon de soie, on prétendait qu'il me tenait en laisse. Tous mes amis étaient les siens. Gatayes l'appelait : — Mon cousin; — Victor Bohain l'invitait à dîner à Palaiseau, à Palaiseau où était ce beau rosier sous lequel on se mettait à l'abri du soleil et de la pluie; — ce beau rosier qui est mort l'année dernière. — Semblable à un arbre dont les feuilles tombent, l'homme voit successivement mourir autour de lui tout ce qu'il aime, tout ce qui lui plaît. — Chaque jour on lui envoyait des gâteaux et des bonbons; — les plus jolis doigts blancs se mêlaient dans les soies noires de sa crinière. — Allons, les chiens ne valent pas mieux que les hommes; — Schütz est parti, — Schütz ne m'aimait pas; — il ira à deux cents lieues d'ici avec des gens qui ne demandent à un chien que d'être chien et féroce, et qui veulent être défendus par lui tout ce; — c'était moi qui défendais Schütz, et j'ai une fois battu un charretier qui semblait vouloir lui donner un coup de fouet; — je garde son portrait et les coussins orange sur lesquels il se couchait; — l'orange lui allait si bien!

A part le chagrin, c'est une jolie situation que celle d'un malade; vos amis viennent vous voir, — et font en s'en allant l'éloge de vos vertus. — Vous recevez des friandises et des lettres charmantes, et des fleurs pour vous tenir compagnie, surtout une bruyère dont les petites clochettes semées sur son feuillage comme une neige rose, semblent, les menteuses, dire au malade prisonnier, que l'on est encore à l'automne, et me rappellent ces prairies de trois lieues de la Bretagne, ces prairies toutes roses avec un horizon violet. — Vos voisines cessent sur leurs pianos leurs gammes éternelles; vous faites fermer votre porte aux ennuyeux, et le médecin vous défend de travailler.

J'ai reçu, à ce sujet, une charmante lettre.

« Comment vas-tu? Et quel horrible chien tu avais là ! En veux-tu un autre? — trois mois, — un agneau de Terre-Neuve. Il deviendra admirable, et tu auras toujours un an devant toi avant d'être dévoré de nouveau.

» J. J. »

« Hélas! non, mon cher Janin, je ne veux pas de ton chien; il n'entrera plus de chien dans ma maison. Toi qui as si poétiquement et si tendrement parlé de ton premier chien, je suis sûr que tu n'as jamais aimé tous les beaux chiens que tu as eus depuis comme ton hideux Médor. — On n'a dans la vie qu'un chien comme on n'a qu'un amour. — Merci, de te montrer mon ami, au moment où tu comprends que je perds un ami et une amitié. »

Il y a beaucoup de gens qui demandent tout bas si je ne suis pas un peu enragé; d'autres viennent à pied du faubourg Saint - Germain pour me dire : — *Je vous l'avais bien dit.*

Ce matin, le docteur Lebâtard m'a donné une fâcheuse nouvelle; il m'a dit que je pouvais travailler; il prétend que je vais très bien : je m'en rapporte à lui, c'est son état.

Où en étais-je de mon récit? J'avais besoin de parler un peu de mon chien. — On dit que *les grandes douleurs sont muettes* : c'est un axiome faux, inventé pour l'usage et la commodité des très petits chagrins et des cœurs sourds.

XIX.

Geneviève tomba tout-à-fait malade et fut obligée de redemander la femme de ménage qu'elle avait supprimée. Léon fit venir un médecin. Après quelques visites, Léon l'accompagna jusque sur l'escalier et lui dit : — Eh bien! monsieur?

Il y a des instans dans la vie que l'on appelle une minute, pendant lesquels, en effet, l'aiguille d'une pendule ne parcourt que la soixantième partie de son cadran, et il faudrait dix volumes pour écrire sommairement ce qui se passe dans la tête et dans le cœur d'un homme pendant cet instant. Tel fut celui qui se passa entre la question de Léon et la réponse du médecin. Léon vit un instant toute sa vie passée et toute sa vie à venir; il se faisait à ce moment une fourche dans sa vie; selon que Geneviève vivrait ou mourrait, il prendrait l'un ou l'autre des chemins. — Si Geneviève vit, ce sont des jours plus heureux, des lilas au printemps, une vie trop calme; — si elle meurt, un long deuil pour lui qui ne finirait que par une mort tardive; si elle meurt, il se représente dans tous ses détails la mort, la froid, la pâleur, la bière, le cimetière, la terre; si elle vit, il fait le projet de vingt parties de plaisir, de cent distractions; il la mariera : les enfans, le bonheur. Rien n'échappe à ses yeux, dans les deux cas : en pensant au mariage, il voit la toilette, la fleur d'oranger, le voile, — et les enfans, il y en a un blond, l'autre est châtain, etc... Je répète qu'il faudrait dix volumes pour indiquer tout ce qu'il pensa, et cependant, trente secondes après sa question, le médecin ouvrait la bouche pour répondre, et Léon le regardait comme on regarderait un juge dont la volonté peut tout; — il y avait eu quelque chose de suppliant dans sa voix quand il avait dit : — Eh bien! monsieur?

Le médecin répondit en hochant la tête : — Cela va mal. Léon resta les yeux ouverts, mais sans regards; ces paroles retentissaient dans sa tête comme autant de petits marteaux qui la brisaient au dedans. — Le médecin descendit une marche, Léon l'arrêta : — N'y a-t-il donc plus d'espoir?

— Monsieur, dit le médecin, il y a toujours de l'espoir, mais votre sœur est malade.

Et il salua; Léon le suivit : il lui semblait que cet homme allait emporter son dernier espoir.

— Vous reviendrez tantôt, n'est-ce pas?

— Oui, mais rien ne presse; la maladie n'est pas au dernier période, nous avons probablement plusieurs mois devant nous. En disant ces mots, il avait continué à descendre et Léon l'avait suivi jusqu'à la porte cochère. — Il le suivit encore de l'œil jusqu'à ce qu'il tournât le coin de la rue où il allait prendre une tasse de café et lire le journal. Léon rentra; il ne pouvait s'empêcher de regarder Geneviève. Il y a dans les gens qui vont bientôt mourir quelque chose de solennel et de singulier; leur chair est comme transparente, et il semble qu'elle est éclairée en dedans par leur âme, semblable à une lampe qui s'alimente du corps et le consume. Geneviève ne se croyait pas malade; elle s'attendait bien à mourir, mais de douleur et de désespoir. Au bout de peu de jours, les prescriptions avaient produit un excellent résultat; — il dit à Léon : — La malade va mieux, mais je n'ai rien pu faire jusqu'ici contre la maladie. Il faut prendre garde de frapper son imagination; je vais vous dire devant elle que mes soins sont désormais inutiles, et qu'elle est guérie; vous m'engagerez à venir vous voir, à titre de connaissance; je viendrai quelquefois, le soir, nous ferons une partie de dominos, et je suivrai la maladie sans qu'elle puisse prendre mes ordonnances pour autre chose que pour quelques conseils donnés par hasard.

— Ah! monsieur, dit Léon, sauvez ma sœur.

Le médecin lui serra la main sans lui répondre, et partit.

XX.

Ce jour-là, on ne travaillait pas dans l'atelier d'Antoine Huguet : cela constituait, avec les jours où on travaillait, une différence qu'un œil très exercé pouvait seul apercevoir.

Les jours où on travaillait, on se livrait, il est vrai, à une égale paresse, mais avec remords, — mais en se gourmandant les uns les autres, mais en répétant à chaque demi-heure, comme le refrain ordinaire d'une ballade : *Ah çà! maintenant, travaillons;* ce qui n'engageait à rien, et produisait seulement l'effet de la momie que certains peuples faisaient passer dans un festin sous les yeux des convives; — ce qui équivaut à peu près au « *Frère, il faut mourir,* » que ne se disent pas les trappistes, ainsi que je suis allé personnellement m'en assurer l'année dernière (1857); ce dont les convives d'esprit avaient probablement soin de tirer la conclusion : « Il faut mourir un jour, donc il faut vivre en attendant. »

Les jours où on travaillait, les toiles étaient sur les chevalets, le palettes étaient chargées; — si l'on se promenait par l'atelier et par le reste du logis, c'était toujours sous prétexte de chercher un appui-main égaré, ou de se réchauffer les pieds. S'il venait une visite, on croyait devoir la faire tourner au profit de l'art; on demandait au visiteur son opinion sur une figure ébauchée, et quand il avait, après un sévère examen, dit qu'il trouvait un des bras trop long, on répondait : — Ah! tu me fais bien plaisir, je le croyais trop court.

Puis, quand le visiteur était parti, au grand regret de l'atelier, la mauvaise humeur causée par son départ se formulait hypocritement en déclamations contre les flaneurs et le temps dont ils causent la perte, — et on s'asseyait devant le feu pour se plaindre plus à son aise de cette perte de temps.

Mais les jours où on ne travaillait pas, on enfouissait dans les coins les chevalets démontés et les toiles retournées; — il n'était pas plus question de peinture qu'avant le jour où je ne sais quelle femme grecque dessina, dit-on, sur un mur, *avec du charbon,* le profil d'un amant frisé, — ainsi que le témoignent diverses gravures, — anecdote que nous considérons comme apocryphe, à cause que sous un beau ciel comme celui de la Grèce, où le plaisir passe avant l'utilité, c'est-à-dire où le plaisir est raisonnablement considéré comme la plus utile des choses, il n'est pas probable que l'on eût inventé le charbon avant d'inventer la peinture, la cuisine avant les arts.

Les jours où on ne travaillait pas, on se promenait franchement pour se promener; celui qui eût regardé avec un peu d'attention quelques-uns des tableaux ou des plâtres qui tapissaient l'atelier, eût été unanimement accusé de « faire son piocheur. » Les jours où on ne travaillait pas, étaient les grands jours de travail de Gargantua; le déjeuner, plus somptueux, demandait plus de soins et de courses, etc., etc.

Ce jour-là, on ne travaillait pas dans l'atelier. Mithois était vêtu d'un *burnous* arabe de cachemire blanc; Antoine Huguet avait une veste de brigand napolitain.

ANTOINE HUGUET. — Allons, Gargantua, le couvert.

MITHOIS. — On frappe.

ANTOINE HUGUET. — Gargantua, va ouvrir.

LE CHARCUTIER (*entrant*). — Monsieur Huguet?

EDGAR SAGAN. — C'est ici, charcutier.

Gargantua donne au charcutier un plat pour transvaser les côtelettes de porc frais qu'il apporte dans une boîte de fer-blanc; il demande une fourchette.

MITHOIS. — Gargantua, une fourchette?

GARGANTUA. — Je les cherche.

ANTOINE HUGUET. — Où peux-tu avoir mis les fourchettes? c'est ainsi que tu prends soin *de mon argenterie!* Tenez, charcutier. (Il lui donne un poignard : le charcutier prend le poignard du bout des doigts et n'ose lever les yeux; il transvase les côtelettes.)

MITHOIS. — Charcutier, êtes-vous bien sûr de ce que vous apportez là? on dirait des côtelettes de chien caniche.

LE CHARCUTIER. — Elles sont comme les dernières.

CHARLES LEFLOCH. — Il n'y a pas assez de cornichons.

ANTOINE HUGUET. — Gargantua, qu'est-ce que je t'avais dit?

GARGANTUA. — De demander trop de cornichons.

ANTOINE HUGUET. — Eh bien! qu'est-ce que dit Charles?

GARGANTUA. — Qu'il n'y a pas assez de cornichons.

ANTOINE HUGUET. — Donc mes ordres ont été méprisés.

GARGANTUA. — C'est la faute du gâte-sauce, je lui avais dit.

LE CHARCUTIER. — Mais, monsieur Gargantua, je vous assure qu'il y a pas mal de cornichons.

GARGANTUA. — Vous en êtes un autre.

ANTOINE HUGUET. — Bien, Gargantua, j'aime cette énergie dans les soins du ménage, tu me feras penser ce soir à te donner ma bénédiction; paie comptant et demande l'escompte. (*Le charcutier sort.*)

MITHOIS. — On frappe.

ANTOINE HUGUET. — Gargantua, on frappe.

(*Entre un autre charcutier.*)

CHARLES LEFLOCH. — Tiens! un recharcutier.

MITHOIS. — Et des recôtelettes.

LE NOUVEAU CHARCUTIER. — Monsieur Vasselin?

ANTOINE HUGUET. — C'est ici.

(Tout le monde regarde Antoine avec étonnement, mais personne ne dit mot. — Le charcutier demande une fourchette, Gargantua est en train de chercher les fourchettes dans la poêle, après avoir fait d'inutiles perquisitions dans le lit d'Antoine Huguet et dans le panier au charbon de terre. On donne au charcutier un poignard malais à lame tordue comme une flamme.)

ANTOINE HUGUET. — Monsieur Vasselin n'est pas ici, — il fera payer. (*Le charcutier sort.*)

CHARLES LEFLOCH. — Ah çà! nous allons donc manger les côtelettes du propriétaire?

ANTOINE HUGUET. — Je voudrais le manger lui-même, s'il n'était pas si coriace.

CHARLES LEFLOCH. — Il va les attendre.

ANTOINE HUGUET. — Tant mieux.

CHARLES LEFLOCH. — Et il faudra qu'il les paie?

ANTOINE HUGUET. — Sans cela, où serait la vengeance?

CHARLES LEFLOCH. — Ah! il y a une vengeance.

ANTOINE HUGUET. — Il m'a donné congé.

(*Moment de stupeur, indignation profonde.*)

ANTOINE HUGUET. — Et je vous ai réunis pour voir avec vous quelle punition il convient de lui appliquer. — Mettons-nous à table. — Eh bien! Gargantua, les fourchettes?

Gargantua a enfin trouvé, dans la tête d'une Niobé de plâtre, les fourchettes de fer qu'Antoine Huguet appelle son argenterie.

On se met à table : — jamais il ne s'est vu sur une table autant de côtelettes.

CHARLES LEFLOCH. — C'est un véritable festin de Balthasar. Je crains à chaque instant de voir paraitre, sur la muraille, les trois mots menaçans :

MANE THECEL PHARES.

MITHOIS. — Le luxe excessif dans les repas a toujours précédé et annoncé la chute des grands empires.

ANTOINE HUGUET. — Le Vasselin m'a donné congé; à peine étais-je dans la maison, qu'il a, je ne sais pourquoi, conçu des doutes sur ma solvabilité, et il m'a fait subir, à ce sujet, diverses épreuves dont je suis sorti victorieusement.

Première épreuve. — Le domestique du Vasselin est venu me demander, huit jours après mon arrivée ici, la monnaie d'un billet de mille francs.

MITHOIS. — De mille francs!

CHARLES LEFLOCH. — De mille francs!!

EDGAR SAGAN. — De mille francs!!!

ANTOINE HUGUET. — De mille francs. — Je ne me suis nullement ému; j'ai dit au domestique : — Je n'ai pas la monnaie de mille francs, mais allez-vous-en passage des Panora mas, vous trouverez un changeur qui n'est pas très beau, ou place de la Bourse, vous en trouverez un qui est très laid, — ils vous feront parfaitement votre affaire.

Le domestique redescendit. La première épreuve avait échoué ; les gens les plus riches peuvent ne pas avoir chez eux mille francs en argent.

Deuxième épreuve. — Huit jours après, le domestique remonta ; — il me dit que son maître donnait à dîner, qu'il lui manquait un peu d'argenterie, et qu'il me priait de lui prêter trois couverts. — Comment donc ! ai-je répondu, mais avec le plus grand plaisir, il ne faut pas se gêner entre voisins ; êtes-vous bien sûr qu'il ne faille à votre maître que trois couverts ?

— Oui, monsieur.

— Faites-moi le plaisir de redescendre pour voir si trois couverts lui suffiront.

Au bout de dix minutes, le domestique remonta m'affirmer qu'il y aurait assez de trois couverts. — Gargantua, dis-je alors au rapin ici présent, donne trois couverts ; — Gargantua, avec une gravité digne des plus grands éloges, tira trois couverts... — Gargantua ne mettait pas, je crois, alors, les couverts dans la tête de la Niobé ; — c'était l'été, il les serrait dans le four du poêle.

MITHOIS. — Les couverts dont nous nous servons ?

ANTOINE HUGUET. — Oui.

CHARLES LEFLOCH. — Les couverts de fer ?

ANTOINE HUGUET. — Oui.

Dites bien à votre maître, ajoutai-je, que, s'il en veut davantage, c'est parfaitement à son service. — Et le domestique emporta les couverts qui me furent rapportés le lendemain. Depuis ce temps, il n'a pas perdu une occasion pour m'être désagréable ; enfin, au dernier terme de paiement, je me suis trouvé en retard de quelques jours et il m'a signifié mon congé par un huissier. Voici, chers amis, la situation des choses ; que Gargantua versé à boire et que chacun, avec calme et gravité, émette son opinion sur la peine à infliger au Vasselin.

MITHOIS. — Je pense qu'il ne s'agit pas d'une simple peine, mais d'une succession de peines, c'est-à-dire d'une *scie*. Il faut que le Vasselin maudisse le jour de sa naissance et la mère qui lui a donné la vie ; il faut qu'il nous trouve partout, nous et notre vengeance ; il faut qu'il rêve de nous.

ANTOINE HUGUET. — Mithois a parfaitement posé la question : mettons de l'ordre dans notre affaire, que chacun donne son idée ; Gargantua va écrire, et les diverses condamnations portées contre le Vasselin seront exécutées chacune à son tour, sans restriction, sans commutation, sans pitié.

MITHOIS. — Sans pitié.

CHARLES LEFLOCH. — Sans pitié.

EDGAR SAGAN. — Sans pitié.

GARGANTUA. — Sans pitié.

ANTOINE HUGUET. — Gargantua, verse à boire et écris.

MITHOIS. — Écris : — Pour crimes et forfaits divers dont nous ne voulons déshonorer le papier, le sieur Vasselin est condamné à subir les peines dent le détail suit :

1° Le sieur Vasselin et ses descendans sont à jamais privés de sonnette.

(Antoine Huguet sort.)

CHARLES LEFLOCH. — 2° Toute personne qui viendra à l'atelier devra frapper chez le sieur Vasselin en montant ici, et demander à son domestique : — Est-il vrai que monsieur Vasselin soit devenu fou ?

(Antoine Huguet rentre avec le cordon de sonnette de monsieur Vasselin, qu'il a été couper à sa porte ; il est accueilli avec acclamations.)

ANTOINE HUGUET. — 5°.....

Alors entra Léon.

Pour savoir ce qui amenait Léon, il est nécessaire de remonter un peu plus haut.

XXI.

UN JOUR NÉFASTE.

Mais avant d'écrire ce chapitre, nous en avons un autre à placer, pour ne plus avoir ensuite à interrompre notre récit, — c'est un *erratum* fait par quelqu'un que nous aimons, et dont l'esprit est pour nous un juge sans appel.

Errata.

1° Au commencement du premier volume, — vous avez mis deux fois *somno* comme une chose élégante, — en quoi vous vous êtes trompé.

2° Et *clavecin* ; — mais dites-moi un peu, où avez-vous vu des *clavecins ?* — Moi, j'en ai vu dans mon enfance, chez une vieille dame qui en jouait ; — les touches étaient noires et les dièzes blancs. — Il est ridicule de dire *clavecin*, quand surtout on est, comme vous, fils d'un piano distingué.

5° Qu'est-ce que *présenter ses civilités ?* — A qui est-ce qu'on *présente* ses *civilités ?* à moins que ce ne soit en province.

4° Je n'aime pas les femmes qui font la cuisine, — surtout en souliers de satin ; elles doivent avoir les pieds glacés, et, par conséquent, le nez rouge : — la seule cuisine que se permettent les femmes, c'est à la main mon opinion, et encore a-t-on ensuite les ongles perdus pendant plus de huit jours.

5° On parle trop de bottes.

6° Les femmes approuveront l'idée de donner à Geneviève le meilleur cordonnier, — parce que des souliers ne sont jamais ni assez chers ni assez bien faits ; — mais toutes se moqueront de la *meilleure couturière*, vu que les plus élégantes même ne font faire qu'une seule robe à Palmyre, pour avoir un modèle.

A ceci nous répondons :

1° . . . .

2° Nous détestons le mot *piano*, qui ne veut rien dire et n'est que la moitié du nom de l'instrument, tandis que clavecin a un sens et sonne mieux ; — nous avons vu des clavecins, et nous en avons brûlé un pendant un certain hiver.

5° . . . .

4° . . . . . C'est une histoire que nous racontons, et nous n'inventons pas.

5° . . . .

6° C'est Léon qui s'occupe de la toilette de sa sœur, et Léon et moi sommes assez ignorans sur ces choses ; d'ailleurs, il n'y a que les gens riches qui savent et qui peuvent faire des économies, et Léon n'avait pas le moyen d'être économe.

— Est-ce tout ?...

— Ah ! bien oui....

Nous ajouterons, de notre chef, que nous avons écrit, au commencement du deuxième volume, « une *pipe d'écume* ; » — tout le monde parle de pipes *d'écume de mer*, — tout le monde dit une sottise mon cause : il faut des pipes de *Kummer*, du nom de l'inventeur de la pâte dont ces pipes sont faites.

Et encore : « autant que peut être charmante une femme dont on a été l'amant. » Ceci est une pensée un peu trop particulière ; — il y a deux classes d'hommes qui professent l'opinion contraire : — les lycéens et les anciens *beaux* de quarante-huit ans qui grisonnent. — Les lycéens érigent en Dianes chasseresses les diverses Gothons, cuisinières et bonnes d'enfans, auxquelles est le plus souvent réservé ce qu'il y a de plus grand dans la vie : le premier amour d'un jeune homme ; — les hommes de quarante-huit ans disent, avec une voix de basse-taille, et un vieux sourire de fatuité : — Je l'ai connue bien belle ; — elle avait un beau corps : c'était une Vénus. »

Et encore : au chapitre XI et au chapitre XV du deuxième volume, — nous avons montré Léon s'achetant un chapeau ; — le chapeau renouvelé au chapitre XI n'avait pas besoin de l'être plus tard : c'est une erreur de date de notre mémoire, — qui n'a d'autre utilité que de donner au chapitre XV les circonstances de ce qui est arrivé au chapitre XI.

XXII.

UN JOUR NÉFASTE.

Un jour Léon était sorti le matin, en disant à Geneviève : — Je rentrerai de bonne heure et je rapporterai ce que le médecin a commandé. — Et, pour la première fois, il l'avait laissée sans argent : Léon n'en avait plus du tout ; mais c'était le jour de leçon d'une de ses écolières dont le douzième cachet avait été donné à la leçon précédente, et, selon l'usage, elle devait le payer ce jour-là.

Comme il donnait la leçon, on annonça *monsieur Rodolphe de Redeuil.* Rodolphe entra, baisa la main de la jeune dame, et salua Léon d'un air de protecteur si impertinent, que Léon eut beaucoup de peine à trouver un salut qui le fût un peu davantage. Léon était dans la maison sur le pied d'homme payé ; Rodolphe, eût-il été l'ami de Léon, n'aurait pas eu le courage de l'avouer en semblable circonstance ; mais tous deux, chaque fois qu'ils se rencontraient, ne négligeaient rien pour s'adresser des paroles à demi désagréables ; Rodolphe, moins spirituel que Léon, malgré la supériorité de sa position dans laquelle il se retranchait, n'avait pas souvent l'avantage sur son adversaire, et sa colère contre lui s'envenimait à chaque rencontre.

— Monsieur de Redeuil, dit madame de Dréan, me permettrez-vous de continuer ma leçon ?

Léon se sentit rougir : c'était demander à Rodolphe s'il fallait le renvoyer. Rodolphe s'inclina sans parler ; mais, avant sa réponse, Léon avait repris sa place au piano et avait donné le ton à madame de Dréan. Elle chanta un morceau, après lequel Léon lui dit : — Ce n'est pas bien. Rodolphe se leva et dit : — C'est ravissant.

Léon, à son tour, feignit de ne pas l'entendre et fit voir à madame de Dréan en quoi elle avait manqué ; seulement, comme la manière dont Rodolphe avait fait son compliment était plus que désobligeante pour lui, il ajouta : — Il y a des gens qui trouveraient cela bien, mais vous êtes assez heureusement douée pour ne pas vous arrêter à un à peu près vulgaire et de mauvais goût.

Madame de Dréan demanda à Rodolphe s'il était musicien ? il répondit : — Non, j'ai depuis un an *un pauvre diable* de maître de piano qui fait tous les jours une lieue dans la boue pour venir me donner une leçon que je ne prends presque jamais ; seulement j'ai imaginé, depuis quelque temps, de lui faire jouer quelques drôleries sur le piano, je lui donne son cachet, et il s'en va.

— Pauvre diable, en effet, murmura Léon, d'être obligé de supporter cela.

— Vous devriez imiter mon exemple, dit Rodolphe ; monsieur Lauter a un joli talent sur le violon, cela vous amuserait.

— Je connais, dit madame de Dréan, le talent de monsieur Lauter, *il a eu la bonté* de se faire entendre à ma dernière soirée où *il a bien voulu* venir.

Léon remercia madame de Dréan dans son cœur, Rodolphe se mordit les lèvres, madame de Dréan ajouta : — Pourquoi n'êtes-vous pas venu ?

— Je n'aime pas la musique, répondit Rodolphe, et votre billet m'avait averti que votre soirée était toute musicale ; d'ailleurs, j'avais promis à...

Léon l'interrompit par un prélude sur le piano et dit : — Voulez-vous, madame, que nous redisions cette si vieille chanson que vous aimez ? Un nuage de colère passa sur le front de Rodolphe.—Madame de Dréan se leva et commença à chanter :

J'ai *dit* aux *échos de la plaine*
Tout ce qu'on *dit* en pareil cas;
Que vous êtes une *inhumaine*,
Que je n'attends que le *trépas...*
Mais, outre que c'est bien vulgaire,
Tant parler est d'un indiscret;
Ne serait-il pas temps, ma chère,
Puisque j'ai dit ce qu'il fallait,

A des choses qu'il faille taire,
D'en venir un peu, s'il vous plaît ?

Mais quel joli bouquet frissonne
Sur votre sein, mon bel amour ?
Avez-vous donc que pour patronne,
La Sainte qu'on fête en ce jour ?
Non, non, ce n'est pas votre fête,
Dites-vous ? — Cet heureux bouquet,
Dans une place si coquette,
Me fait croire, — envieux regret !
Puisque ce n'est pas votre fête,
Que c'est la fête du bouquet.

Pendant que madame de Dréan chantait, Rodolphe, le coude sur le piano, la tête penchée, lui lançait de tous ses regards le plus irrésistible. — Léon, lui dit : — Pardon, monsieur, votre coude sur le piano lui ôte beaucoup de son.

La leçon était finie, mais Léon ne voulait pas, devant Rodolphe, faire comme le *pauvre diable* de maître de piano, auquel celui-ci donnait son cachet, et *qui s'en allait :* — d'ailleurs, ce n'était pas ainsi qu'il avait coutume d'en agir chez madame de Dréan. Léon était assez bien élevé et assez homme du monde pour qu'on fût généralement enchanté de le traiter d'une manière convenable.

J'en excepte quelques personnes qui, dans leur culte pour l'argent, ne croient jamais de bonne foi que ce qu'on donne pour de l'argent, quelque précieux que ce soit, vaille réellement l'argent, et se croient toujours les bienfaiteurs de ceux auxquels ils donnent de l'argent, quelque peu qu'ils en donnent et quelle que soit la valeur de ce qu'on leur donne en échange, — car après tout, disent-ils, ce n'est pas de l'argent.

Il n'y avait donc rien d'étonnant à ce que Léon, sa leçon finie, prît un siège et restât à causer. Il n'est rien de désagréable pour un homme, comme d'être surpris par un autre homme à faire des roulemens d'yeux ; c'était le chagrin que Léon avait donné à Rodolphe, quand il l'avait prié poliment de ne pas mettre son coude sur le piano. Madame de Dréan parla musique, Rodolphe dit plusieurs sottises.

LÉON.—En France, on entend singulièrement la musique : — la musique se prend comme une fièvre intermittente. Pendant cinq ou six ans, on ne s'en occupe pas, puis tout d'un coup elle revient à la mode ; alors tout le monde l'aime, tout le monde en parle, tout le monde s'extasie et se pâme. Et les jeunes gens vont crier dans les stalles du Théâtre-Italien : — *Bravo, Roubine ! Brava, la Grise !* pendant que Rubini et Grisi chantent, et de façon à ce que ni eux ni personne ne les entendent. Il est malheureux qu'on soit arrivé à faire un ridicule de la plus belle chose qui soit, du plus divin des arts, de la musique; on se pare d'une admiration grotesque dans son exagération pour divers funambules auxquels on rend mille fois plus d'hommages qu'aux grands génies dont ils chantent les œuvres.

RODOLPHE. — Monsieur Lauter, quel est aujourd'hui le premier des jeunes violonistes ?

Il était impossible de faire une question plus malveillante ; c'était dire à Léon : — Je ne vous compte pas, vous, petit talent de second ordre. — Léon comprit l'impertinence et répondit froidement :

— C'est moi, monsieur.

Rodolphe crut répliquer par un sourire ironique. Mais madame de Dréan, presque malgré elle, dit : Bravo, monsieur Lauter ! — A propos, dit-elle en se reprenant, parce que vous avez un talent charmant, ce n'est pas une raison pour que je ne vous paie pas vos leçons ; car vos leçons payées, je vous suis encore bien reconnaissante de me les donner. — Je suis votre débitrice depuis la dernière leçon. — Vous avez mes cachets, n'est-ce pas ?

Léon avait pris les cachets le matin et les avait comptés quatre fois pour être bien sûr de n'en pas oublier, et ne laisser au surplus aucun moyen d'en retarder le paiement, et avant d'entrer chez madame de Dréan, il avait mis la main sur sa poche pour s'assurer encore qu'ils y étaient ; mais l'idée de recevoir devant Rodolphe l'argent de ses leçons, lui apparut insupportable, il dit à madame de Dréan qu'il n'avait pas ses cachets.

— Mais je n'en ai pas besoin, vous me les rendrez un autre jour ; je sais parfaitement que je vous ai donné le douzième la dernière fois que vous êtes venu, je vais vous donner votre argent.

Et elle s'approcha d'un secrétaire.

De l'argent ! il y avait là de l'argent, si près de Léon ; de l'argent qu'on lui devait, qui était à lui, qu'on allait lui donner, qu'il allait toucher, tenir dans sa main, dans sa poche, de l'argent qui, sous un petit volume, renferme tant de plaisirs, tant de bonheur, tant d'indépendance, tant de larmes essuyées, tant de puissance !

Et il dit : — Non, merci, vous me le donnerez une autre fois, cela m'embarrasserait aujourd'hui.

L'embarrasserait ! le pauvre garçon ; ne dirait-on pas que ses poches sont remplies d'argent. — Hélas ! ses pauvres poches sont vides et béantes : — s'il n'a rien laissé à Geneviève en partant, c'est qu'il ne lui restait rien.

— Et votre mariage ? dit madame de Dréan à Rodolphe.

RODOLPHE. — Quel mariage ?

MADAME DE DRÉAN. — Ne disait-on pas que vous deviez épouser mademoiselle Chaumier ?

RODOLPHE. — Mademoiselle Chaumier ? — Qu'est-ce que mademoiselle Chaumier ?

LÉON. — C'est ma cousine, monsieur, et la fille de mon oncle, monsieur Chaumier, chez lequel vous avez dans le temps prié monsieur Albert Chaumier de vous présenter.

MADAME DE DRÉAN. — On dit mademoiselle Chaumier très jolie.

RODOLPHE. — Elle n'est pas mal.

MADAME DE DRÉAN. — Vous ne pouvez nier qu'il ait été question de quelque chose entre elle et vous ; plus de dix personnes m'en ont parlé.

RODOLPHE. — Elles se trompaient.

LÉON. — Sans doute, car c'est une chose dont monsieur de Redeuil se vanterait au lieu de la cacher.

MADAME DE DRÉAN. — Il paraît que la chose a manqué et que vous en avez gardé de l'aigreur.

RODOLPHE. — Moi, — jamais, — non ; la petite personne n'avait pas assez de fortune pour moi.

MADAME DE DRÉAN. — Il y a des choses qui valent bien la fortune.

LÉON. — C'est précisément de ces choses-là dont monsieur de Redeuil n'aurait pas eu peut-être assez pour ma cousine.

RODOLPHE. — C'est elle qui vous l'a dit, monsieur ?

LÉON. — Non, monsieur, je ne l'ai jamais entendue parler de vous.

MADAME DE DRÉAN. — Enfin, d'après ce qu'on disait, vous aviez fait la demande.

RODOLPHE, du ton le plus fat et le plus impertinent, comme s'il était absurde qu'on pût supposer qu'il s'occupât sérieusement d'une demoiselle Chaumier. — Non.

LÉON. — Monsieur est prudent.

RODOLPHE. — Monsieur ne l'est guère.

LÉON. — C'est faute de croire au danger.

MADAME DE DRÉAN. — Parlons d'autre chose.

RODOLPHE. — Pourquoi cela ?

MADAME DE DRÉAN. — Pour parler d'autre chose ; c'est, selon moi, une excellente raison et parfaitement suffisante. — Allez-vous ce soir aux Bouffons ?

RODOLPHE. — La Grise chante-t-elle ?

MADAME DE DRÉAN. — Oui.

RODOLPHE. — Irez-vous ?

(Léon serre les lèvres et fait un petit mouvement de tête, ce qui veut si clairement dire qu'il aurait été plus poli de commencer par la seconde question, que madame de Dréan traduit tout haut cette pensée qui lui vient sans qu'elle sache trop comment.)

MADAME DE DRÉAN. — Oui, j'irai ; mais il eût été plus obligeant de me demander cela d'abord.

RODOLPHE. — Adieu donc.

MADAME DE DRÉAN. — Adieu.

LÉON. — Madame, j'ai l'honneur de vous saluer

MADAME DE DRÉAN. — Ne m'oubliez pas après-demain.

En descendant l'escalier, Léon sentait son cœur battre violemment dans sa poitrine, le premier mot qu'il allait dire était grave. Il appela monsieur de Redeuil, qui ne l'avait pas salué, quoiqu'il sortît le premier, et allait passer la porte cochère sans regarder Léon.

LÉON. — Monsieur de Redeuil ?...

RODOLPHE. — Monsieur Lauter ?...

LÉON. — Voulez-vous me permettre de vous donner un avis ?

RODOLPHE. — Vous est-il égal d'attendre que je vous en demande un ?

LÉON. — Non, monsieur, cela ne m'est pas égal, et voici mon avis : Je crois qu'il serait, pour vous, plus honorable en toute circonstance, et plus prudent devant moi, de parler convenablement d'une personne qui tient à moi par des liens de parenté.

RODOLPHE. — Monsieur, je ne reçois plus de leçons.

LÉON. — Il y en a quelques-unes cependant qui paraissent vous manquer.

RODOLPHE. — Des leçons de violon, monsieur ?

LÉON. — Non, des leçons de politesse et de savoir-vivre.

RODOLPHE. — Est-ce que vous professez cela aussi, monsieur ?

LÉON. — Quelquefois, monsieur.

RODOLPHE. — Vous ne me paraissez cependant pas bien fort.

LÉON. — Mais... assez fort pour vous, monsieur, à qui il faut donner des connaissances élémentaires.

RODOLPHE. — Où monsieur donne-t-il ses leçons ?

LÉON. — Mais, à Meudon, ou encore au pied de Montmartre, près de Clignancourt.

RODOLPHE. — Nous pourrions commencer demain.

LÉON. — Volontiers.

RODOLPHE. — J'enverrai chez vous deux de mes amis, pour fixer les conditions.

LÉON. — Je désire qu'on ne vienne pas chez moi pour cette affaire (Léon pensait à Geneviève) ; j'enverrai chez vous. Vous serait-il égal de n'avoir qu'un témoin ?

RODOLPHE. — Pas du tout, si vous voulez.

LÉON. — Mon témoin sera chez vous demain matin à huit heures.

RODOLPHE. — Monsieur, au plaisir de vous revoir.

LÉON. — Monsieur, le plaisir sera pour moi.

En quittant Rodolphe, la première pensée qu'eut Léon fut celle de chercher un témoin et des épées ; — puis il songea — que la journée était plus d'à moitié et qu'il avait laissé Geneviève sans argent ; il songea à celui qu'il venait de refuser. — Il maudit sa vanité qu'il avait préférée à sa sœur ; il se maudit lui-même. Puis il chercha des expédiens, car il fallait de l'argent, — et il se décida à aller en emprunter à Antoine Huguet. C'était une chose qu'il n'avait jamais faite ; il trouvait tout naturel que ses amis lui empruntassent de l'argent et il ne trouvait rien là de condamnable, mais en songeant à en emprunter, il se sentait singulièrement humilié ; — cependant il se dirigea vers l'atelier.

XXIII.

Pendant ce temps-là, Geneviève était tristement renfermée chez elle ; — elle avait deviné le matin que Léon n'avait pas d'argent, — et elle était toute chagrine du chagrin qu'elle supposait à son frère, et du tourment qu'il se donnait sans doute pour en trouver. — Albert vint la voir ; il y avait bien longtemps qu'il n'était venu ; il fut frappé du changement survenu sur le visage de sa cousine. Pour Léon, qui la voyait tous les jours, ces altérations successives étaient trop graduées et trop faibles d'un jour à l'autre, pour qu'il pût s'en apercevoir.

Sa peau était devenue d'un blanc mat et blafard, rude et sèche, — sa tête était renversée en arrière, comme si elle eût été moins lourde à porter ainsi ; son col penché était gêné dans ses mouvemens ; — quand elle voulait voir quelque chose, elle portait sa tête au-devant des objets, comme si la diminution de la sensibilité de sa peau les lui rendait moins faciles à percevoir : après cet effort, qui parraissait violent, elle laissait retomber sa tête.

Albert lui raconta ses chagrins ; — il était fatigué, presque malade, il allait partir le soir pour passer quelques jours à Fontainebleau et se reposer. Geneviève leva les yeux au ciel avec un regard de reproche ; — elle lui avait tant demandé le bonheur d'Albert ! — Albert, lui dit-elle, je voudrais qu'il y eût du bonheur dans ma vie et que je pusse te le donner ; aie du courage, ne te laisse pas aller au désespoir ; tu es jeune, tu as l'avenir à toi. Mais ta femme ? Anaïs ?

— Elle et ses parens, répondit Albert, ils m'ont ruiné ; puis ils lui ont persuadé qu'elle ne pouvait partager le sort d'un homme ruiné qu'ils gémissaient de ne pouvoir secourir.

— Comment cela est-il possible ? — dit Geneviève.

Et la pauvre fille pensait quel bonheur c'eût été pour elle d'être malheureuse avec Albert. — Partager l'existence de l'homme qu'elle aimait lui semblait une si grande félicité, que toutes les autres choses réputées bonheurs — lui paraissaient auprès de celui-là inutiles et même embarrassantes.

Albert la baisa au front et partit. — Geneviève lui dit : — Adieu, Albert, sois heureux, je prierai Dieu pour toi.

— Pauvre petite ! pensa Albert en s'en allant, je serai peut-être bientôt dans le ciel que tu prieras pour moi. — Et il descendit l'escalier tout attristé.

Albert alla en effet passer quelques jours à Fontainebleau ; il y trouva monsieur Chaumier et Rose également tristes, mais pour des causes bien différentes. Rose avait perdu Léon et l'avait perdu par sa faute, et elle le regrettait amèrement, surtout en trouvant dans son cœur tant d'amour et tant de bonheur pour lui.

Monsieur Chaumier, tous calculs faits, se voyait forcé d'emprunter sur la maison de Fontainebleau. Un étranger vint un jour pour lui parler à ce sujet, — puis examina la maison et lui dit : — Voulez-vous la vendre ? — Non, dit monsieur Chaumier, elle me plaît, elle est commode et j'y suis accoutumé.

— Non, dit Rose tout bas ; à qui les arbres et les fleurs du jardin parleraient-ils de Léon, et qui en parlerait avec moi ?

Cependant l'étranger en offrit un prix tellement au-dessus de la valeur que monsieur Chaumier lui dit :

— Est-ce une plaisanterie, monsieur ?

L'ÉTRANGER. — Non, monsieur, je parle sérieusement.

M. CHAUMIER. — Est-ce pour vous ?

L'ÉTRANGER. — Pourquoi cette question ?

M. CHAUMIER. — Pour rien.

(C'était cependant pour quelque chose ; c'est que l'extérieur de l'étranger ne donnait pas à supposer qu'il eût jamais eu autant d'argent qu'il proposait d'en donner.)

L'ÉTRANGER. — Je vois votre affaire, vous me supposez trop pauvre pour acheter des maisons ; vous avez peut-être raison ; en effet, ce n'est pas pour moi.

Ici, Modeste, — qui avait suspendu les soins du ménage dans le cabinet de monsieur Chaumier, se remit à balayer et à épousseter sans pitié.

M. CHAUMIER. — Eh bien ! Modeste, — vous nous aveuglez.

MODESTE. — Il faut bien que la besogne se fasse.

M. CHAUMIER. — Elle se fera plus tard.

MODESTE. — Alors on dînera à huit heures du soir.

M. CHAUMIER. — Cela ne fait rien.

MODESTE. — Ça ne sera pas ma faute.

Monsieur Chaumier fit entendre un certain claquement de langue qui, d'ordinaire, ne précédait que de peu d'instans les violentes colères qu'il faisait quelquefois sentir aux domestiques qui avaient le malheur de ne pas être nègres. — Modeste s'en alla.

L'ÉTRANGER. — Non, la maison n'est pas pour moi.

M. CHAUMIER. — C'est que, voyez-vous, mon brave homme, cela me contrarie beaucoup de la vendre.

L'ÉTRANGER. — Le prix que j'en offre compense bien quelques désagrémens.

Rose sortit pour aller trouver Albert dans le jardin.

L'ÉTRANGER. — Cette jeune demoiselle est mademoiselle Rose ?

M. CHAUMIER. — Cette jeune demoiselle est ma fille. — Vous savez son nom ?

L'ÉTRANGER. — Vous l'avez dit.

M. CHAUMIER. — Alors vous savez d'avance ce que vous me demandez.

L'ÉTRANGER. — Parlons de la maison.

M. CHAUMIER. — Eh bien ! je n'ai pas envie de la vendre.

L'ÉTRANGER. — Mais j'en offre vingt mille francs de plus qu'elle ne vaut réellement.

M. CHAUMIER. — Pourquoi cela ?

L'ÉTRANGER. — Parce qu'elle me plaît. — La maison et le jardin ne valent que quarante mille francs, c'est vrai ; — mais le plaisir d'avoir à soi une chose qui plaît, vaut vingt mille francs, indépendamment de la chose.

M. CHAUMIER. — Mais puisque vous dites que la maison n'est pas pour vous.

L'ÉTRANGER. — Voulez-vous soixante mille francs ?

M. CHAUMIER. — Ce serait une folie de ne pas profiter de la vôtre.

L'ÉTRANGER. — Voulez-vous venir demain à Paris ? Nous conclurons l'affaire, vous toucherez vos soixante mille francs de la personne qui achète, et vous livrerez les titres de propriété : l'acte de vente sera prêt.

M. CHAUMIER. — Je voudrais ne quitter la maison qu'à l'automne.

L'ÉTRANGER. — Cela pourra s'arranger. Il faudrait venir à quatre heures.

M. CHAUMIER. — Une partie de la maison appartient à ma fille.

L'ÉTRANGER. — Il faudra alors qu'elle signe l'acte de vente ; — amenez-la.

M. CHAUMIER. — C'est bien. — Vous comprenez que l'affaire est conclue à soixante mille francs ; que c'est cette somme seule qui me décide.

L'ÉTRANGER. — Ce qui est dit, est dit ; — à demain à quatre heures. Voici l'adresse.

M. CHAUMIER. — A demain. — Je ne vous reconduis pas.

L'ÉTRANGER. — Je le vois bien.

XXIV.

AU JARDIN.

—Qu'as-tu donc, Rose ? dit Albert, en voyant le visage de sa sœur tout bouleversé. — Hélas ! Albert, répondit Rose, papa vend la maison. — Celle-ci ? demanda froidement Albert.

— Oui, —reprit Rose, plus triste encore.

ALBERT. — Est-ce qu'il en trouve un bon prix ?

ROSE. — Il paraît que oui.

ALBERT. — Alors il n'y a pas là de quoi se désoler, au contraire.

ROSE. — Ah ! tu ne comprends pas cela, toi.

ALBERT. — Qu'est-ce cela ? Je vais aller m'informer auprès de mon père.

— Oh ! dit Rose, quand elle fut seule, c'est qu'on vend à la fois tous mes souvenirs, — toutes mes douces journées d'enfance dont les rians fantômes semblent voltiger dans le feuillage des arbres. — Il n'y a pas dans un jardin que des arbres et des fleurs ; tout ce qui s'y passe, tout ce qui s'y dit, a un caractère différent, part du cœur et va au cœur. — Toutes les paroles d'amour que m'a dites Léon, sont restées dans le jardin ; — et quand l'été, le soir, un vent doux agite le feuillage, il me semble dans son murmure entendre chaque feuille me redire une de ces paroles qu'elle a conservée. — Comment peut-on vendre tout cela ?

Et maintenant, qu'il n'y a plus pour moi de bonheur dans l'avenir ni dans le présent, comment faut-il encore renoncer au passé ?

Et elle se mit à pleurer amèrement. — O mes beaux rosiers ! dit-elle, — voici la dernière confidence peut-être que je vous ferai.

XXV.

Ce soir-là, Albert retourna à Paris. — Mais le malheur s'acharnait contre les Chaumier aussi bien que contre les Lauter : ces deux branches de la famille étaient enveloppées par le sort dans une même haine, dans une même persécution ;— le lendemain, vers le milieu de la journée, un garde du commerce se présenta avec ses estafiers, et arrêta Albert, en vertu d'une lettre de change de mille écus. — Un fiacre les attendait à la porte. — Rue de Clichy, — dit le garde du commerce. —Cependant, après dix minutes, il demanda à Albert s'il voulait être conduit chez quelques amis qui lui prêteraient la somme pour laquelle il allait en prison. — Des amis! dit Albert, je n'en ai plus qu'un, et il est plus pauvre que moi, car personne ne voudrait prendre une lettre de change de lui.

— Voulez-vous, alors, voir votre créancier?

— Oui, peut-être voudra-t-il entendre raison.

— Ce n'est pas leur usage, quand une fois ils tiennent le débiteur à leur disposition.

— C'est égal, essayons.

— Essayons. — Cocher, aux Champs-Elysées.

Rose et monsieur Chaumier, pendant ce temps, n'étaient pas beaucoup plus gais qu'Albert; — Rose surtout considérait la vente de la maison de Fontainebleau comme un sacrilége, comme un malheur qui devait porter malheur.—Ils arrivèrent à Paris à trois heures, et se dirigèrent à l'adresse indiquée.—On les fit entrer dans une antichambre où on les pria d'attendre. Rose était oppressée et ne parlait pas ;—son père lui avait expliqué qu'il avait besoin de sa signature, et qu'il lui faudrait vendre elle-même la maison de Fontainebleau ; et elle songeait au passé.

XXVI.

AU JARDIN.

Au printemps, chaque année, alors que la nature revêt tout de parfum, de joie et de verdure, quand tout aime et fleurit;

Dans les fleurs des *lilas* et des *ébéniers* jaunes, de mes deux souvenirs cachés comme des faunes, la troupe joue et rit.

De chaque fleur qui s'ouvre et de chaque corolle s'exhale incessamment quelque douce parole que j'entends dans le cœur.

Alors qu'au mois de juin la rose blanche, savez-vous bien pourquoi sur elle je me penche, avec un air rêveur ?

C'est qu'à ce mois de juin, la rose me répète : « Tenez, Jean, je n'ai pas oublié votre fête » depuis plus de treize ans.

Chaque fleur a son mot qu'elle dit à l'oreille, son mot qui fait pleurer — et cependant réveille des souvenirs charmans.

Vous savez celle-là qui se pend aux murailles, et, comme un réseau vert, entrelace ses mailles de feuilles et de fleurs? c'est le frais *liseron*.

C'est le *volubilis*, aux clochettes sans nombre ; — le soir et le matin ses cloches d'un bleu sombre chantent une chanson;

Une chanson d'amour bien naïve et bien tendre, que je fis certain jour que j'étais à l'attendre, sous un arbre touffu.

Voici, là-bas, fleurir la jaune *giroflée*. Rien n'est si babillard que sa fleur étoilée, qui dit : « Te souviens-tu?

» Te souviens-tu des lieux où ta vie était douce? de ce vieil escalier, tout recouvert de mousse qui montait au jardin ?

» Dans les fentes de pierre étaient des fleurs dorées , de son vêtement blanc en passant effleurées presque chaque matin.

» Tu les cueillais alors et tu les as cachées ; et, dans de certains jours, sur ces fleurs desséchées, tu poses un baiser. »

Et, dans un autre coin, s'il advient que je passe auprès de l'oranger en fleurs sur la terrasse, j'entends cet oranger

Qui dit : — « Te souvient-il d'une belle soirée? — Tu te promenais seul, et ton âme enivrée évoquait l'avenir ;

» Et tu me dis, à moi : De tes fleurs virginales, ouvre, bel oranger, les odorans pétales ; sois heureux de fleurir ;

» Sois heureux de fleurir pour la femme que j'aime, tes fleurs se mêleront au charmant diadème de ses longs cheveux bruns.

» Eh bien ! depuis treize ans je réserve pour elle, chaque saison , en vain , ma parure nouvelle, et je perds mes parfums. »

XXVII.

L'ATELIER.

...... Ah ! voilà Léon, dit Edgar Sagan.

CHARLES LEFLOCH. —Qu'il prenne place au conseil et qu'il opine.

ANTOINE HUGUET. — Gargantua, lis le procès-verbal.

GARGANTUA. — « Pour crimes divers, etc., etc. »

MITHOIS. — Il est bon de dire à Léon toute l'étendue du crime : — Le Vasselin, propriétaire de cette maison, a osé donner congé à Antoine !

LÉON. — Oh !

ANTOINE HUGUET. — Continue, Gargantua.

GARGANTUA. —Art. 1er. « Le sieur Vasselin et ses descendans sont à jamais privés de sonnette. »

MITHOIS. — Voici la première sonnette coupée par Antoine.

LÉON. — Bien.

ANTOINE HUGUET. — Continue, Gargantua.

GARGANTUA. — Art. 2. « Toute personne qui viendra à l'atelier devra *frapper* chez le sieur Vasselin en montant ici, et demander à son domestique : *Est-il vrai que monsieur Vasselin soit devenu fou ?* »

ANTOINE HUGUET. — L'article porte *frapper*, parce que, dans le cas où une nouvelle sonnette paraîtrait à la porte, on devrait la couper et la mettre dans sa poche avant de *frapper*.

MITHOIS. — Voilà où nous en sommes. — Écris , Gargantua.

ANTOINE HUGUET. — Art. 3....

LÉON. — « La caricature du Vasselin sera dessinée sur toutes les murailles du quartier, et notamment dans l'escalier, et sur la porte dudit, où elle devra rester en permanence; elle sera renouvelée chaque fois qu'on l'effacera. »

ANTOINE HUGUET. — L'article 3 est-il adopté?

TOUS. — Oui.

ANTOINE HUGUET. — L'article 3 est adopté à l'unanimité. Gargantua, enregistre l'article 3. — Art. 4...

EDGAR SAGAN. — « Chaque fois que l'on aura connaissance que le Vasselin et son esclave seront sortis, on devra boucher la serrure avec des noyaux de cerises. »

ANTOINE HUGUET. — L'article 4 est adopté?

MITHOIS. — Adopté.

CHARLES LEFLOCH. — Je propose un amendement.

ANTOINE HUGUET. — La parole est à Charles Lefloch.

CHARLES LEFLOCH. — Je propose qu'on ajoute : « ou par des petits cailloux ; » — il n'y a pas toujours des cerises.

ANTOINE HUGUET. — L'amendement est-il adopté?

TOUS. — Adopté.

ANTOINE HUGUET. — Écris, Gargantua, l'article 4. — Art. 5... Voici ce que je propose.

Art. 5. « La maison ne sera plus éclairée. »

C'est-à-dire que, chaque soir, on devra éteindre les quinquets placés aux divers étages, autant de fois qu'on les rallumera.

TOUS. — Adopté, —adopté.

ANTOINE HUGUET. — Écris l'article 5 , Gargantua. — Art. 6...

MITHOIS. — « Seront invités les amis de la maison à venir exercer céans leurs talens plus ou moins incomplets sur tous les instrumens de fâcheux voisinage, tels que, — trompe de chasse, trombone, trompette, cornet à piston, ophicléide, etc. — Quelques concertos de casseroles et de pincettes, et des solos de tambour, seront exécutés à des intervalles rapprochés et à des heures indues. »

TOUS. — Adopté.

ANTOINE HUGUET. — Art. 7...

CHARLES LEFLOCH. — « Dès cette nuit, attendu que le Vasselin couche ainsi que son domestique au fond de son appartement, —avec des vis et des planches percées d'avance, pour éviter tout bruit de marteau, on barricadera, bouchera et fermera hermétiquement et solidement la porte du Vasselin donnant sur l'escalier. »

TOUS. — Adopté.

ANTOINE HUGUET. — Art. 8. « Dès demain, vu que le Vasselin demeure précisément au-dessous de moi, un jeu de boules sera installé chez moi. »

Art. 9 et dernier.

« Rien ne sera négligé de ce qui pourra rendre la maison inhabitable, et dégoûter le Vasselin de l'existence.

» Fait en notre domicile, — le... février 18... »

ANTOINE HUGUET. — Rien ne s'oppose à ce que l'article 5 soit immédiatement mis à exécution. — Gargantua, lis l'article 5.

GARGANTUA. — « La caricature du Vasselin sera dessinée sur toutes les murailles du quartier, et notamment dans l'escalier et sur la porte dudit, où elle devra rester en permanence ; elle sera renouvelée chaque fois qu'on l'effacera. »

ANTOINE HUGUET. — Gargantua, distribue du charbon pour l'escalier qui est jaunâtre, et donne-moi du blanc d'Espagne pour la porte qui est brune.

Tout le monde se répandit dans l'escalier, — et Léon resta seul dans l'atelier.

Il marchait à grands pas, il pensait à Geneviève qui l'attendait et auprès de laquelle il n'osait retourner ; — il ne savait comment s'y prendre pour emprunter de l'argent à ses amis. — Comment jeter une pensée triste au milieu de cette folle gaîté ? On rentra en riant ; — Léon faisait laborieusement dans sa tête la phrase par laquelle il devait faire sa demande. Jamais un discours académique ne fut plus étudié, plus retouché.

Il voulait feindre quelque partie de plaisir pour laquelle il lui manquait un louis ; —mais il s'aperçut que depuis un quart d'heure il n'avait rien dit, que son air maussade démentirait ses paroles ; qu'avant de parler, il fallait effacer cette impression, et il saisit avec empressement le prétexte qu'il se donnait à lui-même de retarder la demande qui lui faisait tant de honte.

Puis, quand le moment fut venu, il repassa sa phrase. — Pendant ce temps, Mithois avait commencé un récit que Léon ne pouvait interrompre. — Quand Mithois aura cessé de parler, se dit-il ; — et quand Mithois eut cessé de parler il n'osa pas ; — puis il pensa à Geneviève qui attendait, — et il ouvrit la bouche ; — mais sa voix s'arrêta à sa gorge ; — il se leva, marcha dans l'atelier et se dit : — Allons, il ne faut plus réfléchir, et il regarda l'horloge de bois accrochée au mur, et dit : — Quand la grande aiguille sera sur le VI.

Mais un peu avant que l'aiguille fût sur le VI, — on frappa à l'atelier.

Ce fut un cri d'admiration, quand on reconnut monsieur Vasselin.

Monsieur Vasselin était violet et extrêmement irrité ; il avait laissé ses sabots à la porte ; — Antoine Huguet s'avança vers lui.

M. VASSELIN. — Ah ça ! monsieur...

ANTOINE HUGUET. — Comment se porte monsieur Vasselin ?

M. VASSELIN. — Il ne s'agit pas de ma santé, je viens vous demander...

ANTOINE HUGUET. — Asseyez-vous.

M. VASSELIN. — Je ne suis pas fatigué.

ANTOINE HUGUET. — C'est égal.

M. VASSELIN. — Je ne veux pas m'asseoir.

ANTOINE HUGUET. — Je ne vous écouterai pas que vous ne soyez assis.

TOUS, *avec d'affreux hurlemens.* — Monsieur Vasselin doit s'asseoir.

M. VASSELIN. — Me voilà assis. — Maintenant, monsieur, pourrais-je savoir...

LE SIÈCLE. — I.

GARGANTUA. — On demande monsieur Huguet.

ANTOINE HUGUET. — Pardon, je suis à vous dans un instant ; Mithois, jase un peu avec monsieur...

M. VASSELIN. — Ce que j'ai à vous dire...

GARGANTUA. — C'est très pressé.

ANTOINE HUGUET. —Mille pardons. (*Antoine Huguet sort.*)

M. VASSELIN. — Je ne comprends pas, messieurs...

GARGANTUA. — On demande monsieur Mithois, sa tante vient d'accoucher d'un enfant à deux têtes.

MITHOIS. — Mille excuses.—Léon, remplace-moi.

M. VASSELIN. —Je saurai bien mettre monsieur Huguet à la raison.

GARGANTUA. —On demande monsieur Léon pour l'exécution de l'article 5.

Léon sort et trouve Mithois et Antoine Huguet ; — Léon annonce qu'il s'en va ; en effet, il lui est venu une idée qu'il va mettre à exécution ;—il n'empruntera pas d'argent à ses amis. Mithois descend avec lui, il va acheter des vis pour l'article 7. En descendant, on éteint tous les quinquets ; — Gargantua les suit et verse de l'eau sur les mèches pour qu'il soit impossible de les rallumer ;—quand ils sont arrivés dans la rue, Mithois avise un pauvre homme qui passe et lui dit : — Tenez, mon brave homme, voici une bonne paire de sabots ;—le pauvre homme accepte avec reconnaissance les sabots de monsieur Vasselin que Mithois a pris à la porte en sortant. — Léon lui dit adieu et s'en va en courant.

XXVIII.

Léon traversa rapidement les rues, passa le pont Royal, et arriva dans la rue des Augustins,—là, il entra dans une maison où il avait, quelques jours auparavant, laissé son violon : il le prit et se mit à errer, cherchant une maison de prêt sur gage.—Enfin, il triompha de sa honte : il accosta un homme assis au coin d'une rue, et dit : — J'ai oublié l'adresse d'un de mes amis nouvellement déménagé, mais vous pourrez me la donner : c'est dans cette rue-ci ou dans une rue voisine , il est commissionnaire au Mont-de-Piété. — Le Mont-de-Piété, dit le Savoyard, che crois que chè au loumero cinquante-houit. — Léon alla au n° 58, et entra dans une allée; cela lui rappela l'allée de l'huissier. —Tout ce qu'il y a de hideux à Paris demeure dans des allées.

Il monta un étage, — deux étages, — tout était fermé. Il redescendit et demanda au portier :

— Le Mont-de-Piété ?

— Pourquoi n'avez-vous pas demandé en montant? Il est fermé.

— Comment ! fermé ?

— C'est aujourd'hui dimanche, et il ferme de bonne heure.

— Si on frappait?

— On ne vous ouvrirait pas : il n'y a personne.

Léon redescendit accablé,—et ses jambes, marchant d'elles-mêmes, le reconduisirent du côté de sa maison. — En passant sur le pont Royal, la fraîcheur de l'eau le réveilla de cet engourdissement : il s'arrêta et s'appuya sur le parapet, — regardant la rivière, et se disant : — Que faire?

Les ponts, à cette heure, présentent un aspect à la fois sombre et magnifique. On voit, par dessous le *pont des Arts*, la Seine se diviser en deux rivières noires qui vont se perdre dans la vapeur. On distingue, dans l'ombre, les tours carrées qui s'élèvent sur un horizon presque aussi noir qu'elles ; on ne voit plus, des maisons qui bordent les quais, que les lumières par les fenêtres, — et ces lumières se reflètent dans l'eau noire, allongées comme des cierges de feu.

Il est impossible de s'arrêter la nuit sur un pont sans être saisi d'idées lugubres, il semble que cette eau noire n'a pas de fond, et qu'une sorte de vertige vous attire vers elle. — Léon était si triste, si malheureux, que, sans la pensée de Geneviève qu'il laisserait seule dans la vie, sans appui, sans protecteur, la pensée de la mort ne se fût présentée à lui que comme une délivrance de tous les chagrins dont il ne prévoyait pas la fin. — Mais à la pensée de Geneviève, il se reprocha sa

50

lâcheté, il se sentit coupable de la ridicule vanité qui, le matin, l'avait empêché de recevoir, chez madame de Dréan, un argent qui lui aurait été si utile, et il quitta le pont pour s'arracher aux pensées qui s'emparaient de lui. En traversant les Champs-Elysées, il vit du monde rassemblé. — Ces personnes formaient une masse noire et compacte, mais une lueur incertaine éclairait leurs pieds et leurs jambes. — Les pensées de Léon étaient tellement sinistres, que, par un instinct irréfléchi, il alla se mêler à cette foule pour ne pas être seul. — Il vit alors ce qui causait ce rassemblement; — c'était un homme qui jouait du violon, et la clarté qu'il avait vue de loin provenait de quatre bouts de *chandelle* qui étaient allumés aux pieds du musicien. — Puis, au moment où Léon se mêlait au cercle qui l'entourait, le musicien mit son violon sous son bras et fit, avec son chapeau à la main, le tour de son auditoire. Léon se retira, car il n'avait rien à lui donner, et il s'enfonça dans la partie sombre des massifs. — Cet homme vient, dit-il, de recevoir un argent qui me rendrait bien heureux; il va porter à souper à sa femme et à ses enfans. — Et moi, et Geneviève! — Il frissonna d'une pensée qui lui apparaissait confuse et qu'il n'osait essayer de fixer devant ses yeux; — il marcha à pas précipités; — puis s'arrêta brusquement. Il se remit en route; — puis il revint sur ses pas; il ne pouvait quitter les Champs-Elysées. Il s'arrêta encore et se dit : — N'ai-je donc pas encore assez fait de lâchetés aujourd'hui ? — Et que suis-je de plus que cet homme? Et n'est-il pas plus que moi au contraire, lui qui, pour sa famille, triomphe de son orgueil et fait de la musique dans la rue? De quoi ai-je peur? — du mépris? — Est-ce qu'il est plus méprisable de mendier que de laisser souffrir sa sœur? — Et qu'est-ce que je fais tous les jours? — Est-ce que je ne joue pas du violon pour de l'argent? — De la honte! mais c'est de l'orgueil que je devrais avoir, de jouer du violon et de recevoir de l'argent pour ma sœur. — Jamais je n'aurai rien fait d'aussi grand et d'aussi noble dans ma vie; tant pis pour celui qui me mépriserait : ce serait un homme sans cœur, et alors que me ferait son mépris? — Il marcha encore dans une grande agitation. — O mon Dieu, dit-il, merci de ce talent que tu m'as donné! — O ma sœur, pardon d'avoir hésité si longtemps !

Les yeux de Léon jetaient des éclairs; il se sentait grand et fort; — son cœur était gonflé d'un noble orgueil. — Il tira son violon de la boîte, — s'adossa à un arbre, et joua une sainte et belle musique que les anges durent écouter, les ailes frémissantes et l'œil humide. Ce qui lui vint d'abord sous l'archet, ce fut la grande, la divine musique de *Beethoven*. Son archet avait une puissance incroyable. Les promeneurs étonnés s'arrêtèrent. — Léon alors joua *la dernière pensée de Weber*, cette musique si poignante, qui serre et tord le cœur. — On le regardait, on parlait bas et avec respect.

— Il est vêtu proprement.
— Il a l'air distingué.
— Il a de beaux yeux.
— Quel malheur !
Etc, etc.

Une jolie femme, la première, — se baissa et posa, sans la jeter, — une pièce de cent sous dans le chapeau de Léon. Elle se releva rouge et belle d'une beauté divine. — Oh! chère femme, — si l'homme que tu aimes t'a vue en ce moment, tu es récompensée; — toute sa vie, il te paiera ta charité en amour et en adorations; comme Dieu te la paie en grâce et en touchante beauté.

Plusieurs jeunes gens suivirent son exemple. — Un homme dérangea la foule et fouilla dans sa poche; mais il regarda le musicien, — et s'écria : Léon !

— Anselme! dit Léon. Et ils tombèrent dans les bras l'un de l'autre.

La foule curieuse se resserra autour d'eux. — Anselme ramassa le chapeau de Léon, et lui dit : — Oh! donne-moi cet argent, bon et noble jeune homme. — Oh! donne-le-moi : je le garderai comme une précieuse relique. Je voudrais le mettre dans mon cœur.

Anselme appela un fiacre, et y monta avec Léon. — En route, Léon raconta à Anselme tous ses malheurs. — Avant

de rentrer, ils achetèrent tout ce qui était nécessaire à Geneviève.

— Je suis rentré bien tard, ma bonne Geneviève, dit Léon.
— Je ne m'en suis pas aperçue, dit Geneviève, qui avait passé quatre heures à pleurer. J'ai dormi, je me sens les yeux gros.

Vers neuf heures Léon sortit. Anselme resta seul avec Geneviève, et Geneviève lui dit : — Mon bon voisin, j'ai besoin de vous, de votre secours et de votre discrétion.

XXIX

— Tout ce que vous voudrez, ma chère enfant, dit Anselme.
— D'abord, continua Geneviève, vous ne direz rien à Léon de ce que je vais vous dire.
— Ah! ah! dit Anselme.
— Je ne lui ai jamais caché que cela, dit Geneviève, et encore une autre chose, pensa-t-elle en soupirant.
— Je vous le promets.
— Eh bien! nous ne sommes pas riches. Léon travaille beaucoup, je voudrais le soulager un peu... — D'ailleurs, je suis souvent seule... Je m'ennuie... Je désirerais trouver un peu d'occupation. — On m'a dit qu'il y a des demoiselles — très bien nées — qui font des broderies... de la tapisserie...

Anselme leva les yeux au ciel et joignit les mains.
— Vous avez des relations, mon bon voisin; moi, je ne connais au monde que mon bon frère et vous; — et je n'ai jamais osé en parler à Léon. Il verrait la chose autrement qu'elle n'est : il s'exagère tout très facilement; cela lui ferait du chagrin, il me défendrait de donner suite à mon projet. — Je vous en prie, mon cher voisin, occupez-vous de ce que je vous demande; je vous en conserverai toute ma vie une éternelle reconnaissance.

Léon rentra : — il était contrarié visiblement. — Quand Anselme remonta chez lui, il le suivit. — J'ai à vous parler, lui dit-il, un service à vous demande. Je ne bats demain matin. — Anselme pâlit. — Ne cherchez pas à m'en détourner, mon honneur est engagé. Je comptais sur Albert pour me servir de témoin; il est absent : il faut que vous le remplaciez. Je compte sur vous demain matin; je vous réveillerai à sept heures, et vous irez voir le témoin de mon adversaire.

— Vous voulez vous battre? dit Anselme Et Geneviève, et votre sœur?

— J'y ai bien pensé, et je vais y penser toute la nuit; mais je ne suis pas le maître de reculer.

— J'ai aussi à vous parler; monsieur d'Arnberg est arrivé, son fils a besoin de vos leçons. — Voici l'adresse, soyez-y demain, à l'heure indiquée sur la carte : ce sera pour vous une bonne affaire. — Bonsoir.

XXX.

Léon réveilla monsieur Anselme de très bonne heure. Monsieur Anselme se dirigea avec une vive anxiété vers la maison de monsieur de Redeuil. Il fit en route un petit discours fort propre contre le duel; — malheureusement, monsieur Anselme était un esprit assez juste, qui se répondait à lui-même, et se réfutait assez bien. Il pensa aussi un moment à attendrir monsieur de Redeuil sur Léon, sur sa sœur; — mais, à cette pensée, il se sentit rougir de honte; cela aurait l'air de demander grâce pour Léon; il fallait donc le laisser battre, fixer lui-même les conditions du duel. — Il arriva à la maison n'ayant rien pu décider avec lui-même. — Il demanda monsieur de Redeuil, et monta l'escalier, pour ce qu'il dirait et ce qu'il ferait, à l'inspiration du moment; se rappelant, d'ailleurs, avec bonheur que Léon tirait très adroitement l'épée et le pistolet, et décidé, en tout cas, à le représenter avec une dignité ferme et invincible.

En entrant dans un salon coquettement meublé, monsieur Anselme salua et annonça qu'il venait de la part de Léon Lauter.

Monsieur Rodolphe de Redeuil était en robe de chambre ; il avait près de lui un jeune officier, auquel il dit, en entendant le nom de Léon, avec un sourire un peu impertinent : — C'est mon adversaire ; puis, se tournant vers Anselme : — Monsieur est le témoin de monsieur Lauter ?

— Oui, monsieur, dit Anselme ; et voyant qu'on ne lui offrait pas de siége, il appela le domestique qui l'avait introduit, et lui dit : — Donnez-moi un fauteuil. — L'habit marron de monsieur Anselme lui faisait, dans la vie, un tort inconcevable, surtout auprès des domestiques, ou des gens qui sont au dedans semblables à des domestiques. Celui-ci apporta une chaise. — Monsieur Anselme le regarda fixement, et lui dit : — Je vous ai demandé un fauteuil. Le domestique obéit et se retira.

— Monsieur est sans doute informé de l'affaire ? — dit l'officier à monsieur Anselme.

— Jusqu'à un certain point, monsieur.

— Comment, jusqu'à un certain point ?

— Oui, — mais je sais ce que j'ai besoin de savoir. Monsieur Lauter est un honnête et digne jeune homme, dont j'ai l'honneur d'être l'ami. Il m'a dit qu'il se battait aujourd'hui avec monsieur de Redeuil, et il m'a chargé de fixer les conditions du combat. — Ainsi vous pouvez parler.

— Monsieur de Redeuil désirerait tirer l'épée.

— C'est parfaitement indifférent à monsieur Lauter.

— Ah !

— Oui, monsieur. — On tirera donc l'épée sur la demande de monsieur de Redeuil, quoique le choix des armes appartienne à monsieur Lauter.

— Vous paraissez, monsieur, fort expérimenté ?

— Moi, monsieur, je ne me suis battu qu'une fois dans ma vie, — et c'était à bout portant, avec un seul pistolet chargé, sans témoins, au bord d'une rivière, où le vainqueur devait jeter le cadavre du vaincu. — Ce n'était pas un duel en règle.

— A quelle heure le rendez-vous ?

— Ah ! voilà la question, dit Rodolphe. — Il faut absolument, pour une affaire très importante, que j'aille tantôt chez le délégué d'une cour d'Allemagne. Il est déjà tard, je voudrais remettre l'affaire à demain.

— Je n'ai pas mission de m'y opposer.

— A demain sept heures du matin ?

— Non, on sait trop ce que veulent dire deux fiacres qui se suivent à sept heures du matin. — A neuf heures, si vous voulez ?

— A neuf heures.

— Où ?

— A la barrière de Vincennes.

— Soit.

— Messieurs, je vous salue.

Et Anselme s'en alla fort triste, — en se disant presque haut : — Allons, allons, Léon le tuera, — Léon est adroit et brave, — et d'ailleurs, il n'y avait pas moyen d'éviter l'affaire. Il revint rendre compte à Léon de sa démarche. — Léon lui serra les mains et lui dit : — Vous me servirez de témoin jusqu'à la fin, n'est-ce pas ?

XXXI.

Quand Léon fut sorti pour ses affaires ordinaires, — Anselme sortit aussi et revint à la maison ; il entra chez Geneviève, et lui dit : — Mon enfant, je me suis occupé de vous, — j'ai trouvé ce qu'il vous fallait ; — mettez votre châle et votre chapeau, et venez avec moi ; je vais vous présenter à la personne qui doit vous donner de l'ouvrage. — Un fiacre les attendait à la porte ; après une demi-heure de marche, le fiacre s'arrêta à une fort belle maison. — Anselme entra avec Geneviève à son bras, et dit à un domestique : — Conduisez mademoiselle dans le salon.

XXXII.

C'était une triste chose que de voir comment la colère du sort s'était appesantie sur la famille Chaumier et sur la famille Lauter. — Ce même jour-là, — Albert Chaumier était arrêté pour dettes ; — Monsieur Chaumier et Rose vendaient la jolie maison, la chère maison de Fontainebleau ; Léon, au dernier degré de la misère et du découragement, courait les rues pour trouver des leçons, et ne voyait rien qui lui assurât qu'il n'aurait pas besoin de faire tous les soirs ce qu'il avait fait une fois, — d'aller jouer du violon, et mendier dans les Champs-Elysées ; et il se battait le lendemain, ne pouvant s'empêcher de penser à l'abandon où il le laisserait Geneviève, s'il succombait dans le combat ; — Geneviève, qui, elle aussi, demanderait peut-être un jour l'aumône dans les Champs-Elysées. — Et Geneviève, Geneviève venait demander à travailler !

Le sort est comme les assassins, — qui, disent les journaux, frappent toujours leurs victimes de treize coups de poignard ; quand il a choisi des victimes, il s'acharne sur elles avec une fureur qui n'est égalée que par sa persévérance.

XXXIII.

Le domestique auquel on avait confié Geneviève l'introduisit dans un salon qui n'était encore éclairé que par le feu de la cheminée, et par la bougie qu'il laissa en se retirant. Le salon était assez grand pour que cette bougie ne produisît qu'un petit rayonnement qui n'éclairait qu'une partie de la cheminée sur laquelle on l'avait placée. Il faisait mauvais temps au dehors, on entendait siffler le vent par bouffées, et quand le vent s'arrêtait, quelques gouttes de pluie venaient battre les vitres. Tout contribuait à attrister l'âme de Geneviève, et elle repassa dans sa mémoire tous les malheurs qui s'étaient succédé dans sa vie. Elle rappela avec une triste fidélité la mort de Rosalie Lauter, la tyrannie de Modeste, sa séparation de toutes les personnes qu'elle aimait, son amour malheureux et ignoré pour Albert, et toutes les angoisses qu'il lui avait causées ; la pauvreté envahissant le petit logement malgré les efforts et le courage de Léon ; — sa santé à elle détruite par le désespoir ; — et enfin le malheur d'Albert, dont elle souffrait autant que du sien ; et elle interrogeait en vain l'avenir, sans y voir de meilleures chances. — Elle se mit à prier Dieu, et à invoquer sa mère, puis elle se promit d'avoir du courage, de travailler et de profiter de l'occupation qu'on allait lui donner pour soulager Léon. Les belles âmes ont ceci de particulièrement remarquable, que c'est précisément quand elles succombent sous le poids de leurs maux, qu'il n'est rien de plus sûr pour leur redonner de la vigueur et de l'énergie, pour alléger le poids qui les écrase, que d'y ajouter d'autres chagrins, d'autres douleurs d'une personne aimée à laquelle elles puissent se dévouer.

Plusieurs domestiques entrèrent et allumèrent successivement les candélabres qui entouraient le salon, et le lustre suspendu au plafond.

Une profusion de bougies extraordinaire produisit dans le salon l'effet du plus beau jour. Geneviève put alors examiner le lieu dans lequel elle était depuis près d'une demi-heure. Jamais elle n'avait rien vu d'aussi somptueux ; le salon était à panneaux blancs surchargés de dorures d'un goût et d'une richesse extraordinaires. — Tout autour du plateau régnait une corniche dorée en feuilles d'acanthe ; — une magnifique rosace était au dessus du lustre. Les meubles étaient en bois doré et en damas blanc ; — de riches consoles dorées soutenaient des corbeilles pleines des fleurs les plus rares et les plus éclatantes. — Derrière chaque console était une glace qui répétait à l'infini les fleurs et offrait à l'œil une profonde forêt de *camélias et de cactus ;* — le tapis était blanc avec des rosaces jaunes et aurore ; — la cheminée de marbre blanc et admirablement sculptée, était couverte de vases de la Chine de la plus grande beauté.

Geneviève, à l'aspect de toutes ces magnificences, ne put s'empêcher de jeter un regard sur elle-même et de trouver sa toilette bien modeste : il ne restait pas un coin où elle pût se mettre dans l'ombre. Elle s'étonnait d'abord qu'on la fît attendre dans ce salon, mais elle pensa que probablement, à cause de la confusion où on était pour les préparatifs de la fête dont on semblait s'occuper, c'éta't peut-être la seule pièce qui se trouvât libre. Enfin, on ouvrit la porte, Geneviève se leva; — un jeune homme entra qui jeta autour de lui un regard étonné et qui, en l'apercevant, s'écria : — Comment, Geneviève, toi ici ! — Et qui t'amène?

Il y avait dans la voix de Léon, car c'était lui, du mécontentement et de la sévérité ; les idées les plus étranges et les plus contradictoires se pressaient dans son esprit, sans qu'il pût s'arrêter à aucune. Geneviève lui répondit : — Sois tranquille, mon frère, il n'y a rien que tu puisses blâmer; je suis sortie avec monsieur Anselme qui est dans la maison et nous t'expliquerons ce soir pourquoi nous sommes venus. Léon regarda sa sœur : il y avait sur le visage de la jeune fille tant de pureté et de candeur qu'il prit la main de Geneviève et la porta à ses lèvres. — Mais toi, Léon, que fais-tu ici? — Moi, répondit Léon, je viens pour voir le maître de la maison au sujet d'une leçon. Geneviève ne resta pas sans inquiétude; — elle craignait qu'on ne lui parlât devant son frère du sujet de sa visite; — elle espérait cependant qu'Anselme accompagnerait la personne à laquelle elle devait avoir affaire. Léon regardait aussi le salon; quand un domestique en riche livrée, — vert et or, — en culotte courte, en bas et en gants blancs, ouvrit une porte latérale du salon; — un autre vêtu de même annonça à haute voix :

— Monsieur Chaumier.
— Mademoiselle Rose Chaumier.

Il y eut quatre exclamations simultanées. — Comment, vous, mon oncle! — Toi, Rose! — Vous, mon neveu! — Toi, Geneviève! — Hélas! dit monsieur Chaumier, nous venons ici pour vendre la maison de Fontainebleau. — Hélas! dit Rose, — notre petite maison à nous quatre, la maison où nous avons été enfans et heureux! — Eh quoi! mon oncle, dit Léon, avez-vous donc souffert dans votre fortune? — Il me reste de quoi vivre, dit monsieur Chaumier, mais strictement.

— Léon alors s'approcha de Rose, vis-à-vis de laquelle il avait jusque-là gardé un air sérieux et contraint, et il lui baisa la main avec une vive expression. A son tour, il expliqua sa visite dans la maison, et pour ménager Geneviève, qu'il voyait avoir des raisons de ne pas parler, il dit : — Nous sommes venus pour une leçon.

— C'est singulier, dit Geneviève, il me semble que ce n'est pas la première fois que je vois ce salon; — j'en aurai probablement rêvé, car je ne crois pas qu'il en existe de pareil ailleurs que dans les rêves.

— Tu l'as déjà vu, en effet, dit Léon, nous sommes dans le petit palais construit par Anselme pour le baron d'Arnberg, et c'est nous qui avons ordonné la décoration de la pièce où nous sommes.

— Je ne croyais pas, dit Geneviève, voir jamais les magnificences que nous imaginions alors.

Une porte s'ouvrit, et on annonça :
— Monsieur Albert Chaumier.

L'étonnement redoubla alors, mais fit place à une douloureuse sensation, quand Albert eut raconté qu'il était entre les mains du garde du commerce, qui l'attendait dans l'antichambre, et dont les acolytes occupaient les différentes issues de la maison. — Je viens, dit-il, voir s'il y a moyen de s'arranger avec mon créancier; mais j'irai coucher rue de Clichy. — Mais, dit Rose, c'est impossible, nous venons avec papa pour vendre la maison de Fontainebleau, que l'on doit payer comptant. — Mon cher papa, ajouta-t-elle à monsieur Chaumier, vous m'avez dit qu'une partie de cet argent m'appartenait; nous allons délivrer Albert, n'est-ce pas? — Geneviève prit Rose dans ses bras et la serra étroitement.

— Merci, mille fois merci, ma bonne petite sœur, dit Albert, mais ta générosité te ruinerait sans me sauver. Le créancier qui me fait arrêter aujourd'hui n'est pas le seul; si j'en paie un, il deviendra plus difficile de faire accepter aux autres des arrangemens et des délais.

Monsieur Chaumier fit comprendre qu'il ne consentirait pas à ce que Rose disposât ainsi d'une partie de sa petite fortune.

— Comment, mon oncle! dit Geneviève.
— Comment, mon père! dit Rose, nous laisserions conduire Albert en prison. — Oh! nous allons le délivrer, et il quittera Paris, jusqu'à ce qu'on ait arrangé ses affaires.

La porte s'ouvrit encore, — et on annonça :
— Monsieur Rodolphe de Redeuil.

Cette arrivée ne fut agréable à personne. Albert, le seul qui n'eût pas d'éloignement pour Rodolphe, n'avait pas envie de lui apprendre la situation dans laquelle il se trouvait. — Rodolphe se mit à regarder le salon, et, voyant qu'on évitait ses regards, feignit de ne reconnaître personne.

— C'est singulier, dit Léon; on nous fait bien attendre.

Les cinq parens continuèrent à parler à voix basse, à cause de la présence de monsieur de Redeuil ; — et Rose disait à Léon : — Oui, mon pauvre Léon, on veut vendre notre petit jardin, et nos sorbiers. — Quand on ouvrit, cette fois à deux battans, la grande porte du salon, — plusieurs domestiques, portant des bougies, parurent en haie, — et un personnage simplement vêtu, mais décoré de plusieurs ordres, se montra à la porte, — et on l'annonça :

— Monsieur Anselme Lauter, baron d'Arnberg.

Ce fut comme un coup de foudre. — Albert s'écria : — Mon créancier! — Mon protecteur! dit Rodolphe. — L'homme à l'habit marron! dit monsieur Chaumier.

Monsieur Anselme — vint à Geneviève et à Léon, — et leur dit : — Mes enfans!

Car ce n'est plus le nom d'amitié que je vous donnais quelquefois : — je suis votre père, — votre père qui vous aime, — et qui a pu apprécier combien vous êtes dignes tous deux d'être aimés et vénérés. — Léon et Geneviève se mirent à genoux, et lui baisèrent les mains. — Anselme les releva et les serra sur son cœur; puis il prit la main d'Albert, et lui dit : — Jeune homme, je suis votre oncle. — Et il embrassa Rose; et lui dit : Ma petite Rose, je suis ton oncle, et il y a bien longtemps que je te connais et que je t'aime.

Et vous, mon beau-frère, dit-il à monsieur Chaumier, voulez-vous me donner la main, — et oublier les torts que vous avez eus envers moi?

Monsieur de Redeuil, dit-il en se tournant vers Rodolphe, — pardon de vous avoir reçu ici ; — mais, si vous n'avez pas mauvais cœur, la vue de notre bonheur ne peut vous déplaire; et d'ailleurs, le spectacle du bonheur n'est pas une chose si commune que cela ne vaille, dans l'occasion, la peine d'être vu. — Je sais ce que vous avez à me demander, — vous pouvez compter dessus.

Rodolphe était ému, — tout le monde pleurait, et lui-même avait passé sa main sur ses yeux.

Il s'approcha et dit : — Monsieur, je ne gênerai pas plus longtemps l'effusion des doux sentimens qui vous animent tous; mais j'ai un devoir à remplir.

Monsieur Léon Lauter, dit-il, vous vous êtes trouvé offensé par moi, l'autre jour, et cependant vous m'aviez parlé assez durement. Nous devions nous battre demain matin.

— Oh! mon Dieu! dit Rose.

Geneviève ne dit rien, mais elle jeta ses bras autour du cou de son frère.

— Nous devions nous battre demain matin. Je vous prie d'agréer mes excuses bien sincèrement, et de me donner votre main.

Léon n'hésita pas; — il n'y avait plus de place dans son cœur pour la colère et pour la haine.

— Monsieur Rodolphe de Redeuil, dit Anselme Lauter, voici ma main aussi, vous venez de vous bien conduire. — Sachez, maintenant, combien la susceptibilité de Léon était excusable.

Le jour de votre querelle avec lui, je l'ai trouvé dans les Champs-Elysées qui jouait du violon et demandait l'aumône pour sa sœur, pour ma fille chérie.

— O Léon! — mon frère, mon bon frère! dit Geneviève en fondant en larmes.

Rose pleurait sans rien dire; — elle regardait Léon avec amour et admiration; — mais elle se tenait à l'écart. — Léon était riche; — elle s'était fâchée avec lui quand il était pauvre. — Cependant, après un instant d'hésitation, elle se jeta dans ses bras.

Rodolphe serra toutes les mains et sortit. — Anselme sonna et dit : — Faites monter tous les domestiques.

Alors entrèrent une douzaine de domestiques, tous revêtus de la livrée vert et or, — et aussi les femmes de cuisine et de chambre.

Anselme leur dit : — Vous êtes presque tous mes vieux serviteurs. — Presque tous je vous ai amenés d'Allemagne avec moi. — Il faut que vous partagiez ma joie.

Voici monsieur Léon Lauter, mon fils, — et cette belle demoiselle est ma fille Geneviève. — Vous les respecterez comme moi-même, — je m'en repose sur eux des soins de se faire aimer. Ces autres personnes sont mes parens. — Je vous ai fait monter, parce que vous êtes de la famille, et que je veux que vous rendiez grâce à Dieu avec moi, — d'une réunion qui fera le bonheur de toute ma vie.

Alors Anselme fit la prière, comme dans les vieilles familles allemandes. Tous les domestiques se mirent à genoux ; — Geneviève et Rose suivirent leur exemple, et Anselme dit :

— O mon Dieu, je vous rends grâce d'avoir pris soin de mes vieux jours. Mon Dieu, je vous promets d'être toujours bon et compatissant pour les pauvres. — Bénissez-nous tous, ô mon Dieu ! en ce jour qui va finir, et donnez-nous encore pour demain votre divine protection.

— Allez, mes enfans, dit Anselme en finissant. — Mon beau-frère, mon neveu et ma nièce coucheront ici. — Geneviève donnera l'hospitalité à Rose et Léon à Albert. — Pour moi, je prie mon beau-frère de vouloir bien disposer de mon appartement.

Voici mon histoire en deux mots, mes enfans. — Vous étiez encore bien petits quand je crus devoir quitter votre mère ; — bénissons sa mémoire : je suis allé plus d'une fois sur sa tombe, la remercier du courage avec lequel elle vous a élevés ; — nous ne parlerons jamais de cette séparation, — n'accusez ni elle ni moi. Elle et moi nous vous avons chéris. J'allai trouver le prince *** avec lequel j'avais été élevé, il me donna d'abord un petit emploi auprès de sa personne ; je devins successivement son ami, son conseil, son chargé d'affaires. Je devins riche. J'étais venu en France pour vous chercher, quand le hasard m'a fait rencontrer Léon ; je n'ai pas voulu me faire connaître à vous. — J'ai voulu que votre amitié pour le pauvre vieux Anselme précédât celle que vous auriez pour le baron d'Arnberg. — Voici mes projets. Quelqu'un s'y oppose-t-il ?

D'abord, — j'achète la maison de monsieur Chaumier, 60,000 fr.; la maison est à moi, — je la donne à ma jolie petite Rose, qui ne refusera pas de la laisser à son père. Je paie les dettes de cet étourneau d'Albert.

— Tiens ! — dit Albert, et le garde du commerce qui m'attend.

— Il est parti. — Nous rachèterons à Albert une étude qu'il tâchera cette fois de conserver.

— Rose, continua Anselme, épouse Léon.

Rose se jeta dans les bras de Geneviève, et cacha dans son sein son joli visage tout rouge.

— Maintenant, mes amis, suivez-moi dans cette maison qui a été bâtie pour vous et d'après vos désirs comme vous pouvez vous le rappeler. — Tiens, — Geneviève, — voici ton appartement ; — ton petit salon bleu et or, — ta chambre tendue de soie bleue avec la mousseline blanche pardessus la soie ; — et la salle de bain en marbre blanc.

Voici tous les meubles que tu as choisis.

Les tableaux que tu as admirés un jour que tu rendais le pauvre Anselme si heureux en lui donnant le bras dans la rue ; tout ce que tu as trouvé joli ; — tout ce que tu as désiré, tout ce qui a attiré tes regards depuis que je te connais ; j'allais l'acheter et l'apporter ici.

Geneviève remercia son père en lui baisant la main.

— Passons à l'appartement de Léon.

Voici, — Léon, — ton cabinet de bois sculpté, — et ta salle d'armes et ton divan ; — ton violon de Stradivarius que je t'ai rapporté d'Allemagne ; — ton cheval « gris de fer, avec la crinière et les jambes noires ; » j'ai eu une peine terrible à le

trouver, et j'ai dit plus d'une fois : Parbleu, monsieur mon fils aurait bien pu imaginer une autre robe pour son cheval.

Demain matin vous verrez le jardin.

— Et vous, mon père, — votre appartement ?

— Je vous le montrerai demain ; — allez tous vous reposer; — moi, j'ai encore bien des choses à faire.

XXXIV.

Il n'y eut que monsieur Chaumier qui dormit dans la maison ; — Rose et Geneviève, Albert et Léon passèrent la nuit à causer. Dès le jour Léon essaya son cheval, Albert en prit un à monsieur Anselme, et tous deux s'allèrent promener au bois de Boulogne.

Geneviève habilla Rose ; — leur toilette n'était pas finie, qu'Anselme frappait chez elles. — Allons, paresseuses, il y a une heure que j'attends le moment de vous embrasser ; venez déjeuner : les jeunes gens ont fait deux lieues à cheval, et rentrent affamés.

Au déjeuner, monsieur Chaumier annonça qu'il allait retourner à Fontainebleau.

— Eh bien ! mon beau-frère, allez-vous-en, et laissez-nous Rose ; — je me suis déjà occupé ce matin de la publication des bans ; Rose et Geneviève vont sortir avec moi toute la journée ; — il faut bien la corbeille de Rose, — et faire préparer son appartement à son goût ; — Albert va aller voir son ancien patron, pour renouer l'affaire de l'étude. — Léon a un nouveau violon et un nouveau cheval, — il se distraira de son mieux. — Léon insista beaucoup pour accompagner son père avec sa sœur et sa cousine. — Monsieur Lauter répondit, en riant, qu'il s'y opposait, parce que Léon le ruinerait dans les achats pour Rose.

Maintenant, mon beau-frère monsieur Chaumier, si vous ne vous y opposez pas, nous allons laisser Rose et Léon se promener un peu dans le jardin : ils ont beaucoup de choses à se dire ; pendant ce temps, je vais vous montrer mon appartement.

Rose hésitait ; — Geneviève la prit par la main et la conduisit avec Léon dans le jardin, où elle les laissa.

Là, Rose et Léon se rappelèrent tous leurs bons et tous leurs mauvais jours ; ils se dirent mille fois la même chose.

On était à la fin de février ; il y a dans ce mois des heures de printemps ; — un doux soleil semblait venir éveiller les bourgeons des sureaux. — Des bourgeons des sureaux sortaient de petits pinceaux amarantes, la première fleur de l'année. — Il semblait que le jardin était riant et embaumé de leur joie, — et que ce beau soleil fût un reflet de leur bonheur.

Pendant ce temps, — monsieur Lauter conduisit monsieur Chaumier, Geneviève et Albert dans son appartement ; — il ne démentait en rien la magnificence de la maison. — Seulement, une petite porte, cachée sous la tapisserie, conduisait à trois chambres, où monsieur Lauter avait fait apporter les meubles de noyer du petit logement de Léon et de Geneviève, — et ceux de la petite chambre à lui, quand il était leur voisin. — Les pièces étaient pareilles à celles qu'ils avaient habitées ; — les papiers semblables avaient été mis d'avance ; et, pendant la nuit, monsieur Lauter avait fait apporter les meubles.

En repassant dans sa chambre, il ouvrit un vieux coffre magnifiquement ciselé ; il était doublé de velours cramoisi, et contenait des gros sous sous les menues pièces d'argent.

— Geneviève, dit-il, c'est l'argent que ton frère a gagné pour toi en jouant du violon dans les Champs-Élysées ; — en voici une pièce que tu conserveras bien, n'est-ce pas ?

XXXV.

Quand Rose et Albert furent au salon avec le reste de la famille, — Lauter dit : Il y a encore une surprise que j'ai ménagée à Léon et à Geneviève ; — et il les conduisit dans une partie reculée de la maison ; il frappa et se nomma ; — une jeune femme, propre, avenante, et décemment vêtue, ouvrit et devint toute rouge en voyant la société qui lui arrivait. — Marthe, dit monsieur Anselme, où est votre mari ?

A ce moment, le mari rentrait : — Keissler, lui dit Anselme, vous trouvez-vous toujours bien ici?

— Ah! monsieur le baron, dit le jeune homme, nous sommes trop heureux, et si vous ne m'aviez défendu de vous rendre grâce...

— Je vous l'ai défendu, mon cher Keissler; mais je vous ai dit en même temps que je vous ferais un jour voir vos bienfaiteurs, ceux que vous pourriez remercier. Les voici ; — c'est l'intérêt que vous ont témoigné mon fils et ma fille, un jour que nous vous avons rencontré aux Champs-Élysées, — qui m'a fait prendre soin de vous.

Keissler alla alors, sans parler, chercher sa femme qui s'était retirée dans une autre pièce, et la ramena avec deux petits enfans. — Pendant qu'il était absent, Anselme dit : — J'ai fait de Keissler mon intendant, et je m'en suis parfaitement trouvé.

Keissler, sa femme et ses enfans se placèrent devant Geneviève et Léon, — et Keissler dit : — Nous sommes heureux ; nous sommes bien heureux. Je ne trouve rien dans mon cœur qui doive mieux vous récompenser.

Rose était un peu embarrassée. — Elle se rappelait que, le jour de cette rencontre aux Champs-Élysées, elle avait écouté une plaisanterie de monsieur de Redœuil sur Anselme. Elle regarda Léon tendrement, et se fit à elle-même le serment d'expier tous ses petits torts par la plus vive tendresse. — Geneviève caressait les enfans de madame Keissler.

Quand ils sortirent de l'appartement de l'intendant, Anselme mena Geneviève à la basse-cour, et lui dit : — Te rappelles-tu une vieille femme à laquelle tu faisais l'aumône tous les dimanches à la porte de l'église? — Elle est ici, c'est la surintendante de la basse-cour ; — elle et Keissler ne sont pas ceux, hier, qui ont prié de moins bon cœur à notre prière du soir.

XXXVI.

En peu de jours, l'appartement de Rose fut prêt. Monsieur Lauter l'appelait sa fille.

Le mariage de Léon et de Rose fut célébré avec pompe. — Les jeunes filles voulaient plus de simplicité; mais Anselme insista. — Seulement, quand le prêtre demanda à Léon *sa pièce de mariage*, pour la bénir et la donner à l'épousée selon l'usage, — monsieur Lauter arrêta Léon, qui allait donner un double louis, et donna lui-même une grosse pièce de deux sous. — Le prêtre le regarda d'un air interrogatif. — Allez, allez, monsieur le curé, dit Anselme, cette pièce-là en vaut bien une autre, et elle a été bénie par Dieu avant de l'être par vous.

Monsieur Anselme l'avait prise dans le coffre ciselé doublé de velours cramoisi.

XXXVII.

Geneviève se trouvait heureuse : — tous ceux qu'elle aimait étaient si heureux ! — Depuis longtemps elle avait renoncé à Albert, sans oser espérer le plaisir dont elle jouissait de le voir tous les jours et de le voir heureux. — Le mariage de son frère, malgré tout ce qu'elle en eut de joie, — lui fit un peu de mal, — et aussi la vue du ménage de Keissler. — Néanmoins, elle disait qu'elle n'était plus malade. — Elle s'était arrangée pour ajouter le bonheur des autres au bonheur restreint qui lui était permis à elle.

Mais, — le ciel est envieux. — La mort planait sur la maison du baron d'Arnberg. — La maladie de Geneviève faisait d'effrayans progrès, sans qu'elle-même s'en aperçût. — Geneviève était une victime marquée par le sort : elle ne devait pas lui échapper.

Les pommettes de ses joues s'étaient colorées d'un rouge vif, que tout le monde, et Geneviève elle-même, prenait pour un retour à la santé.

Son nez était effilé, ses joues caves ; ses lèvres rétractées semblaient exprimer un sourire amer; — ses dents étaient d'un blanc mat. — Cependant elle souffrait peu, et seulement par intervalles. Ses yeux avaient encore leur éclat; mais le blanc avait pris une légère teinte bleuâtre, — et le regard avait par instans une profonde expression de mélancolie.

Geneviève parlait beaucoup de l'été, et faisait des projets pour Fontainebleau. — Le mois de mars était superbe; elle jouissait avec ivresse des premiers beaux jours, et disait quelquefois : — Mon Dieu la belle saison est si courte! — Pauvre fille! sa vie devait finir avant la belle saison. — Les médecins ordonnèrent de la transporter à la campagne; on parla devant elle de Fontainebleau, elle demanda d'elle-même à y aller.

Mais elle devint trop faible, et, sous un vague prétexte, on retarda son départ. — Elle fut obligée de garder le lit : — mais elle ne se croyait qu'indisposée.

Sa respiration, lente, saccadée, profonde, était quelquefois accompagnée d'un hoquet. — Une toux sèche sortait de sa poitrine. — Un soir, comme sa belle-sœur restait près d'elle, — après quelques mots que Rose lui dit à demi-voix, elle dit : — Ma chère Rose, ce sera un nouveau bonheur pour toi, pour Léon et pour mon père, et j'en jouirai autant que vous. — Moi, je ne me marierai jamais. J'élèverai ton enfant. Je serai sa marraine, n'est-ce pas ? — Tout cet été je m'occuperai de broder sa layette.

Rose pouvait à peine retenir ses larmes; car personne n'ignorait plus la situation de Geneviève, que Geneviève elle-même.

Elle continua à parler, — mais plus péniblement. — Ses yeux, à demi voilés, l'empêchaient de bien distinguer Rose, — et elle le pria d'allumer une bougie de plus.

Elle parla alors de leurs costumes pour la campagne. — J'ai des idées ravissantes, disait-elle, tu verras.

Elle s'arrêta quelque temps, et dit : Je tiens à être à Fontainebleau pour le premier mai ; — c'est l'anniversaire de la mort de ma mère. Pauvre mère, qu'elle serait heureuse de voir notre bonheur! je ne l'ai jamais tant regrettée qu'à présent.

Rose mit son visage sur le lit de Geneviève, car elle voulait cacher les larmes qui coulaient brûlantes sur ses joues. — Les regrets que faisait entendre Geneviève sur sa mère s'appliquaient si bien à Geneviève elle-même, qui ne devait vivre que pendant le temps où sa vie avait été amère et, en plus, quelques jours seulement pour goûter une vie plus douce qui ne lui était pas destinée! Elle avait conduit ceux qu'elle aimait jusqu'à la terre promise, adoucissant pour eux les ennuis et la fatigue du chemin, — et elle mourait.

« Moïse monta sur la montagne, et le Seigneur lui fit voir tout le pays de Galaad, et le Seigneur lui dit : Voici le pays que j'ai promis à Abraham, vous l'avez vu de vos yeux et vous n'y entrerez pas ; — et Moïse mourut au commandement du Seigneur. »

— Combien je serai heureuse de voir tes enfans! continua Geneviève. — J'ai froid, — couvre-moi un peu. Pourquoi as-tu éteint cette bougie? Je ne vois pas clair, rallume-la.

Dans cinq ou six ans d'ici, — tu auras des enfans qui courront dans la maison. Il me semble déjà entendre leur bruit. J'ai sommeil. — Tu dois avoir sommeil aussi. — Va...

Elle ne parla plus, sa respiration devint bruyante. Rose la contemplait avec effroi. — Geneviève entr'ouvrait la bouche.

— Son ange gardien, invisible à son chevet, prit sur ses lèvres l'âme qu'exhalait la vierge, — et l'emporta au ciel.

Rose, ne l'entendant plus respirer, — mit la main sur son cœur, et ne le sentit pas battre. — Elle poussa un grand cri, et tomba à la renverse.

XXXVIII.

Le prêtre qui avait marié Rose et Léon, — un mois auparavant, au même autel de la Vierge, — dit la messe des morts sur un cercueil revêtu d'un drap blanc, sur lequel était une couronne de fleurs d'oranger. Toute la maison de monsieur Lauter assistait à la messe ; les domestiques faisaient par momens entendre des sanglots qu'ils ne pouvaient plus étouffer.

« Je vous donnerai le repos, dit le Seigneur, car vous avez
» trouvé grâce devant moi, et je vous connais par votre nom
» (*et te ipsam novi ex nomine*).

» Seigneur, prêtez l'oreille aux prières par lesquelles nous
» conjurons votre miséricorde de placer dans le lieu de paix
» et de lumière l'âme de votre servante Geneviève Lauter, que
» vous avez fait sortir de ce monde, et de l'associer à la gloire
» de vos saints !

» Seigneur, vous m'appellerez et je vous répondrai.

» J'élève mes mains vers vous, et j'ai mis en vous toute
» mon espérance.

» O jour de colère (*dies iræ, dies illa*), —jour de la colère
» et de la vengeance de Dieu.

» Séparez-moi de ces maudits que vous chasserez de votre
» présence, ô Jésus ! et appelez-moi entre les vierges bénies
» de votre Père.

» Heureux ceux qui meurent dans le Seigneur. (*Beati mor-
» tui qui in domino moriuntur.*) Ils vont se reposer de leurs
» travaux, car leurs œuvres les suivent. »

. . . .
. . . .

Tout ce qui était dans l'église fondit en larmes.

XXXIX.

On enterra Geneviève à Fontainebleau, auprès de sa mère.
—Monsieur Lauter et Léon ne se consolèrent jamais de la
perte de cette charmante fille, et son souvenir mêla toujours
une profonde amertume au bonheur qu'elle ne partageait pas.
—Son appartement fut fermé, —et pendant tout le temps que
vécurent les personnes dont nous avons raconté l'histoire, —
ou l'ouvrit trois fois par an, aux anniversaires de la naissance, de la fête et de la mort de Geneviève. On y passait la
journée; —tout était resté comme le jour de sa mort; —on
parlait d'elle, et les enfans de Rose et d'Albert furent accou-
tumés à un si grand respect pour la mémoire de la sœur de
leur père, —qu'ils n'avaient jamais vue, —qu'ils n'osaient ni
jouer ni faire du bruit près de l'appartement de leur *tante
Geneviève*.

FIN DE GENEVIÈVE.

Paris. — Imprimerie J. Voisvenel, rue du Croissant, 16.

www.ingramcontent.com/pod-product-compliance
Lightning Source LLC
LaVergne TN
LVHW022117080426
835511LV00007B/867